ものと人間の文化史

134-Ⅱ

遊戯 Ⅱ

日本小史と最新の研究

増川宏一

法政大学出版局

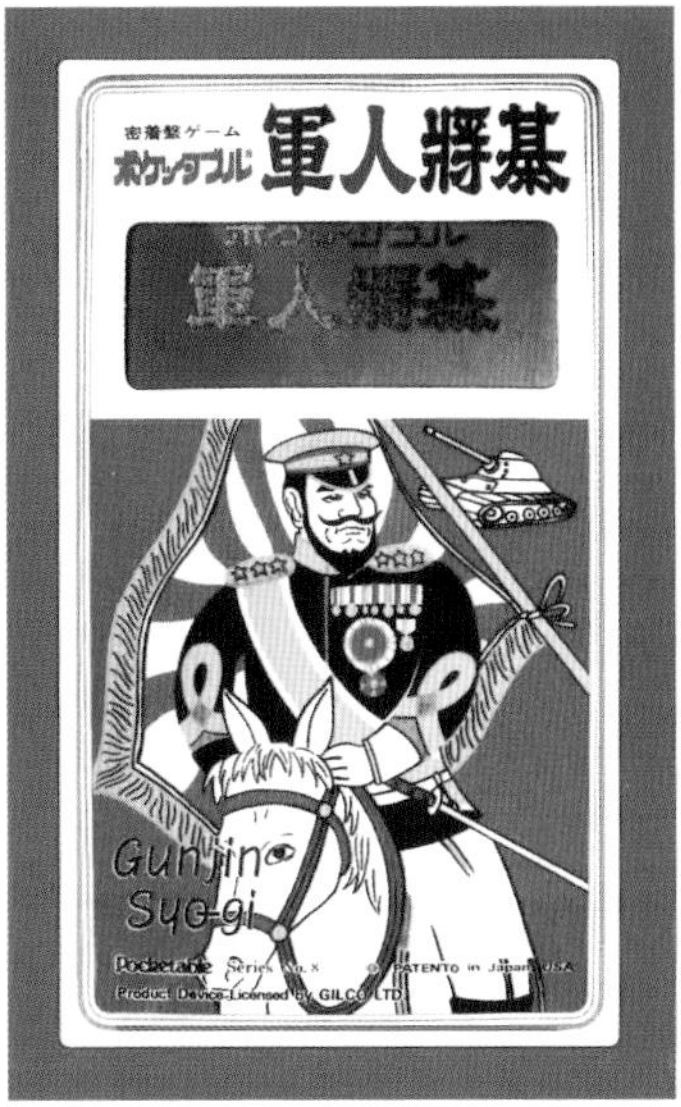

軍人将棋と駒
駒は旧陸軍の兵種

中国の軍人将棋

鬼と双六を打つ紀長谷雄
「長谷雄卿草紙」より

角形めんこ

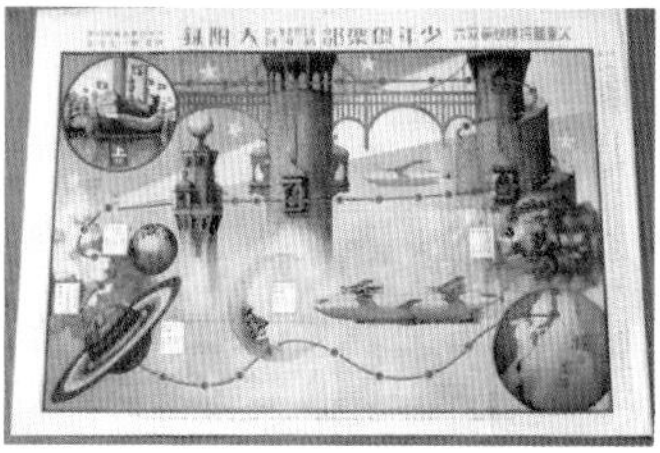

絵双六
（山本正勝氏蔵）

絵双六（筆者蔵）

「常会」　戦時中の隣組指導の雑誌
（筆者蔵）

愛国百人一首（筆者蔵）

丸形めんこ

道才かるた（筆者蔵）

かるた（筆者蔵）

伊藤拓馬著『日本の賭博ゲーム』

ゲーム・マーケットのびら

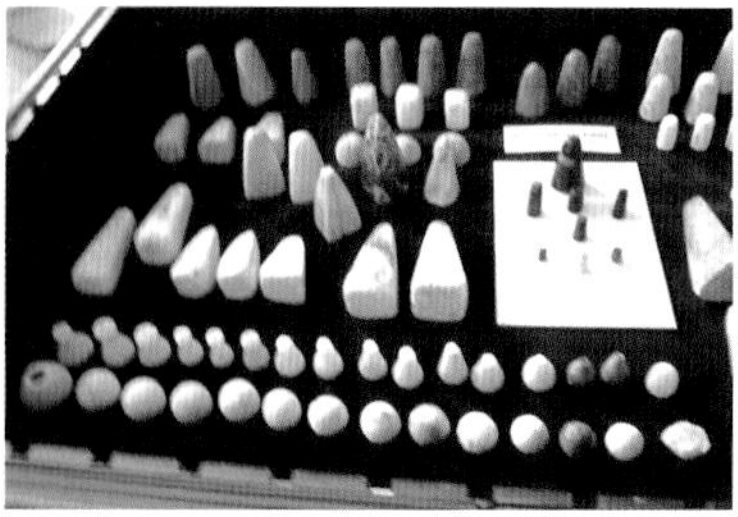

古代のゲーム駒
（M. Eder 氏コレクション）

古代エジプトのゲーム「メヘン」
（ベルリン「新博物館」蔵）

チェスの駒（筆者蔵）

鵞鳥のゲーム
『世界のゲーム』より

「蛇とはしご」（筆者蔵）

さいころゲーム（『遊戯書』より）

東方の三博士
(『遊戯書』より)

トリック・トラック
(『遊戯書』より)

「四季」 4人制チャトランガ
(『遊戯書』より)

えび・かに
(筆者蔵)

えび・かに
(筆者蔵)

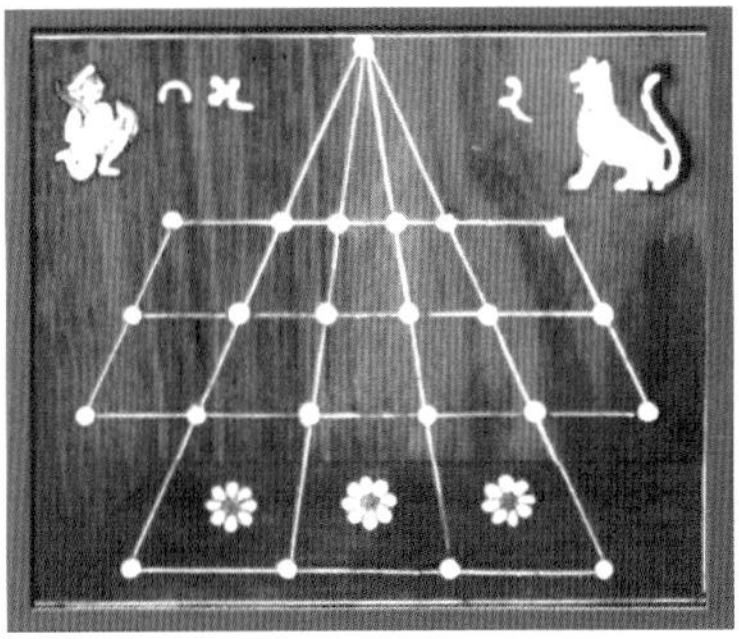

包囲ゲーム（インド王所蔵）
ヴァサンタ著『ゲームとパズル』より

ミューレ
(『遊戯書』より)

変型ゲーム
(『遊戯書』より)

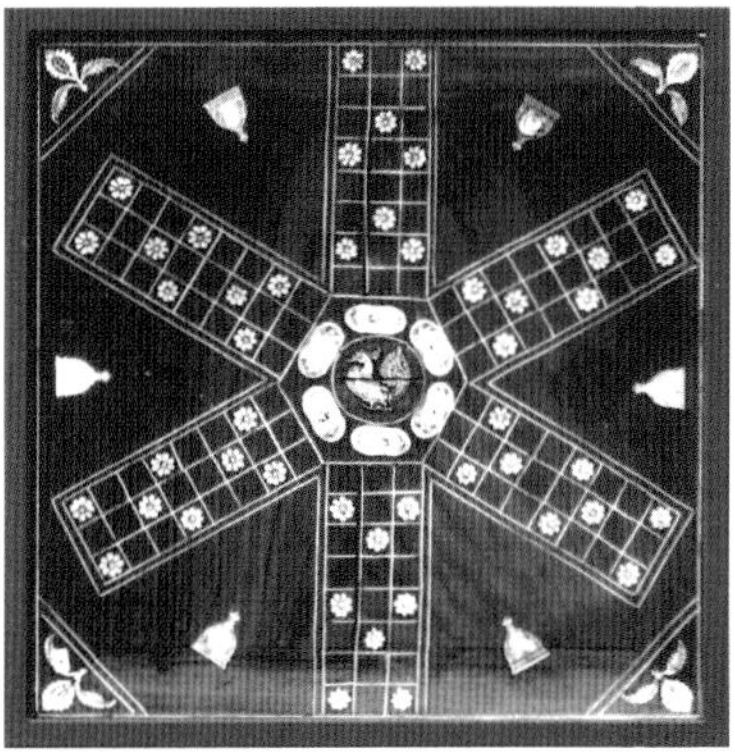

変型ゲーム（インド王所蔵）
ヴァサンタ著『ゲームとパズル』より

中国のゲーム／地面に筋を引いた遊び
五台山龍泉寺附近

バクギャモンに興じる人々　キプロス
(筆者撮影)

はじめに

豫園は名勝地である。中国の上海にある。宏壮な建物が並び、美しい庭園には世界中から観光客が訪れる。豫園のすぐ近くに商店街がある。門前市といった趣であるが、三〇年ほど前は小さい規模であった。一軒の骨董屋を覗くと、若い二人の店員がゲームに熱中していた。声をかけるまで振り向かなかった。

何のゲームかと眺めると、師長、地雷、軍旗、工兵などと書かれた駒があった。そうか、筆者が小学生の頃に遊んだ軍人将棋の中国版だった。少し違っていたのは盤の周囲が鉄道線路になっていて、これに乗って駒が移動できるようだった。

それから気をつけて中国の軍人将棋を買い集めてみた。六種類ほど入手した。古典的な型は陸軍棋と書かれていたが、新しい型はミサイルや戦闘機、潜水艦の駒もあった。

ある時、たまたま知人に中国で見た軍人将棋の話をしたところ、意外なことに筆者よりかなり若い人が、日本の軍人将棋（別名行軍将棋）で遊んだことがあったという。ほぼ同じ頃、海外旅行で同じグループの人から、小学生の時に軍人将棋に興じたと聞かされた。

たとえば、団体役員の田中隆夫氏は一九五〇年代の終りから神戸市須磨区の小学校に通っていたが、

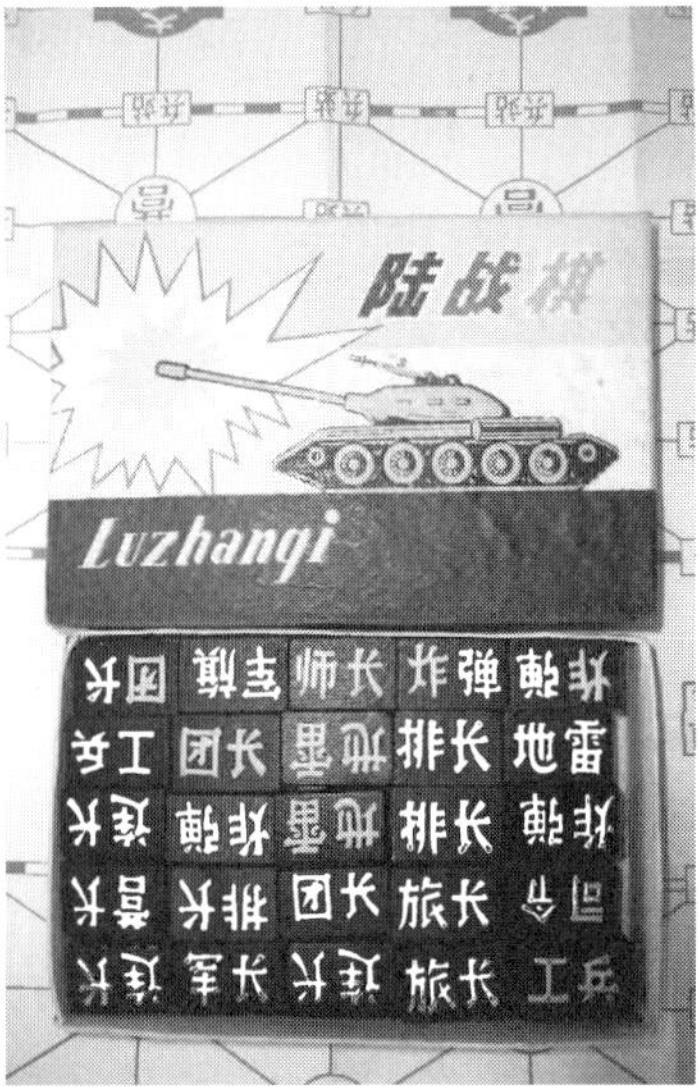

中国の軍人将棋

クラスの男子児童の殆んど総てが軍人将棋の遊び方を知っていたという。インド旅行で一緒だった医師で東京都の保健所長を歴任した和田哲明氏も、静岡にいた子供の頃に軍人将棋で遊んだという。駒は伏せたまま盤上を進み、相手の駒と当ると審判役の者が両方の駒を見て、勝った駒は盤上に残し、負けた駒を取り去るルールを覚えていた。この駒が負けるのなら、相手の駒はこれだろうと見当を付けることができたと回想している。

駒は、大将はスパイと地雷に負けるが他の駒に勝ち、地雷は工兵に負けるが他の駒に勝ち、大将は工兵に勝つという「三すくみ」で、相手の下段中央にある司令部という枡目にどの駒でも速く入ったほうが勝ちである。

その後、調べてみると一九五〇年代に鎌倉で小学生だった編集者の秋田公士氏は、自分は遊ばなかったが級友達が休み時間に軍人将棋で遊んでいたことを記憶している。デザイナーの増谷晃氏は、京都市中京区の中学生であった一九六六年に級友と遊んだ軍人将棋の柿色と黄色の駒を鮮明に覚えている。一九七〇年代前半に徳島で小学生だった新聞記者の西條耕一氏も軍人将棋で遊んだという。

これらの例から類推すると、もっと多くの人達が各地で遊んでいたと考えられる。

筆者が小学生の頃に遊んだ軍人将棋の盤は、敵味方の間に河があって二本の橋があり、その橋のどれかを渡って敵陣に攻め込む形であった。侵入口と言うか渡河点が二ヶ所ある型になっていた。その後一九九〇年に大型店舗ロフトの大阪店で買った軍人将棋も、戦前や戦中と同じ型の渡河点二ヶ所の盤であった。ルールの説明は、これも戦前と同じで文語文であったが、駒がプラスティック製なので明らかに戦後製であった。

随分年月が経た頃、ある偶然の事情で海外の遊戯研究者に軍人将棋を送る必要が生じ、探したところアマゾンで購入できることを知った。二〇一八年にアマゾンから買った二箱の軍人将棋は夫々「大型行軍将棋」「行軍将棋ゲーム」という名前であった。「大型」とあるように戦前や一九九〇年代のものと異なって、枡目の数や駒数も多く盤上の河に架けられた橋はX状で二本、つまり渡河地点は四ヶ所になっている。ルールの説明は現代の口語文で以前の軍人将棋とは違っていた。

珍しいことに、この二つの型の軍人将棋の両方を遊んだ経験のある人を探し当てた。これまでの最年少の遊び手で、といっても現在は中年男性であるが、一九七〇年代の後半に青森県の八戸で小学校に通っていた編集者の蟹沢悟氏である。男子児童の間では二つの型の軍人将棋が遊ばれていたという。

日本の軍人将棋の盤　２種類
渡河地点　２ケ所

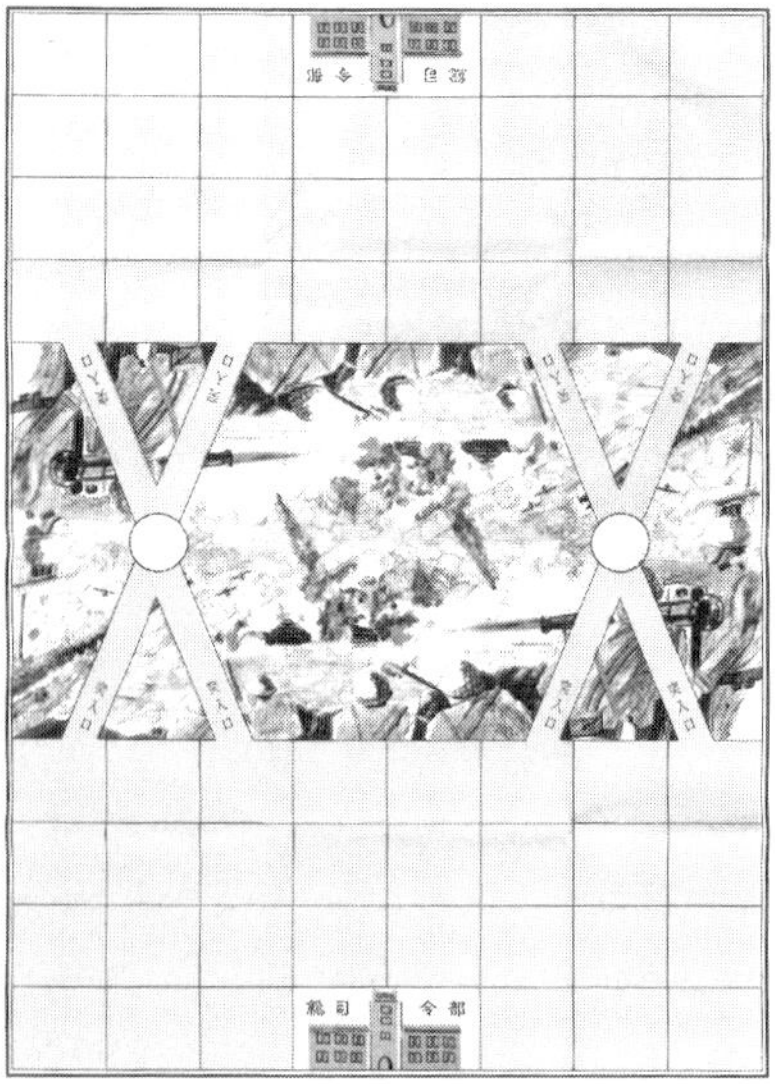

渡河地点　４ケ所

軍人将棋または行軍将棋は奇妙な点が幾つかある。表紙の絵は日露戦争当時のような黒い軍服で、胸に沢山の勲章を付けている。駒の名前は旧軍隊の階級を表わす大将、中佐、少尉なので現在の自衛隊の階級とは異なる。旧軍隊は日本降伏と同時に解体され、旧軍隊の階級は消滅したはずである。

筆者の僅かな体験からもJR環状線の大阪駅と天満《てんま》駅とのあいだの空地に翼に日の丸の印がある軍用機の残骸がうず高く積み上げられていたことを記憶している。進駐軍に引き渡すため学生の軍事教練用の歩兵銃と騎兵銃を西校門近くの民家に運び込まされた。武装解除は一つの体験であった。当然のことながら旧軍隊の階級は完全になくなったと思っていた。

未だに旧軍隊の階級名を名乗る後ろめたさなのか、それとも他の理由があるのか、二〇一八年にアマゾンで購入した行軍将棋にはどこにも製造者名や販売所名が印刷されていなかった。通常なら宣伝や販売のために当然メーカー名を記すであろう。軍隊が消滅した日本なのに軍人将棋が遊ばれたのはGHQ（占領軍総司令部）が「遊び」だから見逃したのか、「遊び」にまで統制の手が廻らなかったのかもしれない。日本も関与させられた「朝鮮戦争があったので軍人将棋も復活したのではないか」（田中隆夫氏談）という時代的な背景があったのかもしれない。

第二次大戦後に日本の政治・経済など社会全体は大きく変ったが、軍人将棋が示すように遊びには遊びの法則があって、社会の変動と一致しない。新しい時代になっても以前の時代に遊ばれた遊びが一定期間は楽しまれた。新しい時代はそれにふさわしい新しい遊びを準備する社会的基盤を提供する

アマゾンで購入した「大型軍人将棋」

と言えるであろう。このような観点も含めて、遊びについて再検討し、遊びの研究がここまで到達したというのを示したのが本書である。

さて、次に本書の章立てについて説明させていただきたい。

表題にあるように本書は遊戯史研究の最新の成果を述べるのが主眼である。しかし「最新」というのは現代のことでなく様々な時代の遊戯の新しい発見が含まれている。そのため第一章は日本の遊戯史を要約して述べ、後章の遊びの新知見の時代を理解しやすいように試みた。むろん前述のように一般的な時代区分と遊戯の区分とは若干異なることが前提である。

第二章は、昨今は小学生の囲碁のプロ棋士が誕生し、数年前は将棋の中学生棋士が生まれて現在は高校生棋士として活躍している。碁を打ち将棋を指すプロフェッショナル（専門的または職業上の）な行為は、それによって収入を得ることを意味する。碁や将棋の棋士になって生計をたてることは現在では当然と思われているが、以前にはこれに疑問を呈し悩んだ将棋の高段棋士がいた。囲碁史将棋史の観点からも追求すべき問題であろう。この章では最新の研究が進んでいる中世から近世初期にかけての囲碁将棋から、専業者の誕生と継承を考察した。

第三章と第四章は主として『遊戯史研究』誌に発表された論文のなかで、盤上遊戯とそれ以外のカードゲーム等について注目すべき幾つかを紹介した。

第五章は、日本で全く知られていないと断定できるほど珍しい、海外の盤上遊戯を含む遊戯史研究の紹介である。『遊戯史研究』誌に「資料紹介」として翻訳して掲載したもの、および要約と筆者に贈られた文献や資料もあわせて紹介した。

終章は、遊戯史学会ならではの広い遊びの世界での研究を紹介し、今後の遊戯史研究を前進させるための幾つかの課題を示した。

これから遊戯史を志す人々の指針になれば幸いである。

遊戯Ⅱ・目次

第一章

遊びの日本小史

1　先史時代

日本列島に「現生人類（ホモ・サピエンス）が到達したのが約四万年前という」（野尻湖発掘調査団『野尻湖のナウマンゾウ――市民参加でさぐる氷河時代』）。長野県北部にある野尻湖の旧石器時代の遺跡からは〝野尻湖人〟が使ったであろう骨器や石器が大量に発見されている。

秋田市の地蔵田遺跡は約三万五〇〇〇年前のものであるが、この地で人々は「共同で狩猟し、キャンプを設営していた」（文化庁編『発掘された日本列島２０１４』）。考古学者は、旧石器時代の人々は周辺の大陸や半島から日本列島に移住してきて遅くとも「およそ三万五〇〇〇年前と二万五〇〇〇年前に、〔古代人の移住が〕新旧二回にわたって、大規模におこなわれた」（安蒜政雄《あんびるまさお》『旧石器時代人の知恵』）と推定している。

移住はシベリアから北海道を経て本州への北方ルート、朝鮮半島から九州への南方ルート、フィリピン諸島か中国南岸から島伝いに九州に入る海洋ルートの三つがあったと考えられる。因みに沖縄の石垣島の白保竿根田原《しらほさおねたばる》洞穴遺跡から二万七〇〇〇年前の人骨が出土しており、海洋ルートを示唆している。日本列島に住みついた人々は手先が器用だったのか、「日本列島は、旧石器時代に磨製石器作りが発達した。世界に稀な場所として注目されている」（前同書）という。

研究者は、他の大陸で暮していた人々も日本列島に住んでいた人々も食料を得るために毎日必死に働き続けたのではなく、「狩猟採集社会の人々は短期間激しく働くことはあっても、全体としては遊びの時間が多いという事実」（『日本の美術 第五一五号 縄文人の祈りの道具――その形と文様』）を指摘している。石器時代の人々の遊びに言及した珍しい記述である。

「遊びの時間」は休息や祈りのために使われたのであろうが、同時に特別な目的もなく身体を動かし頭を働かすためにも使われたのであろう。ヨハン・ホイジンガの言う「遊びとしか名付けようのない」（『ホモ・ルーデンス』）所作とは、他人と競いあうことなく〝無為に過す〟ことであり、遊びの根源的な姿であろう（拙著『遊戯の起源』参照）。

やがて人々は長い狩猟生活のなかで、各人の肉体的能力を互いに熟知するようになった。集団で狩りをする場合には勢子役や待ち伏せ役などを決めるためにも必要な知識であった。自然に狩りの現場でない訓練の時などにも、人々は互いの肉体的能力を競べあうようになったと考えられる。たとえば、誰が最も速く走るか、誰が最も高く跳べるか、誰が石を最も遠くまで投げることができるか等々であった。さらに後には槍を投げて命中の度合いを競い、矢を放って命中を比べあうようになったのだろう。遊びに向かう一つの行為は、肉体的能力を競うことであった。

もうひとつの遊びへの接近は次のような経緯であった。大陸であれ日本列島であれ現生人類は暮しのなかで屢々異常な自然現象を体験した。台風、地震、火山の噴火、落雷、それによる森林火災、大雨、洪水などの天変地異である。これは人間とは比べものにならない途方もない巨大な力によるものと考えた。この巨大な力は自然のなかに棲むと思われ、現在まで「聖なる山」「聖なる河」として語り継がれている。

人々は遥か昔から、おそらく一〇万年前か遅くとも数万年前にこの巨大な力を認識し、〃魔力、霊魂、造物主、神〃などと名付けた。狩猟採集の時代から農耕社会に移行すると自然を動かす巨大な力はさらに増えて、冷害、旱魃、酷暑などをもたらした。

殆んどの場合、この巨大な力——神と呼ばれることが多かったが——は人間に災厄を与え、ごく稀に温暖な気候と共に豊猟や豊作を保証した。そのため人々は神の機嫌をとり、喜ばせようと動物などの犠牲《いけにえ》を捧げた。

賢い人間は、神がどのような振舞をするのか予め知ろうと試みた。何らかの徴候があるはずで、これを見つけると事前に災厄を知り少しでも被害を少なくできると考えた。様々な試みがなされ、今も神話や伝説に残されている予知の方法は、鳥の異常な飛び方、獣の常でない吠え声、動物の予想もできない奇妙な行動などから神意を探ろうとした。

予知をしようと試行錯誤を繰返したのであろう。それらのうちには、垂直に立てた棒から手を離すとどの方向に倒れるのか。一つか複数の物品を抛り投げると、どこに落ちるのか、落ちた物品のどれが表を向くのか、裏を向くのか、これらも人智で予測できないことがわかってきたのであろう。縄文時代の三内丸山遺跡からは多数の板状土偶やミニチュア土器、玦状《けつじょう》耳飾などが発見されている。こ

ミノア文明の小円板（大英博物館蔵）　小孔に紐を通して回転させたか

れらは「実用品でないため、祭りに用いられたと考えられます」（文化庁編『発掘された日本列島2014』）。実用品でなくこれらのなかに表裏が明確に異なるものがあるならば、何らかの卜占に使った可能性は皆無ではないであろう。

小孔のある円形やそれに近い形の土器や粘土板は、海外では遊戯具と認定されている。たとえば古代パレスチナの墓や住居跡から粘土製の複数の小孔のある円板が発見されている。これは「紐を通して引張って回転させる遊戯具」（ウルリッヒ・ヒブナー『古代パレスチナの遊びと遊戯具』）である。

三五〇〇年前から二三〇〇年前のものとされる群馬県矢瀬遺跡から出土した「石に弓と矢を持った人物が刻まれ、土器には弓矢と動物が描かれて」（小野正文・堤隆監修『縄文美術館』）いる。もし弓矢を持った人物が狩猟に関係した何らかの儀礼のために描かれたとするならば、当然、成功のための祈願や豊猟を占うための何らかの所作がおこなわれたのではないだろうか。もし戦闘のための儀礼なら戦勝祈願や勝利を占ったのではなかろうか。そのために表裏の明確な貝殻や動物の歯、木の実、特別な小石などが用いられたのだろうか。しかし、仮にそのような「祭具」が使われたにしても、祈願や儀式が済むと放置されて自然に還り、痕跡は残らなかった。

残念なことに、我々は祖先の遊びを想像するのみで具体的な証拠を提示することはできない。しかし海外のこれまでの研究は幾つかの示唆を与えてくれる。

たとえば、遊びの起源の一つとして原始的な祈願の行為があると中国の研究者は述べている。「甘粛省秦安大地湾遺跡から新石器時代の複数の人物が祭祀の際に舞踏をしている図が出土している」（崔楽泉『図説中国古代遊芸』）。同じ新石器時代の「新疆ウイグル自治区の岩絵に生殖崇拝舞踏図があり、遊戯に発展する源」（『前同書』）という。同書はまた、古代中国で身体の動作から遊びに発展した別の例として「蹴（ける）・跳（とぶ）・走（はしる）」を挙げ、遙か後の時代に地を蹴って宙返りするなどの身体芸になったとしている。狩猟の際に黙って獲物の数を示すため指を立てたのが、ヨーロッパに伝わるじゃんけんの源か（拙著『遊戯の起源』）と述べたが、民俗学者は各指に強弱があり、三すくみになっているモンゴルの指遊びを紹介している。「向かいあった二人がすばやく何度も指を変えて示しあっていた」（イワナ・カブチンスカ＝スタワルツ『モンゴルの羊飼いの遊び』）、道具を使わない身体のみの遊びの一例である。

中国では後に遊戯具となった石球が、旧石器時代の遺跡や新石器時代の遺跡からも大小各種が大量に出土している。新石器時代の雲南省滄源遺跡の岩絵は、明らかに球戯を楽しんでいる図であるという。七〇〇〇年前の西安半坡遺跡第一五二号墓は幼女の墓であるが副葬品として石球が発見されている。考古学者は玩具と断定している。お手玉のように複数個の珠を操る跳丸という遊びも、遊戯具としての球の発展した形であろう。狩猟用具や武器として用いられた石球も時代が下ると玩具に変化した。

人間の発想がほぼ同じとするならば――現に世界各地の博物館で同様の物品が所蔵されているが――スチュアート・キューリンのアメリカ・インディアンの遊びや遊戯具の詳細な報告は、日本列島に住みついた我々の祖先の遊びを考えるうえで重要な参考になる。

たとえば、ニューメキシコのズニ族は、戦いの神に戦勝を祈願するために四本の印を付けた木片をふって勝利を占っている。直径一インチ半の四個かそれ以上の数の貝殻を用いているのはカリフォルニアのフーパ族であり、同じくヨークッツ族は複数の胡桃《くるみ》の殻を使っている。キューリンはこれらの物品をさいころと表現しているが、占いには「少数の例外を除いてこれらの物品は表裏二つの面を持ち、元来の色か着色によって表裏が区別され、非常に多様な素材が用いられている。すなわち棒状のものか、木の断片や段を付けた木片、動物の骨、ビーバーやマーモットの歯、貝殻、桃の実、すももの実、とうもろこしの粒、金属片や陶器の円板などである」（S・キューリン『北アメリカ・インディア

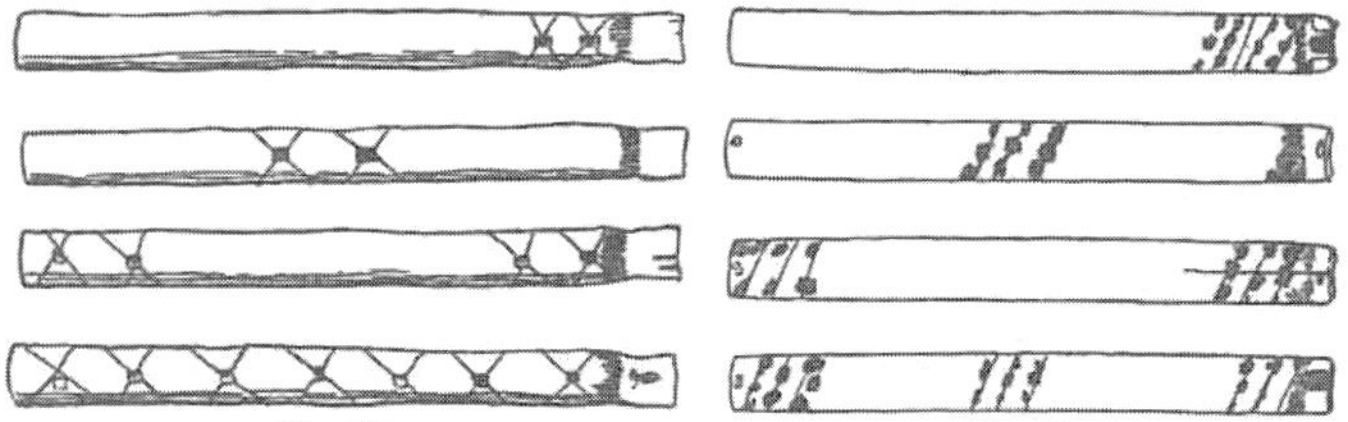

Fig. 286. Fig. 287.

FIG. 286. Cane dice (obverse); length, 6¼ inches; Zuñi Indians, Zuñi, New Mexico; cat. no. 69277, United States National Museum.
FIG. 287. Cane dice (obverse); length, 6 inches; Zuñi Indians, Zuñi, New Mexico; cat. no. 69278, United States National Museum.

インディアンの占具（『北アメリカ・インディアンのゲーム』より）

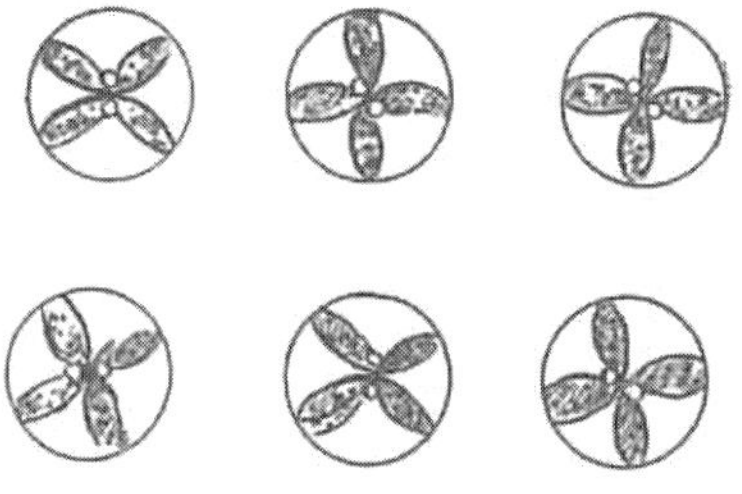

インディアンの占具（同）

アメリカ・インディアンの球

ンのゲーム』）。

また各地の部族では鹿皮や獣の皮で作った大小の球で遊んでいたことを報告している。大きい球は足で蹴り、小さい球は棒で打ったり、網で捕えたりしている。抛り上げて素手や板で打って羽子《はね》突《つ》きのような遊びをしていた。ヴァンクーバー島のヘスキアート族、ニューメキシコのズニ族、ワシントンのマカ族などは小石やキイチゴの実に数枚の黒鴨の羽根をくくり付け、打ち合うボールを作っている。

日常生活に用いる網や篭や様々な容器も遊びに使われ、生活用具と遊戯具が共用されて区別がつかないことはキューリンの報告でも明らかである。

日本列島でも時代が下るにつれて生活用具は多様になった。約二三〇〇年前の熊本市の上代町《かみだいまち》遺跡群は木器の一大生産拠点で、多数の「用途不明の異形木器」（文化庁編『発掘された日本列島２０１８』）も発見されている。このなかに遊戯具が含まれているかもしれない。さらに時代が下って多くの線刻画や埴輪なども遊びと関連する可能性も皆無ではないが、遊びと明確に判断できるのは文字資料の出現する頃まで待たねばならないであろう。

2 古代

日本列島に住む人々の遊びについて最初に具体的に記したのは、七世紀初に編纂されたとされる中国の史書である。これには倭人は「棊博《きはく》・握槊《あくさく》・樗蒲《ちよぼ》の戯を好む」（和田清・石原道博編訳『魏志倭人伝・後漢書倭伝・宋書倭国伝・隋書倭国伝』）とある。七世紀中頃の中国の史書でも同様の表現がみられる。棊博は囲碁、握槊は盤双六、樗蒲は盤上遊戯であるが後にさいころとされ、倭人の室内遊戯の主たるものとされた。

古代の日本で作られた最初の史書とされる『日本書紀』にも盤双六について早い時期から記されている。ただこの史書は、皇位継承をめぐる内乱で勝利した大海人《おおあま》が即位して天武天皇となった時（六七三）から編纂が始まったとする官撰国史である。完成は養老四年（七二〇）とされている。したがって記述は政敵の系統に陰蔽や歪曲があるのだろうが、遊びについて大きくねじ曲げられることはなかったと考えられる。

たとえば、天武一四年（六八五）九月八日の条に「天皇が大安殿に出御して、王卿らを召し出して博戯をさせた」とある。博戯は中国では盤上遊戯の六博《りくはく》の遊びを指すが、紀元後数世紀のうちに廃れてしまって日本には伝わっていない。それゆえ岩波書店発行の『日本書紀』の博戯の注や補注には

「筒から二個の骰を振り出し、その目で局の上の黒白十五箇の馬を進めて勝負する」（坂本太郎他校注『日本書紀』日本古典文学大系）と盤双六としている。盤双六は一二枡目が二列に並んだ盤を用い、古代や中世の文献には雙六と表記されている。今後本書も絵双六と区別するため盤双六を雙六と記述する。要するに天武一四年には天皇が主催した雙六大会が催され、賞品なのか博戯の後で延臣ら一〇人に衣服を賜ったと書かれている。ところが四年後の持統三年一二月八日に『日本書紀』は「雙六《すぐろく》を禁《いさ》め断《や》む」と記されている。天武と持統とでは明らかに雙六に対する見解が異なっている。ただ雙六禁止が官吏に対してなのか広く民衆に対してなのか不明確である。

七世紀末に編纂が始まり八世紀末に完成した『日本書紀』に続く勅撰の史書『続日本紀《しょくにほんぎ》』に、持統の禁令から約半世紀後の雙六について興味深い記述がある。天平勝宝六年（七五四）に次のようにあり、現代文風になおすとこのように書かれている。

官人や百姓が憲法を畏《おそ》れず、私に徒衆を集めて雙六をおこない、淫迷に至る。子は父に順《したが》わず、終《つい》には家業を滅ぼす。また孝道をそこねる。広く京・畿・七道の諸国に命じて雙六を固く禁断させる。六位より以下の者は男女の別なく杖一百の刑に処す。ただし五位の者はその任を解いて禄や所領を没収する。四位以上の者は封戸を廃して職や国司・郡司の職を解任する。もし二〇人以上の賭博者を密告すれば、無位の者は三階の位に叙し、有位の者には絁一〇足、布一〇端を与える。

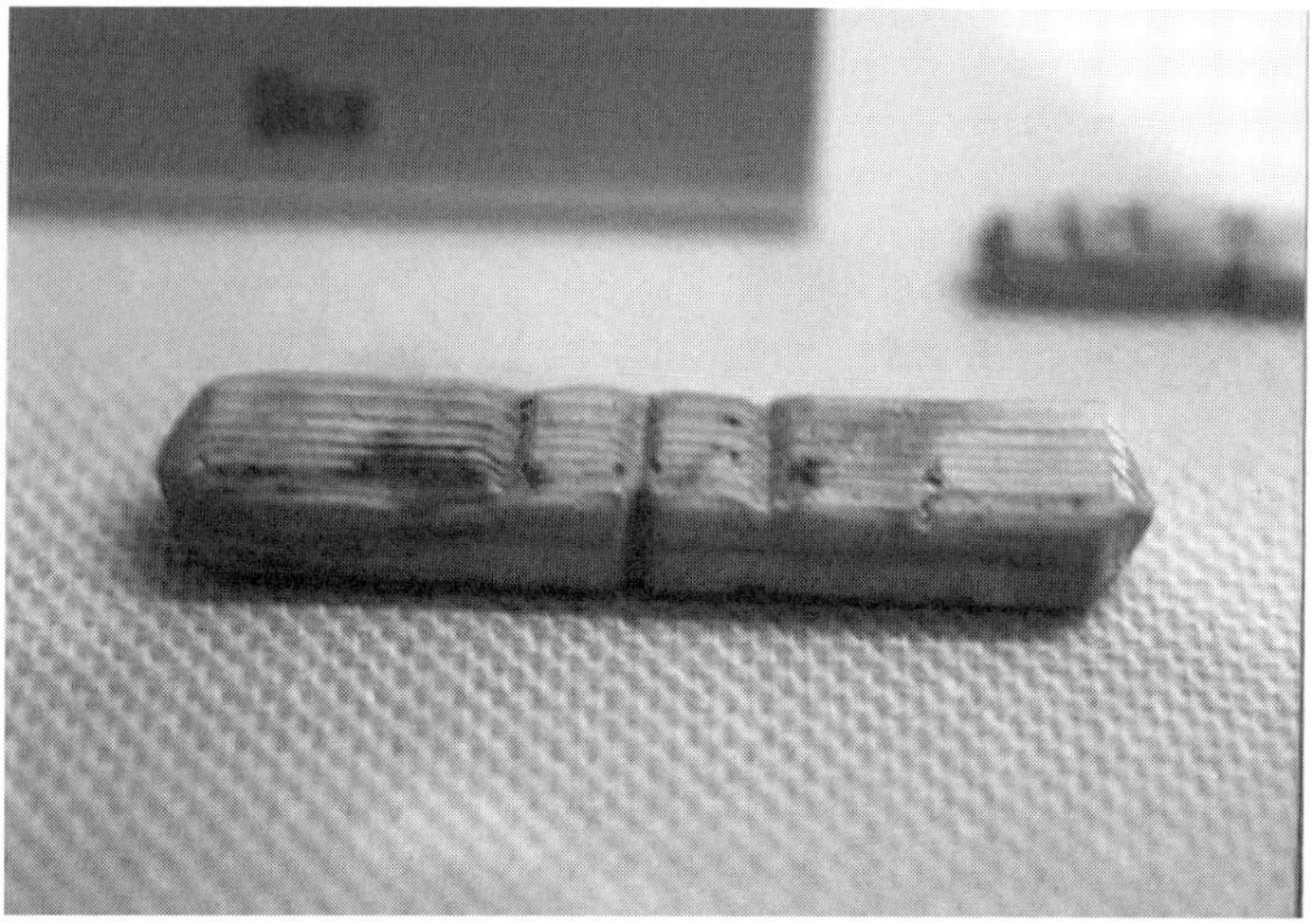

平城京出土のさいころ

信じられない内容であるが、雙六は男女を問わず一般の民衆から上は五位や四位以上の者も熱中して処罰の対象になっているという。しかも雙六賭博は奈良だけでなく、近畿一円にわたって広く禁止された。おそらく二〇人以上の集団で賭博をおこなっていたのであろう。

　密告を奨励して褒美を与え、厳罰で威嚇しても禁止の効果はなかったようである。これ以後、中世の全期間を通じて雙六は蔓延し、雙六と賭博は同義語として扱われたからである。

　むろん雙六賭博だけが禁じられたのではなかった。天平宝字元年（七五七）に施行された養老律《ようろうりつ》令《りよう》の「捕亡令《ぶまうりやう》」には次のように記されている。

> 凡そ博戯《はくぎ》に賭《の》れらむ財《たから》、席《せき》に在《あ》りて有《あ》らむ所の物《もの》、及び句合《くがふ》、出九《しゆつく》して物《もの》を得《え》て、人《ひと》の為《ため》

に糺《ただ》し告《まう》されたならば、其の物は悉《ことごと》くに糺《ただ》さむ人《ひと》に賞《たま》へ。即ち物輸《ものま》けたる人《ひと》、及び出九、句合容《よう》止《し》せる主人《しゅにん》の、能《よ》く自首《じしゅ》せらば、亦賞ふ例に依れ。官司捉へ獲たらば、減半《げむはん》して賞へ。余《よ》は没《もち》官《くわん》せよ。唯《ただ》し賭《のりもの》して財《たから》得たらむ者《ひと》は、自首せば、賞ふ限に在らず、其の物は悉くに没官せよ。

（『律令』日本思想大系3）

まわりくどい表現であるが、注記に博戯は雙六樗蒲の属とあり、句合は「胴元となり賭場を開帳すること」、出九は「寺銭を取ること。九は寺銭の歩合の一例」とある。文意は雙六や賽賭博の際に現に賭けてその場にある物品だけでなく、牛馬のようにその場に置かれていない賭物も現場にあったものと見なす。胴元が共犯者のみを訴えて自首した時には、刑は科せられるが寺銭は没収されない。管轄外の官吏が賭博犯を捕えた時には、寺銭を減額して与え残りは官が没収する、という大意なのであろう。

養老律令のうち官人の服務規定を扱った「職制律《しきせいりつ》」には、父母や夫が亡くなった時に泣かずに「雑戯をするもの杖八十（の罰）」（『前同書』）とあり、注に雑戯は雙六や囲碁の属とある。律令は雙六、囲碁、樗蒲を処罰の対象としているが、これらは勝負に賭けるのが通例になっていたからであろう。

賭博が禁止されながらも続いた理由の一つは、天皇自身が勝負に賭物を提供していたことである。「囲碁の会に親王以下に衣を与えた」（『続日本紀』天長一〇年・八三三・三月一五日）、射芸に「賭物を贈る」（同・承和元年・八三四・二月一二日）。「侍臣に囲碁を打たせて賭物を出した」（同・承和三年・

八三六・六月二〇日)、「当時の上手《じょうず》に碁を打たせて、賭物として新銭二〇貫を提供した」(同・承和六年・八三九・一〇月一〇日)。一局の勝敗に四貫で五局の勝負であった。

宇多天皇の時代にも殿上人の宴遊に射的競技があった時に「女衣裳一張を賭とし、天皇は韓書を賭物とした」(『歴代宸記』寛平元年・八八九・三月)。醍醐天皇も「親王や大臣に仰せになり、囲碁を打たせ、良馬を賭物に出された」(同・延喜七年・九〇七・一月三日)、など一〇世紀にも天皇が賭物を提供した例が他にもある。

天皇をはじめ貴族や高官は賭けることで勝負に興趣を添え、観戦者も当事者もより熱中して勝敗を楽しんだのであろう。この慣習は後々まで長く続いた。古代の宮廷では、相撲や射芸、競馬《くらべうま》など「観る楽しみ」と、自分達でおこなう歌合せをはじめとする「合せもの」の両方を楽しんだ。合せものは複数の人々が夫々左右に分れて競いあうもので、決して簡素な行事ではなかった。

たとえば右大臣藤原師輔《もろすけ》の日記『九暦《きゅうれき》』にある天暦七年(九五三)一〇月二八日に催された「菊合せ」は次のようなものであった。

天皇が清涼殿に出御し、左方は大納言藤原顕忠ら、右方は大納言源高明らに分れて、菊花を競う催しがあった。左方も右方も長さ八尺(約二・四メートル)、幅六尺(約一・八メートル)の洲浜(曲線の浜を模した飾り物)を造り、互いに蔵人所の壮丁六人づつで洲浜を清涼殿の庭に舁《かつ》ぎ込んだ。菊は洲浜に植えられていて、そこには銀や蘇芳《すおう》で作られた飾り物も置かれ夫々が詠んだ和歌が添えられていた。天皇の観覧に供するための豪華な山車《だし》であった。添えられた左右の歌が読み上げられ、判定する者が一首づつ勝ち負けを決めた。歌競べに勝った側の者達は前庭で舞った。これが終って宴会になり、楽人が音楽を奏すると天皇は箏を、親王は琴を、大納言は琵琶を演奏した。

菊合せは古代天皇制の権威と豪奢を示した催しと言える。菊と洲浜の飾りの品評会であり、歌の巧みさを比べあう芸術行事であり、音楽鑑賞会でもあった。酒宴を伴うこのような催しは屢々おこなわれた。

天徳四年（九六〇）三月三〇日の「歌合せ」は、花を飾り和歌を添えた洲浜を花鳥を描いた綾で覆った。歌は全部で二〇首で右方の歌は色紙に書かれていたが、左方の歌は金で作った山吹の葉に書かれていた。洲浜を飾る歌合せも幾度となく催された。

「根合せ」は、左方と右方に分れて夫々菖蒲の根を繋ぎあわせて長さを競う遊びであるが、ほどなく金銀で拵えた「根」に飾り玉を付けて美麗さを競う行事になった。これにちなんだ歌や催された月日や季節を詠み込んだ歌が作られる「歌合せ」でもあった。詠まれた歌は歌集として遺され、『後冷泉院根合』や『郁芳門院根合』などが伝えられている。

天皇や貴族達が遊んだ遊戯具は奈良の正倉院に伝世品として残されている。碁盤、碁石、雙六盤、さいころとそれを振る筒、投壺、競技用の弓矢などである。聖武天皇（在位七二四〜四九）の愛用品と伝えられる碁盤や雙六盤はきわめて豪華で精巧な造りである。毛彫りで彩色した碁石は朝鮮から贈られた証拠がある。

正倉院蔵の琵琶に似た楽器の桑木《くわのき》阮咸《げんがん》の撥《ばち》には、「松下に碁盤を囲む高士清遊の図」（『平成二年正倉院目録』）が描かれている。この碁盤は平行に立てた二枚の板の上に平板をのせただけの甚だ簡素なつくりである。通常はこのような粗末な碁盤か地面に筋をひいた「碁盤」が用いられていたのであろう。

官人か貴族の邸宅で働く庶民が使ったとみなされる遊戯具も幾つか奈良の平城京跡から出土している。切れ目を刻んだ四面体の木製のさいころは、長屋王（七二九没）邸宅跡からも発見されている。他に竹とんぼ、独楽、関節の動く人形も発見された。

僅かな資料からみても、古代の日本は遊戯具に貧富の差が露骨に表われていた。遊びも天皇や貴族の酒宴を伴う装飾、舞踊、音楽、作歌を総合した華麗な催しで、庶民と隔絶したものであった。

3　中世

民衆の雙六愛好は都が平安京となっても変らなかった。

長元八年（一〇三五）一二月二六日から翌年一月二一日にかけての一六通の文書がそれを証明している。本来は一〇〇通近くあった文書で、いずれも京都の各条各坊の役人である刀祢《とね》が検非違使庁へ提出した報告書である。

一例を挙げると、「去る一二月一三日に庁からお達しになりました、近頃、京中の奸濫の輩が類を招いて集り、徒党を組んで雙六を好み、以前の誡めも無視して濫吹も甚しい。これらを制すべきであるとの状をいただきましたので、仰せの通り以下の如くにいたします」（『平安遺文』）というもので、回答として、「制止を聴き入れない者達の名前を報告するようにいたします」（『前同書』）という内容が最も多い。

検非違使庁は京中に雙六の徒が満ちているので、各条各坊の刀祢に取締りを命じた。末端の役人である刀祢は、近隣の人達と顔見知りであったのだろう。名前を通報するのに躊躇したのかもしれない。なかには刀祢自身が雙六に興じていた可能性もある。それで報告書は歯切れの良いものにならなかったのであろう。庁の命令がどうなったのか、結果を示す文書は一切残されていない。

検非違使庁の通達から八〇年ほど後のことである。検非違使庁の別当であった藤原宗忠の日記『中右記』には、永久二年（一一一四）二月一四日の条に次のような記述がある。「白河院の仰せとして、近頃、京中に摺衣《すりぎぬ》を着用する者達ならびに博戯の輩が道路に満つ。慥に禁制すべし、とおっしゃった」。摺衣の者とは派手な衣裳を着た者達で、どことなく反抗的な態度であったのだろう。たぶん、検非違使庁の役人はただちに取締りに着手したのであろう。

しかし翌月六日の宗忠の日記には「搏戯の輩が猶も京中に満ちている」と書かれている。五月一七日にも「天下に雙六及び摺衣の輩が満ちている事について（白河院が）仰せになったのは、たとえ院の下部であっても慥に搦め取るべし、であった。それで（雙六の徒の）逮捕を下知」したとある。白河上皇（院政一〇八六～一一二九）の時代も、京中に雙六愛好の連中が満ちていたという。

ただ奇妙なことに、白河院が嫌悪した雙六の輩は、「逮捕されても二日後には放免されており、訓戒ていどの軽犯あつかいであった」（戸田芳実『中右記──躍動する院政時代の群像』）。おそらく雙六の徒はまだ一芸に秀いでた職人視されていたのであろう。『新猿楽記』（一一世紀）に右衛門尉家の長女の夫は「高名の博打」打ちであり、後白河上皇（院政一一五八～九二）が撰した当時の流行歌である今様《いまよう》を集めた『梁塵秘抄』にも

我が子は二十《はたち》に成りぬらん　博打《ばくち》してこそ歩《あり》くなれ
国々の博党《ばくたう》に　さすが子なれば憎かなし
負かいたまふな　王子《わうじ》の住吉西の宮（三六五・西郷信綱『梁塵秘抄』）

とあり、雙六の徒に負のイメージはない。

しかし、藤原定家の日記『明月記』の嘉禄二年（一二二六）二月一四日の条には、前宰相中将信盛卿の邸宅の門前と築垣に京中の雙六の徒が集ったと書かれている。その連中はそここに集団となり、

指引き（部分）『絵巻物石山寺縁起』より

博奕をおこなった。邸宅の者が制止したが聴き入れないので、河東の武士に通報した。駆けつけた武士達は雙六の徒の「鼻を削ぎ、二指を斬った」（今川文雄他訳『訓読明月記』）。

明らかに雙六は芸能視されなくなっていた。僅か数十年のうちに変化した。この理由は不明であるが、『関東御教書』（寛喜二年・一二三一）の「侍所沙汰」に「雙六の賭物に田地所領を提供してはならない」（『鎌倉遺文』）とあるように、土地を賭物にして負けて取られてしまうと持ち主が変り、主従関係が混乱するおそれがあったからであろう。土地による従属関係がなくなることは、鎌倉幕府の根幹に関わる問題であった。

また、特に近畿地方で顕著になるが、後に「悪党」と呼ばれる武装集団が各地に発生し、荘園領主に敵対するようになった。これらの一人は「専ら博奕を業として、国中に憚ることなく、あまつさえ本所の下司職を博打の賭で打ち取って、下司職になった」(『東寺百合文書・と九七』)という。これらの社会情勢の変化が間接的に雙六の評価を下落させたのであろう。

さらに遊戯に関しては一三世紀に賽賭博の「四一半《しいちはん》」が流行した。雙六は賽の目の偶然性と共にどの駒を動かして有利な局面を作るのか、瞬時に判断する知識と熟練を必要とした芸能と評価される側面があった。しかし賽賭博は『新猿楽記』には「意のままに賽の目を出す」人物が記されているものの芸能視されることはなかった。

言うまでもなく中世の遊びは雙六や四一半だけではなかった。囲碁や新進の遊びである将棋もあり、驚くほど多種多様な遊びがおこなわれた。今では名前だけ伝わるものの、どのような遊びか判明できないものも少なくない。その反面、幾つかの遊びは現在の遊びの原型と判断できる。

中世の豊富な遊びの多くは、専ら公家の日記から知ることができる。消閑のため幾つもの遊びが考案された。公家達の生活は遊びと密接な関係があった。元来公家の日記は子孫に宮廷の行事や儀式を伝えるものであった。服装、着座、所作や作法の様式や順序を記録するものであり、番で参内した時の様子も含まれていた。なかには交友関係や贈答品など日常生活を詳しく記した人達もいる。膨大な日記類は欠けた部分もあるが大部分は翻刻されている。日記類のなかには遊戯に関する記事が大量にみられる。

たとえば、「雨降る。徒然の間に栗打ちを張行する。男共が候した」(『看聞御記』応永二九年・一四二二・九月一七日)。「廻茶を張行する。懸物は各々が持参する。七所勝負であった。勝った者が夫々懸物を取る。(賭物が余ったので)残りはくじ引きで分けた」(『同』応永三〇年・一四二三・一月二一日)。「晩に宮御方が女中共に御徒然の旨を仰せになる。それで阿弥陀の光を興行する。男達は源中納言、民部卿、予であった。御所様も御覧になった」(『言国卿記』文明六年・一四七四・七月二〇日)。「文字《もじ》鏁《ぐさり》などあり、執筆は按察なり」(『同』文明七年・一四七五・四月六日)。「御学問所にて御貝覆あり。若宮御方や女中ばかりなり」(『同』同七日)。「夜に入り御前にて囲碁五盤、俊量朝臣と打つ。興あり」(『實隆公記』同年九月一四日)、などである。

花園天皇(在位一三〇八~一八)の日記『花園天皇宸記』には、文字の旁《つくり》を出題して偏や冠をつける文字合せ(または文字書)、句の終りの文字を次の句の冠詞に作句する文字鏁《もじくさり》、古詩の韻の一字を隠しておいて当てさせる掩韻《おおいいん》(又は韻塞《いんふさぎ》)などが連歌、小弓、雙六、囲碁と共に記されている。共に遊んだのは番で参内した公家達である。

後花園天皇の父である伏見宮貞成《さだふさ》(康正二年・一四五六没・八五歳)の日記『看聞御記《かんもんぎょき》』には、抹香が一寸《いっすん》燃える間に歌を詠む作歌遊び、香を嗅ぎ分ける十種香(または十炷香)、茶の味から産地を当てる回茶(または順事御茶)、酒の産地当てをする闘酒(後に十度飲み)が、目勝《めまさり》という賽賭博、雀小弓、楊弓、鶯合せ、軟語、花合せ、紙博奕などと共に記されている。権中納言山科言国《やましなときくに》(文亀三年・一五〇三没・五二歳)の日記には貝覆い、切子勝負、コトという賽遊び、阿弥陀の光、浄土双六などがみえる。徒然なるまま、と屢々あるように、思いつきも含めて何でも賭の対象にして興じていた。なかには「郭公《かっこう》の初音の勝負」(『飛鳥井雅有日記全釈』)のように、二組に分れた公家達が東山へ入り、どちらの組が先に郭公の初鳴きを聞くか、という遊山を兼ねた遊びもある。公家達の創造意欲がより豊富な遊びを生み出したと言える。

中世は最初の武家政権が樹立した後、天皇家が南朝と北朝に分れて争う内戦になり、その後足利政権が誕生した。このような変動は遊びにも大きな影響を与えた。雙六の評価の変化もその一つであるが、興味深い盤上遊戯として雙六は遊び継がれた。博奕と同義語であることも変りなかった。一般に勝敗の決まる遊びで勝負に賭けるのが当然、という慣習が定着した時代でもあった。

博奕の徒は屡々集団化し、武装集団が愛好したこともあって、支配層から反体制行為とみなされて制圧された。全国的に統一した博奕取締りはなされなかったが、封建領主は一致して博奕を嫌悪した。兵士は規律を守らず、農民は耕作を怠り、手工業者は職務を放棄することを恐れた。中世で博奕は蔓延したが、その一つの帰結として珍しい決定がなされた。

永禄一一年(一五六八)三月二一日の奈良のある寺での評定である。寺領について賭博への非難と共に「堅く博奕徳政これ有るべし。即ち高札を打ち終った」(『中世法制史料集・寺社法』「薬師寺博奕制禁評定記録写」)とある。農民の逃散を防ぐためであったのだろうが、博奕による借財を消滅させるという決定である。

中世の全期間を通じて、囲碁や雙六の伝統的な盤上遊戯は引き続き遊ばれ、将棋が新進の遊びとして拡まった。賽賭博は多様になり次の時代へ引き継がれた。考案された絵双六と中世末期に伝来したカルタは次の時代に大流行することになる。

中世は遊びの階級性がきわめて明確になった時代であった。支配階級は囲碁将棋のように知力を競う遊びだけでなく、聞香や闘茶のように味覚や嗅覚を比べあう遊びを創造した。さらに文学上の知識や才能も競いあった。これらはほぼ同じ環境で育ち、同様の教育をうけた階層のみが楽しめる遊びであった。被支配階級では重い石を持ち上げる等肉体的能力を競いあう遊びが主流であった。

4　近世

近世初期は中世の遊びが継承された。しかし次第に民衆によって近世独自の遊びが考案された。中世のように公家が考案したのではなく、民衆のなかから生まれた遊びは永く受け継がれた。

島原の乱（寛永一四年・一六三七）の後、支配体制を整備した徳川政権は国内の治安にも厳格に取組んだ。遊びの規制もこの一環としておこなわれた。取締る側からの町触をみると、慶安元年（一六四八）二月に、江戸市中で勧進相撲をおこなうな、辻で鞠を蹴るな、方々の辻や橋の側で賭をするなと命じると共に「前々より仰せ付けられているように、博奕《ばくち》、ほうひき、けんねんし、かるた、何に

射的（黄表紙本『絵本家賀御館』より）

ても諸勝負をかたく禁止する」（『正宝事録』）とあり、町中や河岸端で（弓矢で）的を射させてはならない、とある。

同年五月二七日には「辻相撲を取ってはならない」（『前同書』）と触れている。翌年の正月二二日には凧揚げを禁止し、二月一六日には「前々から通達しているように、かるた博奕や諸勝負を禁ずる。そのような者達に博奕の場所を提供してはならない。もしそのような行為があれば、家主や五人組の者も処罰する」（『江戸町触集成』）とある。

勧進相撲は中世からおこなわれていたが、江戸市中では町触により禁止している。民衆の自主的な催しを止めさせようとしたのであろう。辻での蹴鞠《けまり》を禁じたのは交通妨害のためであろうが、中世で公家が愛好した蹴鞠が江戸市民にも遊ばれるようになっていたのは興味深い。宝《ほう》引《び》きも中世からの遊びで、沢山の紐を束ねて端の一ヶ所か複数箇所に「当り」の景品を付け、他の端を引かせる遊びである。

「けんねんし」は尾佐竹猛氏の考証によると「建仁寺新地の穴熊式詐欺《さぎ》賭博を為したる事件がありし故」（尾佐竹猛『賭博と掏摸の研究』）か、としている。詐欺賭博で、佐賀や三重では訛って「けんのじ」または「けんねじ」と言う。

かるたは一七世紀中頃には既に江戸市民に人気があり、賽賭博と並ぶ広く知られた賭博になっていた。その後、短期間のうちに繰返し禁令が出されているのをみると、一向に止まなかったのであろう。町中《まちなか》や河岸での射的や凧揚げも交通妨害であり、辻相撲も当初はそのように考えられていたのかもしれない。

辻相撲は通行人の誰かに相撲を挑んで取組み勝負に賭ける賭博として禁じられたとみてよい。しかし正徳元年（一七一一）六月の禁令は、辻相撲は町人には「身分不相応」（『御触書寛保集成』）という理由で禁止している。町人が自分で相撲を取るのでなく辻相撲専門の相撲取――といっても町内の鳶人足など屈強な若者達であるが――を抱えることが、身分不相応な行いとして禁止したのであろう。封建制度の身分制を如実に示したものである。それゆえ勧進相撲も町人の身分をわきまえぬとして禁止されたのであろう。

慶安五年（一六五二）八月一三日の江戸町触は「町中にて碁将棋雙六や当座の慰みにも金銀は言うに及ばず、らうそく一つ、紙一つ、銭を諸勝負に賭けることを禁止する。前々から度々触れているように、かるた博奕の諸勝負もこれまた禁止する」(『正宝事録』)とある。碁将棋は次章で詳述するが、江戸期に残されている将棋の有段者名簿をみると、いずれも武士や武士の隠居が圧倒的に多い。囲碁も同様であろう。武士のほうが余暇が多かったのであろうが、囲碁将棋の有段者に関しては江戸期は町人文化という考えは改めなければならないであろう。

中世からの遊びの継続は賽賭博にもみられる。万治年間(一六五八〜六一)におこなわれた方法として、随筆に「賽ふたつを、筒にもいれず手にとりて、もみ賽とかや名づけ、七の数を勝とし」(浅井了意『浮世物語』)とある。これは『古今著聞集《ここんちょもんじゅう》』(一二五四)に記されている「七半」という賽賭博と同じ方法であろう。

しかし天和二年(一六八二)に「ちょぼいち」という賽賭博で検挙された首謀者達は、獄門や斬首になっている(『近世法制史料集』)。ちょぼいちは六つの区画に夫々一から六までの数を記し、各々その区画に賭け、賽の出目によって勝負する賭博である。当時は体制が変り支配機構が整備されてさほど長い年月を経ていないので、賭博は反幕集団とみなされて甚だ過酷な処罰であった。ちょぼいちは近世になって考案された賽賭博のようで、その後さらに大目小目、長半(丁半)などの技法が考案された。

中世の公家が愛好していた俳諧は、近世になると大衆化され文学的内容も次第に変化した。各地で指導者としての宗匠が生れ、一般の民衆に俳諧を教えるようになった。

最初は作句の勉強として集った者達に下の句を呈示して、それに適用する上の句を作らせていた。

優れた上の句へは褒美を与えるようになった。遅くとも寛文年間（一六六一〜七三）には、俳諧の座に集った者達が一人当り一〇文ほどの添削料を拠出し、その集った金で秀でた上の句（前の句）を創作した者に盃や扇を褒美として与えるのが慣例化した。寛文一〇年（一六七〇）の大坂法度は「前句附は賭博同様の行為として禁止した」（『大阪市史』）。

この数年後に京都では「前句附」が興行化している。俳諧の座に参加するよう広く呼びかけたり、知人に飛脚で連絡するようになった。多数の人々を集めて投句させ、当選者の褒美も次第に豪華になった。天和年間（一六八一〜八四）には宗匠に取次ぐための清書所が設置され、さらに投句者を集める「句拾い」という者達が配置され、取次所に集約するように組織化された。京都で元禄五年（一六九二）の前句附興行には一回の興行に応募した者約五〇〇人、寄句数は三〇〇〇以上と記録されている。

しかし誰もが俳諧や作句の素養があったわけではなかった。それでより多くの投句（寄句）を得るために、出題が平易で簡素になった。たとえば「目の赤いもの」「今が流行《はや》りのもの」など上の句を提示し、当てはまる下の文言を回答する方式に変更された。そのため前句附でなく「笠附《かさづけ》」や「冠附《かんむりづけ》」と呼ばれるようになった。元禄六年（一六九三）の笠附興行は「一五ヶ国から一万六百余句を集めた」（宮田正信『雑俳史の研究』）。翌年の笠附興行は商品が反物など三〇〇番まで当るように工夫された。

当選した賞品の発送も、「米一俵とか傘十本などの賞品を金に換えて送金する便法も工夫され」（鈴木勝忠『近世俳諧史の基層』）、より遠方からの投句を可能にした。近世独特の組織的な興業になったが、

泰平壽子録（筆者蔵）

幕府も黙認してはいなかった。元禄一〇年（一六九七）一二月二九日の町触は「俳諧点者（宗匠）が連衆の内へ褒美と名付け器財などを賭業《かけわざ》のように取り遣りし、博奕の勝負と同じなので禁止する」（『正宝事録』）としている。

不特定多数の賭け手を募る近世の射幸心を満たす催しは、富くじである。当初は村の鎮守社の補修のため住民が少額の寄附を集めていたのだろうが、繰返しおこなわれているうちに、寄附金の一部を寄進者の一人か複数に還元することを思いついたのであろう。この方法はより多くの寄進者を集めることになったと思える。寄進者には寄進を証明する紙片が与えられた。幸運な寄進者を見つけるために、紙片を入れた木箱をきりか槍状の棒で突き、突き刺さった紙片を「当り」とする抽選方法が採られた。

元禄五年（一六九二）五月一日の江戸町触は「頃日、町中にてとみつき講と名付け或いは百人講と申して大勢の人を集め、博奕がましき儀があり不届である」（『前同書』）として禁止している。まだ確定した名称がないのか「とみつき講」と呼ばれていた。京都近郊の南山城の村では、元禄一二年（一六九九）一二月に村の掟として「富《とみ》を禁止している」（奥田修三編著『元禄村方日記』）。この地域では「富」と呼ばれていた。江戸では元禄一七年（一七〇四）正月にも「町方にて富付と名づけ、博奕がましき儀があることを聞いている。このような類は禁止する」（『正宝事録』）とし、度々禁止を触れているのに不届《ふとどき》の至りと述べている。

富突が急速に発達し、人気を得ていたことが読み取れる。「富くじ」と呼ばれるようになった富突が公認されたのは、享保一五年（一七三〇）である。京都の仁和寺門跡が館を修理するために幕府に願い出て許可された。従来は富くじが始まったのはこの年とされていたが誤りで、それ以前から民衆は自発的に富くじを考案していた。

当初「とみつき講」や「百人講」と呼ばれていたのは、中世からの互助組織として「講」が認められていたからである。講は頼母子《たのもし》と呼ばれていた。周知のように頼母子は落札者があっても講の構成員は掛金を続けて、一定期間を経て修了する仕組みである。しかし誰が考案したのか不明であるが、頼母子の初回に全員が集り一定の掛金が集ると、くじを引く。〝運の良い者〟が落札し、拠出された金を受け取って講は解散するという方法が採られるようになった。変則的な一回限りの「頼母子」であった。むろん通常の頼母子もおこなわれていた。

京都で寛文一〇年に「博奕、たのもし、一切の賭の諸勝負は禁止する」（『京都町触集成』）とあり、さらに延宝五年（一六七七）にも「博奕たのもし」（『前同書』）を禁止している。一度だけ集って落札者を決め、その後は継続しない講は「取退無尽《とりのきむじん》」と呼ばれた。享保一六年（一七三一）一月一二日の江戸町触は「近頃、所々の寺や茶屋その他の場所で人集めをし、取退無尽と号し筋悪《すじわる》の行いがあると聞く。（博奕に）紛わしい行為は禁止する」（『正宝事録』）とし、この後、繰返し取退無尽の禁令が出されている。寛保元年（一七四一）四月にも「取退無尽と号し三笠博奕同然の類は禁止する」（『京都町触集成』）と触れている。

永く続いている遊びも一時的に流行した遊びも次第に変化する。江戸前半期に人気のあった遊びも変化しながら続けられた。

冠附または笠附はさらに出題が簡素になり、ついに「いろは」四八文字のうち七文字ずつを三段に記した「当てもの」に変化した。投句を集めるのではなく、二一文字を記した賭紙である台紙を売子が持ち歩く方式が採られた。組織的な賭け手集めがおこなわれた賭博であったが、名前だけは三笠附《みかさづけ》と呼ばれた。前述の町触で「三笠博奕」とあるのは三笠附を指している。早い時期の禁止令は正徳五年（一七一五）正月一三日の江戸町触で「町中にて三笠附と名付け、博奕がましき儀があると聞く。町中の家主を吟味し、点者（宗匠）は言うに及ばず、三笠附にたずさわる者があれば急度《きっと》処罰する」（『正宝事録』）とした。同年九月にも「近来の諸国在々で三笠附と申すことが流行《はや》っている。博奕同様

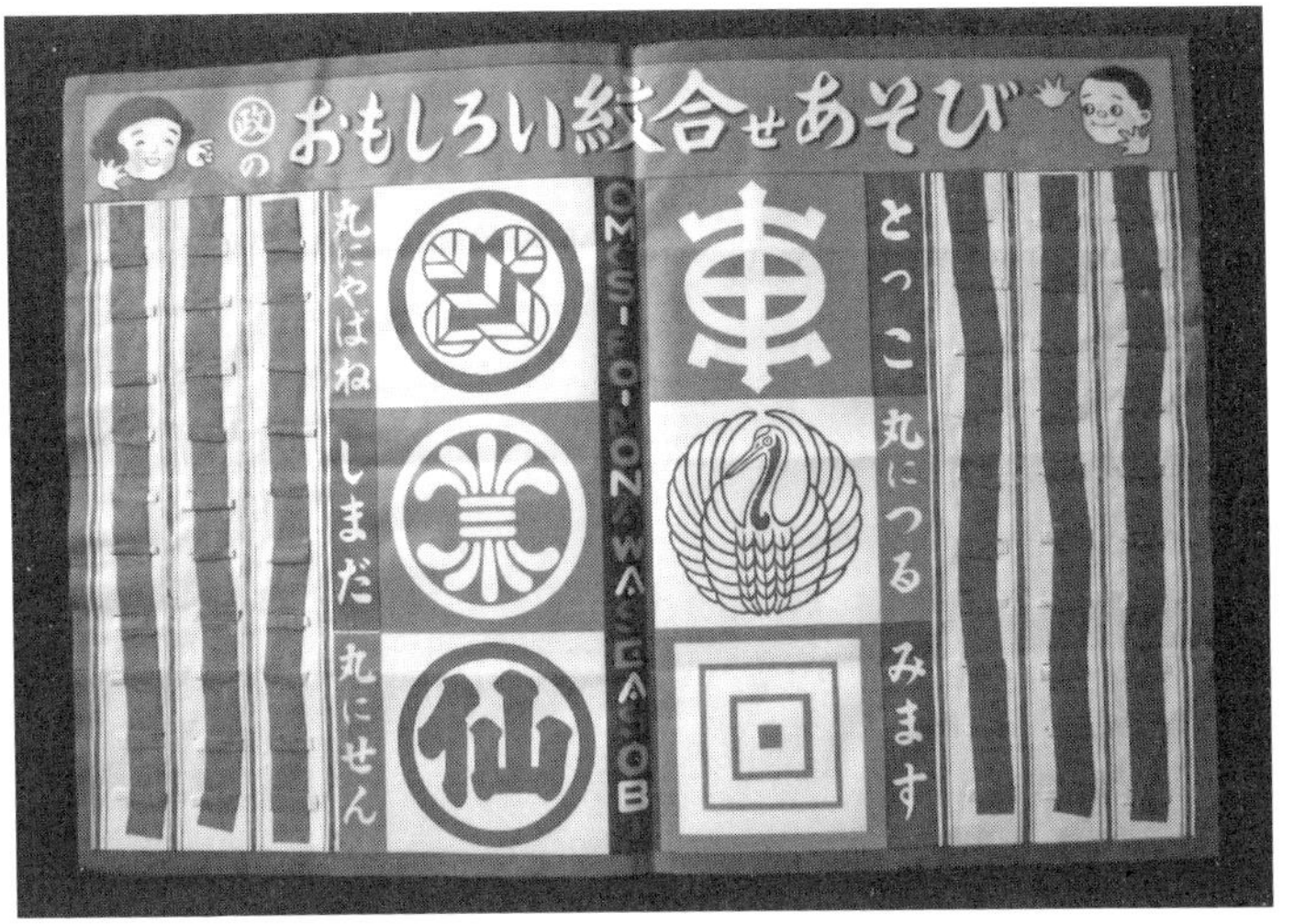

ひっぺがし（筆者蔵）

なので御料（幕府直轄領）や私領をとわず急度《きっと》禁止せよ」（『前同書』）と触れている。江戸市中だけでなく短期間に諸国に拡まったのであろう。三笠附は幕末に至るまで、禁止されながらも全国でおこなわれた。

三笠附と類似した「当てもの」も流行した。六区画に夫々、誰でも知っている有名な歌舞伎役者の家紋を描いた台紙を作り、どの紋に賭けるか売子が持ち廻るものである。台紙の両端に貼り付けてある小片を買い、台紙から引きはがして賭けた紋の上に置くので「ひっぺがし」と呼ばれた。また、賭けた印に紋の上に墨で小棒を記すので「棒引き」とも呼ばれたが、取締る側は「紋附」「紋づくし」と呼んでいる。

宝暦二年（一七五二）正月二五日の町触は「紋つくしにて勝負をすること。人形で富突様の（所作を）することと。前句附、もしり附などの

富札
兵庫貨幣会発行『富札づくし』より

類をしないこと」(『前同書』)を禁止している。紋づくしはその後も度々禁止されて寛政三年(一七九一)四月にも「紋紙棒引博奕」(『御仕置例類集(古類集)』)は禁止されている。「紋附」または「紋紙棒引」は驚くほど長く遊び継がれ、幕末から明治維新を経て昭和前半期まで「当てもの」として続いた。

主催者に多額の利益をもたらす富くじは、公許の申請があい次ぎ、乱立するようになった。公許の最初は富くじ(富札)の販売は一回に一五〇〇〇枚程度であったが、すぐに五〇〇〇枚、七〇〇〇枚となり、一万枚以上発行されるようになった。それほど人気のある催しだった。むろん一等の当り額も大きくなり、当り札の枚数も増えた。

特に熊野三山の富札は一回で一〇万札以上が

発行された。全国に派遣している御師《おし》――参詣講を組織し、宿泊の準備をする役――を通じて大量に売り、多数の当り札を用意した。富興行の乱立により「他領で興行している富札を買うな、自領発行の富のみを買へ」という町触もなされたが、乱立の結果収益が低下し、ついには欠損になる富興行も現れた。幕府は直轄領の奉行所を通じて「当り札」の賞金の上限を定めた。文政九年（一八二六）に大坂町奉行所は賞金の一部分を「社頭奉納のため」主催者に寄附させる方式を定めた。賞金額の露骨な減額は富くじの人気を著しく低下させた。

さらに富くじを混乱させたのは非合法の富くじであった。主催者に一定の利益が保証されるので、公許されない私的な富興行が絶えなかった。寺社や役人への謝礼が不要なので配当率が高いという触れ込みで、全国各地でおこなわれた。もっともらしい名目を掲げて公許か非公許か区別がつかない富もあった。非合法の富は隠富《かくしとみ》または影富《かげとみ》と呼ばれたが、主催者は様々な名前を付けた。

天明三年（一七八三）一一月に「大和の国の村々でケントクと唱え富に似た企てで村々の者に加入させ、金銀を費《つい》やし農業を怠《おこた》り一統の困窮のもとになっている興行は、不埒《ふらち》なので禁止する。近国の代官や地頭へもこの旨を伝える」（『京都町触集成』）と触があったのも隠富の一例である。天明四年（一七八四）に大坂町奉行所が隠富として判決したのは、播州島町村庄屋勇七、百姓孫兵衛、同忠兵衛が催した富興行であった（『御仕置例類集（古類集）』）。隠富を摘発した例は甚だ多い。

富くじをより面白くと考え出されたのが第附《だいつき》である。富札一枚も買えない貧困層向けの賭である。公許の富の抽選の際に、当り番号の末尾の数か一〇台、一〇〇台の数に賭ける賭博である。文政三年

（一八二〇）一〇月の触書には「近来、影富又は第附などと唱え、博奕に紛わしい勝負があると聞く。禁止して（関係者を）召捕り御仕置を申しつける」（『御仕置例類集・続類集』）とある。

一時期異常に人気のあった富くじは、天保の改革によって廃止された。あまりにも射幸心をあおったからであろう。「今般、富興行のこらず差留め仰せいだざる」（『江戸町触集成』）と、天保一三年（一八四二）三月九日に寺社奉行を通じて全国の寺社へも通達された。第附も消滅した。隠富はしばらく続いたが、取締りが厳しくこれもやがて消滅した。


江戸前半期と後半期で大きく変化したのはかるたも同様である。海外の「カルタ」の模倣から「うんすんかるた」のように国産で独自の「かるた」が作られるようになった。技法の変遷に応じてそれに適応したかるたが作られ、蒐集家が「地方札」と呼んでいる地方独自のかるたも作られた。

印刷技術の向上により安価に大量生産できるようになると、かるたは一段と普及した。慶安元年の取締りのようにかるたも賭博用具として禁止されたが、かるたの面白さ斬新さは禁令にもかかわらず人々に愛好された。百人一首などの歌合せかるた、いろはかるたなどの諺かるたや絵合せかるたには日常生活を反映した型も現われた。

寛政一〇年（一七九八）正月の町触は「諸勝負に用いるよみかるた並びにめくりかるたを内職に数多く仕入れ、江戸表へ積出し又は名前も知らぬものへ売捌いた者共は、さる辰年〔二年前〕七月に洛中追放、手鎖、過料に処したが、今もこれらの不正の品を拵へ売捌いている者がいる。役人共は厳しく取締れ」（『京都町触集成』）とある。京都は以前からかるたの大生産地であった。かるたについては第三章で再び述べさせていただく。

世相を反映した遊戯具の最《さい》たるものは絵双六である。その時々の流行をいちはやく採り入れて双六に仕立てた。一般には墨摺り一色か粗末な絵双六が遊ばれたが、一流の絵師、彫師、刷師が参画して錦絵に勝るとも劣らぬ芸術品も作られた。これらは贈答品として用いられた。彩色された様々な絵双六は、参勤交代の武士達の江戸土産になり全国に拡まった。

ただ、道中双六は江戸でも京大坂でも賭博用具とみなされ、板木没収、売買禁止になった。詳細は拙著『すごろくⅡ』（ものと人間の文化史79-Ⅱ・法政大学出版局刊）を参照されたい。

民衆の創意と工夫で江戸期は多様な遊びが考案された。この遊びを集大成したのが喜多村信節《きたむらのぶよ》の百科全書様の書物『嬉遊笑覧』（序文・文政一三年・一八三〇）である。序文に「人の稟質（天から授《さずか》った性質）は各々異なるが、心は和んで楽しみ、楽しみは笑いを誘い、諸戯で笑いを献じる」として、封建制度下の身分制度を批判して、人々は諸々の戯で笑うという平等観を示した。

『嬉遊笑覧』の遊戯を表わす「雑技」の項には、実に一四八の遊びの名前が挙げられている。この他に「児戯」など九項目の中の遊戯の数を含めると約三〇〇の大量の遊びを紹介している。一つの遊びで複数の技法を記しているので厳密に遊びの数だけでも約一五〇もある。丹念に調べており、江戸期の遊びを網羅している。それだけでなく、各々の遊びについて古典を引用して由来や経緯を説明している。遊戯史研究に連なる最初の労作であった。

江戸期も遊びには常に賭けられていたが、幕府は一八世紀前半の「軽キ博奕」の規定や一九世紀前半の「天保の改革」の博打取締りのように、賭博犯処罰の緩急によって民衆をコントロールしようと試みた。賭博を禁止した幕府であったが、皮肉なことに幕府の政策が賭博を助長することになった。

第一に、近畿に特に多くみられるが、狭い地域、たとえば一つの村が天領、寺社領、公家領、大名領、旗本領などと複数の分割支配がなされていた。それゆえ、農村で賭場が発覚しても、博徒はごく短い距離を逃走するだけで「他領」に逃げ込むことができた。他領と犯人引渡しの交渉は煩雑な書類作成や手続きだけでなく、大目付への報告や担当の人員配置などあまりにも負担が重かった。そのため自領から逃亡した賭博犯は事実上放置された。博徒達はほとぼりがさめると元の場所に戻って賭場を開いた。

第二に、大都市や城下町で屢々問題になったのが、武家屋敷へ町方の捕吏が踏込めない規定である。身分としての武家の権威は容認されていた。このため武家屋敷の中間《ちゆうげん》部屋が賭場になった。町民は武家の奉公人である中間や下働きの男女への面会は容易であり、口実を設けて中間部屋への出入りは自由であった。中間部屋の賭場は天候に左右されない安全地帯であった。

第三に、幕府は犯罪人逮捕のため、改心した元犯罪者を町奉行所同心の手先（目明しまたは岡っ引）として採用するのを黙認した。目明しは金を貰って町家の賭場の見張りをし、禁制品の賭博用具の売買をおこなった。幕末には目明しは町役人よりも権勢をふるい、目明し本人や子分達が関与した賭場は半ば公然と開かれ、賭博犯も様々な理由をつけて見逃された（拙著『江戸の目明し』参照）。
これらの政策と住民の賭博愛好とがあいともなって、「ばくち知らぬは野暮《やぼ》」（原武太夫盛和『北里戯場隣の疝気』）という風潮がつくられた。

5 近現代（一）

洋式軍隊装備の明治政府であったが、維新当初の教育方針は徳川幕府の「漢籍を廃し、専ら国書を用いる」（『太政官日誌』）もので、『神皇正統記』や『古語拾遺』を推奨する超反動的な教科書の採用であった。他方、閣僚や政府高官を欧米に派遣して、欧米を見習い追いつく政策をとり、混乱していた。

明治初期の遊びは江戸期の遊びがそのまま踏襲された。明治二年（一八六九）から明治六年（一八七三）までに各府県で禁止した遊びは、横浜では紋紙、当てもの、くじ、きずという銭当て、山梨県は大弓場、岐阜県は闘鶏、愛知県や和歌山県では賭碁、賭将棋、鳥取県は阿弥陀の光、京都府は、むさし、穴一という銭勝負などで、各府県を総合すると江戸期の遊び総てと言えた。

明治政府の見解は、明治初期に全国に派遣した調査官の報告をまとめたものであるが、遊びは「未開ノ醜風、賭博同様ノ所業」、「無益の金銭ヲ費スノミナラズ自然ニ遊惰ノ風習ニ陥リ」（『府県史料』）

とし、無為と時間の浪費する下らぬ行為という認識であった。このような遊びに関する偏見と敵視は一貫して変らなかった。

明治政府の遊びについての無知と無理解を示す施策例がある。徳川幕府の下で築きあげられた文化を「封建制度の遺風」として排除しようとした。しかしそれに代りうる文化を薩長の藩閥政府は持っていなかった。武力に優れていても文化水準は著しく低かったからである。

それで明治政府は明治七年（一八七四）頃から国家事業としてイギリスの百科事典の翻訳をはじめた。このうちの遊戯に関する事項のみを抽出して、文部省は『百科全書　戸内遊戯方　漢加斯底爾訳』（明治一二年・一八七九）の冊子を発行した。目次には「チェス、ドラフト、バックガムモン、撞丸戯（ビリアード）、闘牌（プレイング・カード）」などがある。訳者がどのような人物か不明で、いわゆる「お雇い外国人」の名簿に名前は見当らない。明治政府は「これぞ文明国の遊びである。人民はよく見習へ」と手本を示したつもりであろう。

しかし、当時の日本人はドラフツやバクギャモンを知らなかった。きわめて少数の特殊な人達のみが見聞しただけであった。プレイング・カードは日本ではトランプ（切札の意か）として後に知られるようになるが、この時は輸入が認められていなかった。遊ぼうとしても現物を入手することが不可能であった。

遊びの普及はそれなりの理由があり、初心者が試みて興味深いと感じなければ拡がるものではない。ましてや上からの文明国の遊びと押しつけられ、そのうえ見たことのないもので「遊べ」と命じるのは

なかった。

甚だ不当なことであった。明治政府の文部省はこのような遊びに関する初歩的な認識さえも持っていなかった。

明治政権の不法と強権は別の事柄でも現われた。周知のように明治政府はフランスの法学者G・E・ボアソナードを招聘して、近代的な法制度を整備した。当時の世界で最も先進的なフランス法を採り入れたため、刑法は「現行犯のみ逮捕」「家宅捜査は日没から翌朝の日の出まで禁止」となった。「治罪法（明治一五年・一八八二・一月施行）の制定に伴って、私人の居宅への立ち入りは厳重に制限が課せられるにいたったことが、とばく犯検挙能率の低下をもたらした」（髙橋雄豺『明治年代の警察部長』）。

警官の面前で賭博しないかぎり逮捕されず、日没から賭場を開いても捜査、検挙されなくなった。「無智者は賭博を公許せられたるものと誤識するに至る」（『庁府県警察沿革史』）という状況になった。これを裏付けたのが各地に派遣した巡察使の報告書であった。とりわけ関東各県での博徒の横行は甚しいと報告書とは別に、巡察使安場保和は意見書を、同関口隆吉は上申書を提出して博徒撲滅を訴えた。

これと前後して群馬県令（知事）、埼玉県令、千葉県令、栃木県令、茨城県権令（副知事）の五名連名の博徒取締の意見書が内務卿大久保利通に提出された。山梨県令は独自の建議書を太政大臣三条実美に提出した。これらについて司法卿大木喬任と太政大臣の間で協議された記録がある。おそらく閣僚間の相談や意志統一もなされたのであろう。

明治一七年（一八八四）一月四日、太政官布告第一号として「賭博犯処分規則」が布告された。賭博犯に関する刑法の二箇条を突然停止し、それに代るものであった。

「賭博犯処分規則」は僅か四条の短いものであるが、これに附随した「処分手続」とあわせていかに異常なものかが明らかになる。すなわち、①停止した刑法に比べて著しく重罪である。②風聞（噂）で賭博犯を逮捕でき、深夜であっても家宅捜査が可能。③「懲罰」なので弁護人がなくても処分でき、上告は認めない。④賭博をしなくても集った者は重罪に処す。

以上のようにおよそ近代国家とは考えられない刑法の二箇条を停止しての布告であった。明治政府が否定した封建制度よりさらに反動的な「処分規則」であった。最も注目したいのは、親分の招集に応じて集った者達は「賭博をしなくても」重罪とするという規定であった。

明治一七年一月から博徒の間で「大刈込」と呼ばれている「賭博犯処分規則」に基づく博徒の一斉検挙が始まった。現行犯でなくても以前から名の知られた博徒は、次々と逮捕されるはずであった。しかしこの年に最も賭博犯として検挙された人員は予想に反して兵庫県、二位は愛媛県であった。翌年の検挙者数の一位は愛媛県、二位は兵庫県であった。

県令経験者や現職の参事院議員である巡察使が、博徒が跋扈《ばっこ》して由々しき大問題とした関東六県は大刈込の結果どのようであったのだろうか。一〇万の博徒が横行していると報告された群馬県は僅か七一六名が検挙されたのみであった。子分数万人をもち博徒の親分三〇〇〇人とされた埼玉県の賭博犯検挙は五五名のみであった。博徒が蔓延していた関東六県の検挙数はいずれも二〇位以下であった（髙橋雄豺『明治年代の警察部長』）。きわめて奇妙な結果であった。

県令と政府が仕組んだ大謀略かもしれない。当時まだ盛んであった自由民権運動の活動家を捕えるため、指導者の招集で集った人達は「賭博をしなくても」博徒として逮捕できる方策を考えだしたのであろう。自由民権運動の衰退に反発して不法行為にはしる者を「火附強盗自由党」と呼び、博徒同様に危険な存在と強調したのは政権側であった。博徒の行為には顰蹙《ひんしゅく》をかう場合が屢々あったのだろう。それと一部の粗暴な自由民権運動家とを結びつけて、同類視させようとしたのである。

明治二二年（一八八九）二月に帝国憲法が公布されると、同年六月一〇日に布告時と同様に突然「賭博犯処分規則」は廃止された。政府は目的を達したと述べたが、賭博犯の検挙者数からみると虚偽は明らかであった。政府は弁護人をおかず上告を認めない裁判について国際的な批判を怖れたのである。

いずれにせよ政府からみれば「賭博犯処分規則」は大成功であった。博徒取締に藉口して自由民権運動を弾圧したこと、博徒と一般の賭博愛好家との分離に成功したこと、博徒と関わると重罪になるという威嚇は大きな影響を与えた。なによりも国民に賭博に対する嫌悪感、忌避感を醸成することができたからであった。

「賭博犯処分規則」が布告された翌年の明治一八年（一八八五）にトランプが解禁された。「トランプを日本に輸出しようとするイギリスの圧力がきっかけであった」（江橋崇「解説カルタの歴史」『図説カルタの世界』）。

斬新なデザインと文明国家の支配者の画像を描いた紙の遊戯具は、好奇心の強い日本人を魅了した。輸入品で高価であったにもかかわらず、トランプは着実に愛好者を増やしていった。最初の輸入品がイギリス製品であったからか、日本人はトランプの紋標をハート、ダイヤ、スペード、クラブと思い込んでいる。しかしドイツなど中央ヨーロッパのトランプの紋標は木の葉、どんぐり、心臓、鈴であるが、当時の人々はそこまで思いがいたらなかった。現実に手に取って見ることのできるトランプを優先させるのは当然であった。

トランプの輸入解禁とほぼ同じ頃に花札、かぶ札、めくり札が解禁された。多くの読者は江戸時代に庶民の間で遊ばれていた花札類は実は禁止されていて、明治初頭に解禁されたとは、信じられないだろうが、事実である。花札は大流行して明治三〇年（一八九七）に大審院判事などが花札賭博で起訴された「弄花《ろうか》事件」があり、また、エリートである学生が花札賭博で検挙された。

花札類について「骨牌《こっぱい》（かるた類を指す総称）の如き純然たる奢侈品に課税して国家の財源に充てる」（『明治財政史』）ため明治三二年（一八九九）にかるた類に印紙税が、明治三五年（一九〇二）は骨牌税が定められた。そのため国内の零細かるた製造者は倒産があい次ぎ、輸出向けの花札は無税であったため主として朝鮮向けの輸出量は激増した。明治四〇年代になると朝鮮中国向けのかるた類が国内向けを凌駕するようになった。

今日では一部の韓国の人々が花札は韓国で造られて日本に輸出されたと誤認しているのもこの時期に大量の花札が日本から輸出されたからであり、朝鮮人民の独立意欲を花札賭博によって麻痺させようとしたとみる説の根拠ともなっている。

明治末期に改良された百人一首は学生達が愛好したことにより流行した。明治三七年（一九〇四）に東京で競技かるたの第一回大会が催され、大阪でも明治四四年（一九一一）に百人一首競技会がはじまり、大正二年（一九一三）に全国大会がおこなわれた。

明治末期に日本に持ち込まれ、大正初期から徐々に知られるようになったのが麻雀である。大正年間末期から昭和初期にかけて爆発的に流行したのは、流行作家が新聞の連載小説のなかで麻雀を紹介したのも理由の一つとされている。都心でも地方でも大会が催され、女性も参加することで飛躍的に厚い愛好者層がつくられた。

伝統的な遊戯である囲碁将棋も、大正年間から昭和前半期に一段と隆盛になった。大正一一年（一九二二）刊の『遠江《とおとおみ》囲碁名鑑』には浜松市を中心にした愛好者の名前四七七名が記されている。また翌年五月の兵庫県明石市とその周辺の囲碁愛好者を対象とした「播磨国《はりまのくに》囲碁大番付」には、一五〇〇名超の人数が記されている。大正一三年（一九二四）には日本棋院が創設された。翌年にラジオで囲碁講座がはじまると、全国で囲碁愛好者はさらに増加した。

将棋も「万朝報《よろずちょうほう》」紙が明治三一年（一八九八）に棋譜を掲載したのに続いて、「時事新報」など新聞各紙が高段者の対局の棋譜を載せるようになった。テレビのない時代に新聞の影響力は絶大であった。大正一五年（一九二六）に始まったラジオの将棋講座は普及に大きな役割を果した。昭和五年（一九三〇年）版の『朝日年鑑』には、東京日比谷公園の将棋野外講演に、五〇〇〇名の聴衆が参加したという記述がある。各新聞社は次々と棋戦を企画し、それによって販売部数が伸び、さらに新しい棋戦を企画するという好循環が現われた。現在のタイトル戦と同様かそれ以上の数の棋戦があり、昭和一〇年（一九三五）の実力名人戦への移行も話題となった。

日清、日露の戦争を通じて増えたのが絵双六である。戦争を題材にすると「振り出し」と「上り」が明確だったこともあり、絵画による戦況報道としても人気を得た。昭和期になると子供の遊びとして定着したが、大正三年（一九一四）に創刊された『少年倶楽部』は昭和三年（一九二八）頃には発行部数が約三〇万部になっていた。各号や正月号には附録として絵双六が付けられた。『少女の友』など他の少年少女雑誌も追随し、日本中の少年少女が一斉に数十万部の同じ絵双六で遊ぶようになった。内容も幼少年の夢を育てるように世界一周、宇宙旅行、スポーツ、海外留学など多彩な題材が考案された。

これらは第一次大戦後の一時的な繁栄と、いわゆる「大正デモクラシー」と呼ばれた以前より自由な風潮が遊びにも反映されたとみてよい。

6　近現代（二）

このように活気づいた遊びの世界だったが、長くは続かなかった。日本が中国に対し露骨な武力攻撃をしかけたからである。

昭和六年（一九三一）九月一八日に南満州鉄道の線路が爆破されたという口実で、陸軍の関東軍が軍事行動をはじめた。満州事変と呼ばれて局地衝突のように誤認されているが、実際は中国東北部の要衝である錦州やハルピンを占領する大規模な満州戦争であった。この戦争は昭和七年（一九三二）に日本が実質上支配する「満州国」の建国まで続いた。その後日本海軍は昭和一二年（一九三七）まで二度にわたって上海を武力攻撃した。

当初は、日本の対外侵略が政治や経済に大きな影響を与えると考えた人は少なかった。しかし、昭和一二年に中国との全面戦争になり、「国民精神総動員運動」が始まると、総ての国民は戦争に協力し勝利のために意志統一せよと強要され、高価でぜいたくな輸入品を使わぬように指示された。日本軍は中国各地を占領し、新聞やラジオは戦勝気分を盛り上げた。

昭和一五年（一九四〇）に全政党が解散して「大政翼賛会」が発足した。形式上残っていた政党政治は消滅させられた。翼賛会は会長が首相、道府県知事が支部長で末端は一〇世帯または一〇戸を一単位とした隣組に組織された。隣組長は退役軍人や退役警官が多く、隣組の総会は「常会」と呼ばれて戦争協力の様々な行事や防空訓練をおこなった。隣組のもう一つの大きな役割は政治への不平分子、厭戦気分を助長する者の監視と摘発であった。むろん隣組の一軒で花札や麻雀で集ると、密告され逮捕された。隣組は日用品や雑貨、戦争末期には主食や副食品の配給もおこなっていたので、脱退すると生活ができなくなるため、嫌でも隣組に加わっていなければならなかった。

日本男児遠征双六

戦争を遂行するため映画、演劇、漫才、落語、講談、浪曲に至るまで、あらゆる娯楽は当局の監視下におかれ、「愛国もの」や戦争遂行に役立つもののみが許可された。昭和一六年（一九四一）に米英オランダとの全面的な戦争になると娯楽・遊戯への統制は一段と強まった。

ジャズやブルースなどは米英の音楽として禁止され、各新聞社は軍国歌謡を募集して当選作は終日ラジオで放送された。囲碁将棋も新聞欄から消え、棋戦は中止された。棋士達は棋道報国隊に組織され、傷病兵の慰問や軍需工場で生産に従事させられた。

はやくから志願兵は一四歳からと定められていたが、政府・軍部が力を入れたのは幼少年教育であった。紙芝居は父の仇を討つため陸海軍に志願する筋書となり、「いろはかるた」も打倒鬼畜米英が強調された。絵双六は少年兵募集を呼びかける作品が多くなり、少年少女向けの軍事小説が数多く出版された。従軍画家による戦争画展は全国を巡回し、戦意高揚に大きな役割を果した。

迫害された遊びも少なくなかった。輸入品でカタカナの名前のゲーム類は改名させられた。なかでも麻雀は「敵国遊戯」「亡国遊戯」とされ、麻雀倶楽部は特高警察から反日、抗日の謀議の場とみなされ、様々な嫌がらせをうけた。そのため殆んどの倶楽部は廃業を余儀なくされた。

江戸期から長く庶民に親しまれてきた小倉百人一首は恋歌などが多く戦時下にふさわしくない。また天皇や皇族の歌があり、一〇〇〇年前のことであっても皇室に対し畏れ多いという理由で禁止された。代りに天皇への忠節を歌った「愛国百人一首」を政府は普及させようとした。隣組を通じて販売したので、非国民と見なされないように無理をして購入した人達が多かった。

第二次大戦中の国民生活は、今では想像できないほど苛酷なものであった。たとえば衣料は背広やネクタイを締めることは欧米の模倣として排斥され、軍服に似た国民服の着用が奨励された。女性はモンペが戦時服に準じるものとされた。違反すると非国民と非難されたが、むろん物資不足の反映でもあった。昭和一九年(一九四四)から毎日、空襲におびえ、綿入れの防空頭巾を常に携行しなければならなかった。

食糧事情は戦局の悪化に比例して厳しいものになった。食糧切符でレストランで雑穀入り雑炊や粥が食べられる状況は長く続かず、短期間で廃止された。主食の米の配給は途絶え、今までは廃棄していたものも貴重な食材となった。現在のようにコンビニやスーパー・マーケットが各所にあり、いつでもどこでも食糧が手に入る時代ではなかった。情報は完全に統制されていた。海外の放送を聴くとスパイ行為をしたと逮捕され、ラジオの偽りの「大本営発表」のみが正当とされた。敗戦直前は新聞が一部二頁のみになり、記事は大本営発表と軍国美談のみとなった。

遊びが窒息させられた基礎にはこのような戦時生活があった。遊び仲間は徴兵と軍需産業への徴用で四散させられたことは言うまでもない。これらを体験した世代は少なくなってきた。戦争の悲惨や愚かさはさらに多く伝えられるべきであろう。

無謀な侵略戦争の結果は惨憺《さんたん》たるものであった。外地での兵士の戦死者や病死者は約二四〇万とされ、働き手を失った家族は数百万人にのぼった。東京をはじめ全国の中小都市を含む一三一都市が空襲され、原爆を投下された広島、長崎を加えると約一〇〇万人が亡くなり、戦災の罹災者は約八四〇万人であった。

人的被害だけでなく空襲によって敗戦時は殆んど総ての工場設備が破壊された。交通網は分断され、機関車や車輌の多くは失なわれていた。電気、通信設備も大きな被害をうけ、軍用物資が闇市で売られた。物資不足により正常な商業活動は停止していた。

敗戦時の状況で戦後生まれの人達が最も理解できないのが都市事情であろう。空爆により全国のどの都市も赤茶けた瓦礫が続き、遠方まで遮るものもなく見渡せた。焼け跡特有の匂いに満ちていた。

平和カルタ
（大牟田市立カルタ・歴史資料館）

ビルが林立する現在では想像できない光景であった。ガソリン不足もあって自動車の交通は皆無に近く、今の高速道路や一般道の渋滞を経験した人達には信じられないことだろう。

敗戦直後にはさいころ賭博が流行したが、その他に特徴的な二つの遊びを挙げることができる。ひとつは子供向けのかるたである。諺《ことわざ》かるたの一種で箱の上に「平和カルタ」と書かれている。カルタ研究者の江橋崇氏が発見したもので、奇妙なことに製造者名や販売者名もその住所も記されていない。そのうえカラー印刷である。敗戦直後の日本でカラー印刷のできる工場はなかったはずである。

さらに、読み札には「ルーズベルトワ平和神」「強クテ優シイマッカーサー」といった文言が書かれている（江橋崇『解説カルタの歴史』『図説カルタの世界』）。ルーズベルトは戦時中のアメリカの大統領で、戦後の日本の処理に関する米英ソ連の首脳会談であるヤルタ会談（一九四五年二月）に出席している。マッカーサーは連合国軍総司令部の最高司令官で、天皇や総理大臣よりも遥かに強い権限をもっていた。

ただ「平和カルタ」の文言は日本人にはなじみが薄く、戦時中にアメリカの軍用機から撒かれたビラと酷似した言いまわしである。なぜ、どこでこのようなカルタが作られたのか不明であるが、明らかにアメリカ占領軍を讃美する内容である。

マッカーサー元帥が厚木飛行場に降り立った翌日から、未だ解散させられていなかった憲兵司令部に各地から米軍兵士による暴行、強奪、強姦、脅迫などの報告が寄せられた。たとえば米軍機による農民への機銃掃射（昭和二〇年八月三〇日）、横浜郵便局へ米兵が侵入して掠奪（同九月一日）、米軍機による漁船銃撃（同）、葬儀参列の女性を拉致（同九月四日）等々であった（『資料日本現代史』）。

おそらく米軍への反感をそらすためであろう。敗戦の翌年六月に競輪目的の「国際スポーツ株式会社」が設立された。三人の発起人の一人倉茂貞助は元陸軍将校で、戦時中は中国共産党やソ連の動向を探るため中国やシベリアで情報蒐集活動に従事していた。戦後はその実績のためかアメリカ軍戦略情報部に採用され、対日政策を知る立場にあった。

日本人は自転車競走に賭けることは思いつかなかったであろうが、アメリカは国際的な自転車競走に参加するなど経験があった。競輪が倉茂個人の発案なのか、占領軍の意向が反映されていたのか不詳である。競輪の企画で占領軍と国際スポーツ株式会社と何らかの打合せや会談があったのかも不明である。倉茂以外の二人の発起人は政界工作に当ったと記されている（日本自転車振興会編『競輪二十年史』）。

いずれにせよ自転車競技に向けて「新しい法案を制定するためにはGHQ（連合軍総司令部、実質はアメリカ占領軍司令部）の了承工作からはじめねばならなかった。占領下の実質的主権はGHQが完全ににぎっていた」（同『競輪三十年史』）。その後GHQから衆議院に法案認可の通知がなされ、昭和二三年（一九四八）一一月に福岡県小倉で第一回の競輪が開催された。予想に反して約五万五〇〇〇人も来場して大盛況であった。

競輪にやや遅れて競艇および自動車競走《オート・レース》が始まった。これらと戦前から催されていた競馬および昭和二一年（一九四六）に始められた「宝くじ」を含めて「公営ギャンブル」と総称された。

もし公営ギャンブルが米兵への不法行為から目をそらすために始められたのなら、その目的は達したといえる。朝鮮戦争時に日本の米軍基地が出撃拠点になったが、大きなトラブルは発生しなかった。正確に言うならば米軍の徹底した秘匿と隠蔽のために報道されなかった。「大男」の暴行を告発した人々は占領軍政策違反として逮捕投獄された。

公営ギャンブルは高度成長期にさらに盛んになり、国民の多くが参加した。現在はファンの高齢化と娯楽の多様化、開催地まで遠いといった理由で低落傾向にある。しかし戦前までの日本の娯楽・遊戯の伝統とは異質なものであった。白昼に公然と賭博がおこなわれ、罰せられなくなったのは日本の遊戯史上画期的な出来事であった。

7　遊戯史学会の創立

敗戦により憲兵や特高警察は廃止され、米軍の占領下であったが軍国主義一掃の建前から言論、集会、出版、結社の自由はかなり拡大した。

学術研究の分野でも軍の支配から脱し、皇国史観や神道思想を煽動した指導者達は追放されるか引退した。代って治安維持法で投獄された人達、沈黙を余儀なくされた人達、戦争を体験して復学した人達によって新しい出発がなされた。交通難、食糧難と米軍による手紙の検閲にもかかわらず、歴史学、法学、教育学、考古学をはじめ文系理系の総ての分野で活動が再開された。新しい社会を建設する意欲に満ちた人々によって学術研究の復興も精力的におこなわれた。しかし遊戯史研究はなされなかった。

第一に、研究者達や院生学生は当面する課題の対処に多忙をきわめていたからである。敗戦により価値観は一変して、これまで禁じられていた活動が再開されたのである。研究者達は自らの教職員組合の活動に取り組みながら市民向けの労働法、労働運動、農民運動、婦人運動、部落解放運動や大衆的な遺跡の発掘調査活動の解説と啓蒙活動に参加しなければならなかった。

第二に、遊戯の世界はあまりにも広汎で、遊戯具の歴史や夫々の時代の遊戯の実践も解明することが求められるので、どのように取り組むかの方法が見出せなかった。さらに前項に述べた社会運動に対比して緊急性に乏しいとみなされた。

第三に、人間生活に必要な娯楽・遊戯に注目した研究者もいた。しかしその人達は遊戯には常に賭博性があることを敏感にも嗅ぎとった。そして賭博はアカデミックな研究にふさわしくないと逡巡し、結局研究をさらに進めることをしなかった。

遊戯史研究においてひとつの大きな転機となったのは、オランダの歴史家ヨハン・ホイジンガの『ホモ・ルーデンス』（遊ぶ人または遊ぶ人間の意）が一九六三年に翻訳されたことであった。オーストリアで出版されたのは一九三八年であったが、反ナチス文献とされたため、戦時中の日本で紹介されることがかなわなかった。

同書は遊びについて歴史学、民俗学、言語学など様々な角度から検討し、従来になかった深い考察を述べたものであった。しかし『ホモ・ルーデンス』は大きな反響を呼んだが、受け継がれてさらに研究を発展させることはできなかった。あまりにも偉大な作品であったのも理由の一つであるが、明治以来日本では遊戯史研究の蓄積がなかったので、受け入れる土壌が皆無だったからである。

遊びは、戦時中は戦争への非協力、非国民の行為とされ、戦後も戦災復興を妨げ、額に汗して働く美徳の対極にあるものとされた。遊戯への蔑視や嫌悪は戦後も受け継がれていた。それゆえ遊びについて画期的なホイジンガの労作も正当に評価されることなく、一時的に注目されたのみであった。かつて酒井欣の『日本遊戯史』（昭和一一年・一九三六）が発表された時も同様であった。戦前の遊戯史研究の最高峰であったにもかかわらず、さほど歓迎されなかった。

『ホモ・ルーデンス』が翻訳された同じ年に「芸能史研究会」が結成された。遊芸史や演劇史の研究者や能狂言の演者を含む最初の学術団体であった。伝統芸能や大衆娯楽の研究を目的としたが、テーマを日本に限定していたため、ホイジンガの著作を研究の対象としなかった。

次の機会はフランスの社会学者ロジェ・カイヨワの『遊びと人間』（昭和四五年・一九七〇刊）が翻訳されたことであった。同書は翌年に別の訳者によって他の出版社からも発行された。『ホモ・ルーデンス』から七年後の出版で、若い新しい読者の獲得を狙ったのだろう。

カイヨワは『ホモ・ルーデンス』を今世紀最高の著作と激賞しているが、遊びの分類などについては新しい独自の見解を述べている。当然、ホイジンガへの批判も含まれている。したがってカイヨワのほうがより精緻に遊びを考察したと評価する人が多い。ただし「インドのチェスは四個のキングがあった」（清水幾太郎・霧生和夫訳『遊びと人間』）という主張は明らかに間違いである。

遊戯を主題にした二人の偉大な作品は、夫々の著者の経歴、知識、個性によって異なるが、これまでにない新鮮で独創的な見解を示した。二人の見解の違いは、その時代の社会的環境も影響している。戦争をはさんで刊行年に二〇年の開きがあることが大きいのではなかろうか。

『ホモ・ルーデンス』も『遊びと人間』も版を重ね、かなり広く知られたが、日本で遊戯史を研究する組織やサークルが設立されることには結びつかなかった。中核となる研究者が育っていなかったからである。

一九六〇年代後半から一九七〇年代は、遊びに関する著作が幾つも出版された。注目されるものを挙げると、紀田順一郎の『日本のギャンブル』（一九六六）、復刻版の尾佐竹猛の『賭博と掏模の研究』（一九六九）、岸野雄三と小田切毅一の『レクリエーションの文化史』（一九七二）、増川宏一『将棋』（一九七七）、復刻版酒井欣『日本遊戯史』（同）、増川宏一『盤上遊戯』（一九七八）等々であった。これらは読者に一定の影響を与えたのであろうが、サークルや読書会などを組織するにいたらなかった。しかし、独自に愛好者自身で自主的に遊戯の研究グループが作られた。かるた研究の「日本かるた館」（一九七三）、日本オセロ連盟（同）、「日本かるた館」の数名のメンバーを含む「かるたをかたる会」（一九七九）である。

各自が好み熱中して遊ぶ過程で、少数であろうが自分の愛好する遊びのルーツに関心を抱く人々がでてくるのは自然な成り行きであろう。たとえば麻雀や囲碁、将棋の歴史を知りたいと思う人や趣味で鑑賞用に蒐集した凧、独楽、羽子板、絵双六、手毬などの遊戯具の歴史に興味をもつ人も当然存在した。遊戯史は手近な遊びの歴史から始めるのが通常である。

一九八〇年代になると、これらの人々の要望に応じ、また幾分かの需要を見越してか個別の遊びの歴史や遊戯全般の遊びについての著作が次々に刊行されるようになった。主なものを挙げると、呉清源解説『玄玄碁経集』（一九八〇）、髙橋順二編著『日本絵双六集成』（同）、復刻版『博奕仕方風聞書』（同）、増川宏一『賭博ⅠⅡⅢ』（一九八三）、復刻版松浦政泰編『世界遊戯法大全』（一九八四）、林裕『現代囲碁史概説・現代囲碁史年表』（同）、増川宏一『将棋Ⅱ』（一九八五）、同『碁』（一九八七）、同

『遊芸師の誕生』（同）、遠藤欣一郎『玩具の系譜』（一九八八）、山本正勝『双六遊美』（同）、増川宏一『賭博の日本史』（一九八九）などである。遊戯についての関心を高めるのに一定の役割を果しただろう。

他方、一九六〇年代から東京、大阪、姫路で遊戯具の蒐集をはじめた遠藤欣一郎、多田敏捷、入江正彦、井上重義らが、夫々おもちゃ博物館、日本玩具資料館、遊戯研究所、玩具博物館を創った。一九八一年に日本将棋連盟は関西将棋会館内に将棋博物館を開設した（二〇〇六閉館）。これらの施設も夫々の地域で影響を与えた。

また、一時的ではあるが一九八〇年に日本各地の独楽を集めた「日本のこま展」が芦屋市で催されたのをはじめ、東京の百貨店ですぎやま・こういち所蔵の「ゲーム展」、ヨーロッパの蒐集家の「プレイング・カード展」「世界トランプ展」などが催され、参観者の興味を惹いた。

社会全体に遊びへの関心が浸透し、遊びに興味を抱く人々が増えた結果なのか、ようやく恒常的にゲームの歴史や由来についての研究会が発足した。一九八一年設立の「ゲーム&パズル研究会」は東京を中心に活動を開始した。世話人はゲームに関心がある大手広告代理店の伊藤裕夫、ゲーム史研究者でゲーム販売会社の代表取締役遠藤欣一郎、トランプ、チェスなど遊戯具の輸入販売会社社長の佐藤重和、玩具・遊戯評論家の谷啓、トランプ・コレクターで大手出版社の雑誌編集長の横山恵一であった。この会は毎月遊戯や遊戯史に関する講師を招いて講演と参加者の好む数種類のゲームのうちの一つで遊ぶ催しをおこなった。

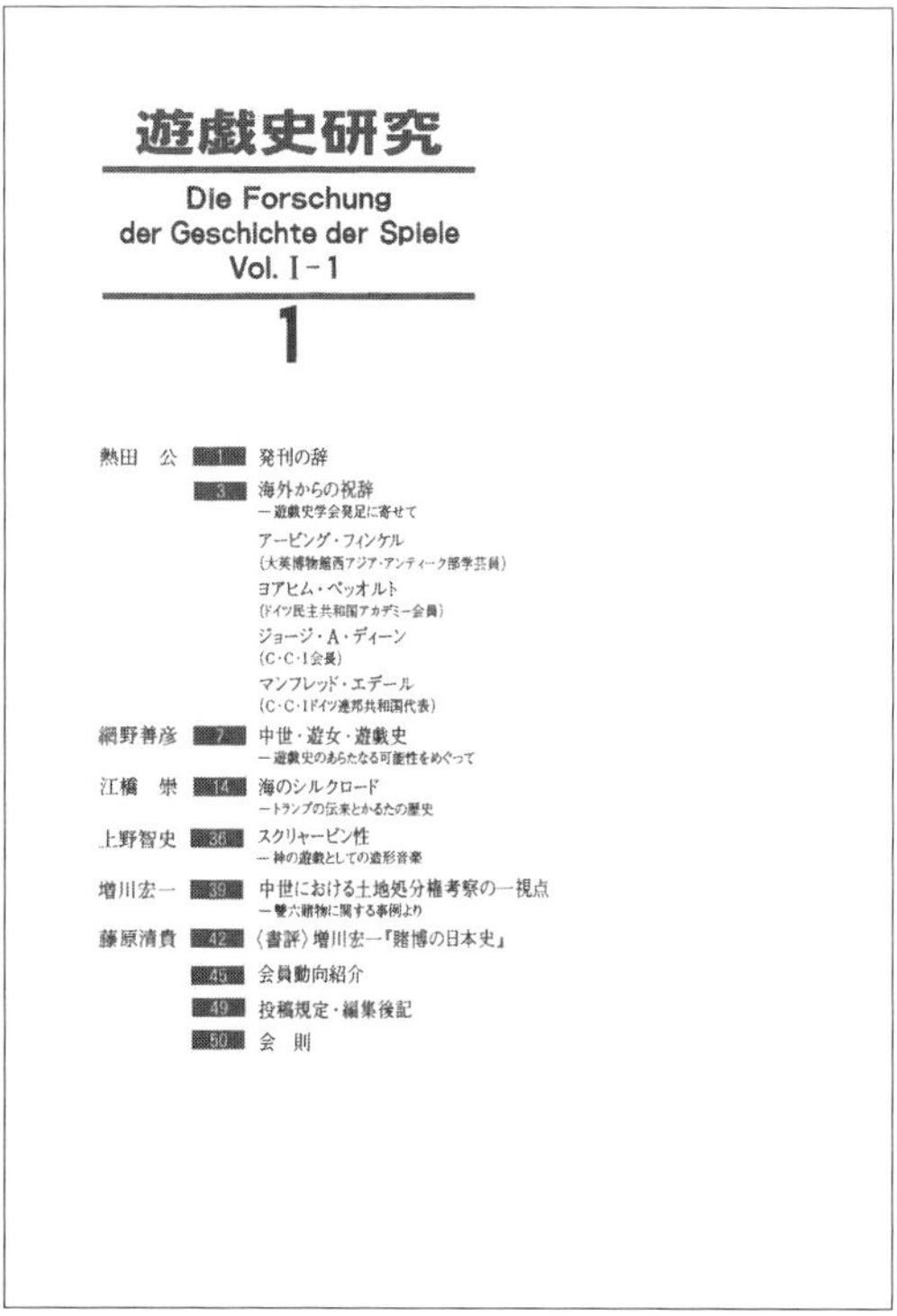

遊戯史研究

Die Forschung
der Geschichte der Spiele
Vol. I－1

1

熱田　公	1	発刊の辞
	3	海外からの祝辞 — 遊戯史学会発足に寄せて アーピング・フィンケル （大英博物館西アジア・アンティーク部学芸員） ヨアヒム・ペッオルト （ドイツ民主共和国アカデミー会員） ジョージ・A・ディーン （C・C・I会長） マンフレッド・エデール （C・C・Iドイツ連邦共和国代表）
網野善彦	7	中世・遊女・遊戯史 — 遊戯史のあらたなる可能性をめぐって
江橋　崇	14	海のシルクロード —トランプの伝来とかるたの歴史
上野智史	36	スクリャービン性 — 神の遊戯としての造形音楽
増川宏一	39	中世における土地処分権考察の一視点 — 雙六賭物に関する事例より
藤原清貴	42	〈書評〉増川宏一『賭博の日本史』
	45	会員動向紹介
	49	投稿規定・編集後記
	50	会　則

『遊戯史研究』

一九八〇年代はゲーム研究の進展した時代であった。同時にゲームの画期的な転換を準備した時代であった。パチンコ以外の機械相手の遊びで、対人ゲームと異なる新しいゲームが考案された時代であった。すなわち、テレビの普及に伴うテレビゲーム時代の到来であった。

日本ではテレビゲームの「テレビテニス」（一九七五）が始まり、改良された「インベーダー・ゲーム」により一挙に知られるようになった。飛躍的に普及したのは任天堂が一九八三年に発売した「ファミリーコンピュータ」で、特に若年層に驚異的な速さで広まった。

同年に通産省の外郭団体である余暇開発センター発行の『レジャー白書』はこうした状況を受けて囲碁、将棋、麻雀、花札などの遊びの項目のなかに新しく「テレビゲーム、電子ゲーム（家庭用）」の項目を設けた。この時のテレビゲーム等の愛好者は、はじめて同書に登場した項目であるにもかかわらず、実に二〇二〇万人とされた。既に囲碁愛好者の二倍であった。その後、毎年「テレビゲーム、電子ゲーム（家庭用）」の愛好者は増え続け、伝統遊戯をはじめ従来の遊びの愛好者をまたたく間に凌駕するようになった。

このことは日本の社会が直面しはじめた地方の過疎化、都市での少子化、少人数家庭化により、地方の伝統的な遊びの衰退、都市での遊びの世代的継承の困難をもたらした。放置すると伝統的な遊びの消滅につながった。日本の遊戯の変換期に危機感をもつ人々も少なくなかった。

遊戯史学会は一九八八年に創設された。背景には社会全体に遊びへの関心が高まったこと、少人数ではあるが遊戯史に興味を抱く人が現われたこと、伝統的な遊びや技法が消滅の危機に向かっていること等があった。

八〇年代の初めに筆者は当時の将棋連盟会長大山康晴氏の要請で、将棋博物館の顧問に就任した。既に「かるたをかたる会」と「ゲーム＆パズル研究会」の会員であり、著作の過程で能・狂言史の権威の当時大阪市立大学の伊藤正義教授や神奈川大学の網野善彦教授と知り合っていた増川は一定の遊戯に関する人脈を築いていた。

当時神戸大学教授の熱田公先生が講師を勤めていたカルチャーセンターの古文書解読講座に一九八三年から筆者が参加したことが、遊戯史学会創立の直接の契機となった。因みに熱田教授は囲碁のアマチュア二段程度で、神戸大学教職員有志の囲碁同好会の代表でもあった。

二人はほぼ月二回懇談することを続けていたが、増川から遊戯史研究会結成の構想を提案した。長期にわたって相談した結果、名称は遊戯史学会、事務局は将棋博物館内におくことに決め、一九八八年に紀要『遊戯史研究』誌の創刊準備号を発行した。設立趣意書は簡潔に①遊びを学術研究の対象にすること、②近年の急激な社会状況の変化のなかで、資料の散逸、伝承の困難を少しでも防ぎ、調査すること、③諸外国と交流し海外の知識の吸収と海外へ向けて日本からも発信すること、と述べた。

設立を呼びかけた発起人は、熱田公（神戸大学教授）、網野善彦（神奈川大学短期大学部教授）、江橋崇（法政大学教授）、木村義徳（将棋博物館副館長）、すぎやま・こういち（日本バックギャモン協会会長）、増川宏一（遊戯史研究家）、森谷尅久（前京都歴史資料館館長）、渡部武（東海大学教授）であった（敬称略、肩書は当時）。創立総会後、発起人は全員理事になり互選の結果、会長には熱田教授、紀要『遊戯史研究』誌の編集担当と事務局長に増川が選ばれた。

あらためて「遊戯史の研究は、文化史や社会史などの研究の重要な一環として、また歴史研究の上で独自の意義をもつ研究分野として位置づける」（熱田公会長「発刊の辞」『遊戯史研究1』）と宣言した。日本最初の遊戯史学会は注目され、全国紙や地方紙に紹介されたこともあり、創立から短期間で会員数は二桁後半に達した。

学会は地方で孤立していた研究者を結びつけると共に、遊戯具のコレクターやゲームの実践に従事している人達、ゲーム・サークルの指導者、博物館の学芸員など多様な会員を擁するようになった。言うまでもなく学会が創立されたから遊戯史研究が進展するのではない。情報の交換や資料を紹介しあうことがあったにせよ、各人の研鑽と努力が求められた。

第二章

一六世紀の囲碁・将棋

1　最初の専業者

公卿で権大納言中御門宣胤《なかみかどのぶたね》は日記『宣胤卿記』に、飛鳥井《あすかい》大納言邸での花見の席に、「連歌宗匠の宗祇と碁の上手《じようず》の重阿も招かれていた」（長享三年・一四八九・三月一日）と記している。宣胤は「碁打重阿《ちようあ》」と表現している。碁打ちは遊芸師として認められ、高官の邸に招かれた。

この三ヶ月後に公家の三条西実隆《さねたか》も日記『実隆公記』に、重阿が禁裏に召し出されたと述べている。

午後に参内する。小御所において東馬道の重阿が禅衣を着ていた。本来は時宗の者である。青蓮院の坊官である伊予法橋泰木と重阿が棊局を囲む。主上は簾中から対局を御叡覧になった。親王御方、伏見殿、聯輝軒、万松院、予、民部卿、園《その》宰相、大貳三位、菅原〔朝臣か、以下数語不明〕、盤上は妙々玄々にして筆端に記し難し（長享三年六月四日）。

重阿は東馬道に住んでいる時宗の僧であった。しかし一遍が提唱した時宗はまだ新興宗教扱いか下品とされたのか、天皇の御前に出る時は禅宗の服装であった。泰木は碁の上手として知られていたのであろう。実隆も碁に詳しいので盤上の熱戦に感嘆した内容を記している。重阿は碁という一芸に秀でた職人とみなされ、宮中に召し出されるほどの評価を得ていた。

重阿は延徳三年（一四九一）四月二九日に鹿苑寺にも招かれ、「碁者重阿弥」（『蔭涼軒日録』）と記され、関白太政大臣の近衛政家の日記にも明応二年（一四九三）閏四月一八日の条に、「雅俊朝臣が碁の上手の重阿弥と如西などを召し連れてきて、予の前で碁を打つ。重阿弥と如西は三盤打ち、如西は重阿弥に三目置いた。また重阿弥は雅俊朝臣と一盤打った。雅俊朝臣は四目置いた」（『後法興院記《ごほうこういんき》』）とある。

翌月も政家邸に鷹司前関白父子や勧修寺黄門らが訪れ、楊弓や蹴鞠で遊んだ。この時も雅俊朝臣とともに重阿と如西が召し出されている。指導対局か模範対局をして観戦させたのであろう。また、明応四年（一四九五）八月二一日に近衛邸で雅俊朝臣と重阿が終日碁を打っている。重阿は高位の公家の邸に召し出されると、その都度なにがしかの褒美を得ていたのであろう。

権中納言山科言国《やましなときくに》も日記『言国卿記』のなかで重阿について詳しく述べている。

一、今日、弘願院がお越しになったので、予も相伴した。その時に彝首座《いしゅそ》が西園寺公藤内大臣の使いで来られ、中酒をお分けした。（首座が申されたのは）今日、西園寺邸で碁会があり、チウ阿弥が碁を打ちに来るので、言国卿も見物に来られるようにと内大臣が申されておられます、という口上であった。それですぐ用意をして首座に同道して西園寺邸におもむいた。

一、（西園寺邸の碁会で）右大臣とチウ阿弥が碁を打たれたが、近頃での見事な対局だった、五番打たれたが、右大臣は二目置いて打たれた。碁が終ってから酒宴になった。相伴した人々は予と洞院の御僧、不動院、チウ阿弥　彝首座、大外記押小路師富父子であった。素麺《そうめん》やその他の品々で御酒をいただいた。一献の後に洞院の御僧とチウ阿弥とまた一番打たれた。手相《てあい》は内大臣の時と同じであった。首座は（チウ阿弥に）勝たれた（文亀元年・一五〇一・五月六日）。

宴席に重阿も招かれているので手厚いもてなしであったのだろう。公家の邸に招かれる度に知り合いを増やしていったとみてよい。

重阿は相国寺の聯輝軒就山永崇の許へも招かれている。和気親就ら公家や僧侶が集った時である。この時、「碁の上手の重阿は弟子の小法師の十歳の者を連れて参上した」（『元長《もとなが》卿《きょう》記《き》』文亀二年・一五〇二）二月一八日）と記されている。甘露寺元長もこの席に居合せた。重阿は弟子を養成するほどになっていた。

同じ年の四月三日に中御門宣胤が誓願寺に参詣した時に、「彼の寺に住む重阿弥という碁を打つ者は、天下第一の上手である」（『宣胤卿記』）と讃えている。宣胤はこの日は二条殿より重阿弥が箏《しょう》を賜ったと書いている。京都の誓願寺は浄土宗の寺である。時宗の道場ではないが、住むことができたのは碁の上手として評価されていたのであろう。

重阿の活動はこの数年後にも記されている。関白太政大臣近衛尚通《ひさみち》の日記『後《ご》法成《ほうじょう》寺《じ》関白《かんぱく》記』に、「尚通邸へ左衛門督冷泉為広卿、中山中納言宣親卿、小原判官、重阿弥師弟子などが集る。碁を打つ」

〈永正三年・一五〇六・七月二五日〉とある。弟子がかつての「十歳の小法師」なのか別の弟子なのかは不明である。重阿弥は弟子も公家らに紹介していた。

そして『実隆公記』に「覚城法師が来る。昨夜、武家が重阿を野辺送りにした」〈永正五年・一五〇八・一〇月一二日〉と重阿が亡くなったことを示す記述がある。最初に日記に登場してから僅か一九年である。

重阿が何歳で没したのか、どのような経歴なのか一切不明である。時宗では阿弥号の者が多いので、実隆の記述が正確なのかもしれない。蜷川親元《にながわちかもと》は幕府の政所代を務め三条西実隆とも親交があったが、親元の『政所賦銘引付《まんどころくばりめいひきつけ》』の文明五年〈一四七三〉一二月二三日の条に、貸金について申し立てた「福田寺重阿」という名前がある。福田寺は時宗の寺で京の東山渋谷にある。その頃、寺はどこでも金貸業を営み、返済しないと仏罰が当ると言い伝えられてきた。福田寺重阿も貸金の返済が滞っていたので訴え出たのであろう。後に碁打ちになった重阿と同一人物かもしれないと推定できる。もしそうであるならば文明五年には成人して福田寺を任されていたと想定すると、碁打ちとして登場したときにはかなりな年輩であったとみてよい。これらの公家たちの日記から次のようなことが言える。

第一に、中国の教養思想である「琴棋書画」の影響をうけて、囲碁は貴族や教養人の修得すべき技芸とされた。それゆえ公家の頂点に立つ天皇をはじめ公家や僧侶達が碁を学ぶようになった。厚い碁の愛好者層がつくられたので、碁の専業者である重阿が生まれたのであろう。

第二に、重阿に対して二日あるいは四日置いているのは、公家や僧侶の間では互いに対局を繰返し、ほぼ実力を相互に認めあっていたことを示している。因みにこの頃は段位の制度はなく、重阿のように飛びぬけた強豪は「上手《じょうず》」と呼ばれたのみである。対重阿に何個の石を置くか決めていたのは、それほど碁が頻繁に打たれ日常化していたことを示している。

第三に、重阿の経歴が不明で、どのようにして碁に熟達したのか知ることができない。現在のように師匠につくことができ、指導をうけ、数多くの棋譜があってそれからも学ぶことのできる時代ではなかった。重阿はおそらく独学で研鑽を積み、独自に工夫をつみ重ねて実力をつけたのであろう。

高位の公家とも関わっていたので、中国から輸入された棋書を手にする機会も皆無とは言えないが、一五世紀に棋書が輸入された痕跡はないのではないか。やはり重阿は独学と考えられ、碁打ちと認められるのにはかなりな年月を要したのであろう。中年になってからの活動とするならば、一九年間の碁の指導、普及の期間は決して短くはない。

第四に、これまで職業的な碁打ちは江戸時代になってからであって、幕府から俸禄を支給されたのが始まりとされてきた。この俸禄も生活費とはほど遠い少額であることも近年に判明した。しかし、専業者は江戸期でなく一五世紀末から一六世紀初にかけて現われていた。引用した公家の日記以外にも翻刻されていない同時代の公家や僧侶の日記があると考えられるので、重阿が公家邸や寺社に招かれる回数はもっと多かったのであろう。その都度の褒美や謝礼を受けとっていたはずである。一五世紀末に最初の専業者が誕生するのに充分な社会的基盤が整っていたといえる。

2　一六世紀の囲碁

江戸期の囲碁、将棋の繁栄を準備したのは一六世紀である。この期間も囲碁将棋ともに盛んであった。ただ文献資料の殆んどは公家と僧侶の日記類にかぎられ、庶民の生活のなかで囲碁将棋がどのような位置を占めていたのか知ることができない。僅かに各地の支配者による禁令と数少ない伝世品や絵画資料および遺跡からの出土品などで知ることができる。

公家や僧侶の日記からは日常生活に変りがないので、一五世紀から引き続いて碁や将棋が遊ばれているが、一六世紀の全期間では遊びの方法が微妙に変化し、一六世紀末には数多くの碁打ちの名前がみえる。まず一六世紀初の記述をみよう。「参内して御学問所において、主上（後柏原天皇）が予と御碁を遊ばされた。負けまいらせた。……番衆所で主上の御前で権大納言四辻公音と予が碁を一番打った」（『言国卿記』文亀元年・一五〇一・五月二三日）。当番で参内した時に「守光朝臣と碁を打った」（同五月二九日）。「権大納言東坊城和長と広橋守光が来邸される。碁を打たれ予も打つ。酒を一盞してもてなした」（同六月三日）。「参内し番衆所で天皇の御前で三条西実隆、予、万里小路中納言、永宣朝臣と負け退きの方法で碁を打った」（同六月一八日）。「御前に召し出され、色々御物語をした。次に御便所《おひんどころ》で天皇が予と御碁を遊ばされ二番打った」（同六月二〇日）。

また、「参内して常御所に召され、御囲碁を遊ばされる旨の勅定があり、二番御合手《あいて》を仕った。興あり晩に及び退出した」（『実隆公記』文亀元年七月二五日）とあり、翌日には、「伏見殿より御召しがあり、参上すると小盃酌事があり三献の後に棊局があった」と述べている。「中山中納言、永宣朝臣、勧修寺黄門などが来臨、各々に一盞を勧めその後に囲碁の興があった」（『前同書』文亀二年・一五〇二・六月一日）。「参内した帰路に中山黄門に誘われて庭田亭を訪れ、囲碁があった」（『同』同年六月一〇日）。「朝食に師富朝臣を招き、清談の後に囲碁を打った、興があった」（『同』六月一三日）というように、実隆は常に碁に親しんでいた。

一五世紀と同様に公家達は他の公家や時には天皇と碁を打っている。また公家仲間を自邸に招いて碁を打つという日常であった。

山科言国の孫の言継《ときつぐ》も囲碁を愛好していて「仏陀寺の良胤が来る。法印と碁を五番打つ。三番勝つ」（『言継卿記』大永七年・一五二七・正月一七日）。「薄の邸を訪れると白川少将が居られ、予と碁を打つ。五番打ち左馬頭とは三番とも皆勝ち、白川少将とは二番とも持であった」（『同』同二月一一日）。「下河原殿へ伺い、夜半時分まで碁を七番打ち、五番勝った」（『同』同二月一五日）とあり、翌日も「下河原殿より参るべきの使あり。中坊、予ら皆々碁を打った」と記している。

また、「今日、中御門《なかみかど》邸での朝食に参加する。皆々呼ばれ、四條新大納言、老父〔言綱《ときつな》、室が中御門宣胤女〕、万里小路秀房、柳原、四條中將、広橋、澄祝法印、予、少納言東坊城淳長などであった。殊の他御酒をいただきその後に碁などあり」（『同』同三月二日）。「自邸で朝食会があり、御出いただいたのは甘露寺父子、中御門父子、四條父子、柳原、藤原氏直などであった。老父と予は相伴した。四條中将と碁を打ち、三番中二番勝った。昼時分に左馬頭が来臨し、碁を二番打ったが皆負けてしまった」（『同』同三月一一日）。

この他にも「朝食に阿仏房と相伴し、葉室、中御門弁が光臨される。葉室と碁を三番打ち、二番勝った」（『同』同四月一六日）。「中院へ礼に訪れる。鷲尾、高倉、姉小路、刑部卿入道宗成、伊治などが居て碁を打った」（『同』大永八年・一五二八・正月八日）などと述べている。打つ回数からみて相当な碁好きであるが、朝食の集りのように大勢いる場所で碁を打っているのは大永七年の二月までとやや異なっている。

晩年の言継の日記には「徳大寺邸を訪れ、今日の出来事をお話しする。小笠原民部少輔と碁打ちの仙也がいた。御酒をいただいた」（天正四年・一五七六・七月二日）と記している。徳大寺が碁打ちの仙也を招いたのであろうが、年代からみて仙也は重阿の孫弟子に当る世代であろう。碁の専業者は途絶えることなく脈々と受け継がれていたとみてよい。

神道家で公家であり一六世紀後半に吉田神社の祠官であった吉田兼見《かねみ》の日記『兼見卿記』には、これまでの公家の日記とはやや異なる囲碁の記事が多い。一六世紀初期と末期との囲碁の変化がわかる。兼見が自慢気に記している天皇との対局は後節に譲るが、『兼見卿記』には囲碁好きの武将、碁の専業者、一般の僧、町衆などの名前もみえる。これには吉田家が代々の公家でなく、兼見の四代前の吉田兼煕《かねひろ》の時に公卿に列せられた家系なのと関連しているのであろう。

日記には、「山科言継言経《ときつね》父子、侍従冷泉爲満、中御門宣教らが来られる。夜に入り福寿坊、建仁寺の宗印が来られる。囲碁があった」（元亀三年・一五七二・八月一四日）と、公家や僧侶との交際がうかがえる。しかし、「父兼右が碁会を催し」（同九月七日）、その四日後には「建仁寺の常光院で碁会があった。父が参加した。毎度の碁衆が各々参会し、今夜は（常光院に）泊られた」（同九月一一日）とある。父兼右も碁好きであり、「毎度の碁衆」には碁の愛好家である上級でない僧侶や、山城乙訓郡の勝竜寺での碁会に加わった碁打ちとみなされる「宗心と樹斎」（同一〇月一〇日）も含まれていたのであろう。

『兼見卿記』には、どういういきさつか記されていないが「仙也のために土蔵を建てる日取を選ぶ」（天正七年・一五七九・九月四日）とあり、まもなく土蔵が完成して「仙也が礼のために来て、双瓶を持参する」（同九月二七日）と書かれている。兼見は仙也の後援者のようである。仙也とは「徳大寺公維殿、相国寺南豊軒周超、仙也が来られる。内々にかねて約束したことである。江州蒲生郡日野の碁打ちが来る。（仙也と）三目の手合である。元右と（日野の碁打ちが）碁を打つ」（天正八年・一五八〇・六月二八日）と記されている強豪である。

兼見の弟で僧の梵舜が自院の神龍院で将棋会を催したので、兼見も参加し「爰元《ここもと》の衆が来る」（同一一月二七日）とある。爰元の衆とは地元で将棋を指す人達のことであろうか。この頃は既に将棋も専業化が進んでいたのであろう。兼見と梵舜の兄弟は屢々碁会や将棋会を催しているが、碁打ちや将棋指しも招かれている。

この頃から兼見は新しい碁打ちと知り合っている。「碁打ちの寿見《しゆけん》が来る」（天正一〇年・一五八二・四月一一日）と記した翌日に、「碁打ちの樹斎が来る。今夜は寿見と一盤《（ママ）》あり、寿見が負ける」となっている。対局させるために二人を招いたのであろう。さらに「樹斎と寿見が碁を二盤、寿見負ける」（同四月一三日）とある。二人とも二、三日逗留していた。

注目すべき『兼見卿記』の記事は次の通りである。

誠仁親王御所に参る。若宮様（和仁王）、二宮、五宮が各々御座され御礼を申し上げる。若宮様と五辻源三位爲仲とが碁を遊ばされ、源三品が負ける。次に若宮様は予と碁を遊ばされ、若宮様は五つ（石を）置かれたが予が勝った。次に予と南禅寺上乗院の道順と碁を打ち、勝って（賭物の）匂香一具を拝領する。次に源三位と予が打ち、源三位が五目置いたが予が勝った。

次に四辻亜相公遠と予が打ち、亜相が六目置かれたので予が負けた。次に四辻亜相と万里小路とが打ち、万里小路が先手で勝った。各々が所望されたので予と上乗院とがまた打ち、予が勝った（天正一一・一五八三・一一月二三日）

若宮が何歳だったのか不明であるが、幼少の時から碁に習熟するように教育を受けていた。賭物は誠仁親王が出したのであろう。

本能寺の変の後、囲碁や将棋の記事は暫く途絶えるが、天正一五年（一五八七）以後頻繁に以下のような記事がみえる。「長岡幽斎より使者が来て、囲碁会を催すのですぐに御越し下さるようにとのことであった。即刻伺うと仙也や初めて見る坂本樹下、（仙也に）二目置く碁打ちがいた。仙也と樹下は仙也が勝った。次に善少が先手で樹下と対局した。夜になったのでこの対局の結着がつかぬまま予は帰った」（天正一五年三月四日）。長岡幽斎とは細川藤孝幽斎のことである。本能寺の変の後、明智光秀に助勢を求められると断り、剃髪して息子の忠興に家督を譲ったことで知られている。豊臣秀吉に近侍して四万石の宮津城主、関ヶ原では徳川方の東軍に属した。幽斎は常に碁会を催し、各地から碁打ちを招いている。『兼見卿記』で初めて細川幽斎が碁の非常な愛好家であったことが判明した。

たとえば、「今夜、幽斎邸で碁会があるので来られるようにとの書状があった。暮になって幽斎邸に伺った。和泉の堺より林利玄、加塩《かしを》（鹿塩利賢）、京都（アキママ）宰相、この外に先々の碁二人、この手合の両人が居り、ことごとく各々が碁を打った。暁に及び帰宅する」（同八月二六日）。「幽斎が来られる。小姓、碁打二人、松下民部少輔述久も来る。深更に及ぶまで碁を打たれた。月が出る頃になって帰られた」（天正一八年・一五九〇・一一月一九日）という記事がある。利玄と加塩は碁打ちで、初出である。

また、「幽斎邸で碁会があり、来られるようにとの書状があった。罷り向うと京都宇治の仙也親子三人、堺衆の理玄、中国衆の河中、越前衆の幸順らがいて碁会は深更に及んだ。予は夜半すぎに帰宅した」（天正一九年・一五九一・閏正月四日）。「幽斎邸で仙也、仙六、川井入道らの碁があり、見物する」（同五月二一日）。「幽斎より書状到来、本因坊、仙六が来て囲碁の興行がある。見物して夜に入り帰宅する」（文禄二年・一五九三・一〇月二一日）。幽斎と兼見は囲碁を通じて親密になったのであろう。仙也に息子が二人いたのも初出で、仙六は仙也の子で一人前の碁打ちとして認められるようになっていた。幽斎は碁打ちの有力な後援者であったのか、本因坊など次々と新しい碁打ちを招いている。

兼見は幽斎を通じ、あるいは神龍院での碁会や将棋会により多くの碁打ちと知りあった。一六世紀の終りには多数の碁打ちが育っていた。囲碁の愛好家は公家や上級の僧侶だけでなく、武家や一般の僧侶、町衆の間にも拡がり、国民的な娯楽となりつつあったことを示している。

3　一六世紀の将棋

大多数の公家が囲碁を愛好しているが、甘露寺親長、元長父子のように将棋をより好んでいた公家もいた。また、山科言継のように囲碁だけでなく将棋に熱中した人もいた。

たとえば、「資直卿御来臨、少将棋を指す」（『言継卿記』大永七年八月五日）。翌日も「朝飯以後、四條、柳原、法印、資直卿が来られる。終日少将棋を指す」、その翌日も「今日もまた少将棋を指す。四條、柳原、資直卿、法印らとである。四條がとくり餅を持参される」（同八月七日）と三日連続して少将棋に興じていた。愛好家の小グループも出来ていた。『言継卿記』には「播磨守業家が将棋駒を削った」（大永八年正月八日）という珍しい記事もある。この頃は駒を製作する専門の業者はなく、各自が自分で造るか器用な者に任せていたのであろう。

言継は中将棋も好んでいて、「丹三位入道頼重卿の所で中将棋を指す」（同六月二三日）、「油小路殿、本誓寺の僧統全が来られる。林照院の忌日だからである。継舜と中将棋を一盤指す」（同六月三〇日）と書いている。しかし、「青蓮院門跡の許に参る。御将棋を一盤指し、勝ち申した。次に頭弁と指して又勝った」（天文元年・一五三二・正月二五日）。「伏見殿に参り、万松と菊亭が将棋を指されていた」（天文二年・一五三三・三月四日）とだけ書かれていて、どの型の将棋か不明な場合もある。

中将棋は一四世紀に考案された大型の将棋で、それ以前の駒数の少ない将棋（または少将棋）に満足しない人々が駒数の多い大将棋を考案した。だが大将棋はあまりにも駒の種類が多く進み方が煩雑なので、それに代って少将棋と大将棋の中間の型の「中将棋」が考案された。

中将棋といっても駒数は各々四六枚、種類は二一種（成り駒を入れると二九種）で、縦横一二枡目ずつの大型である。酔象という駒があって成ると太子という駒になる。もし王将が取られてしまっても、太子の駒がある限り負けにはならず勝負を続けることができる。また獅子という特殊な駒があって、動かずに隣接した駒を取ることができる。つまり一度に二回動くことになり「居喰い」と言い、他に「付け喰い」も可能で、獅子の駒は中将棋の面白さの一つになっている。駒は取り捨てで再使用できないが、様々な動きの駒があって興味深い将棋である。

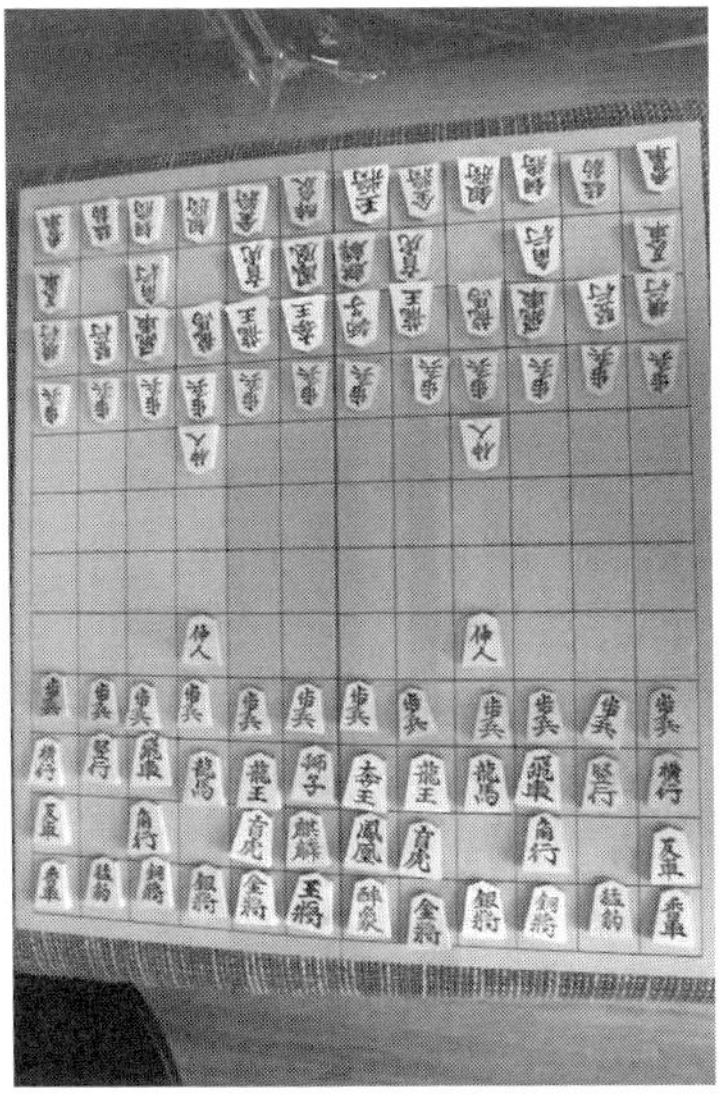

中将棋（筆者蔵）

この頃の傑出した将棋愛好家は三条西実隆である。実隆も囲碁を好み盤双六も屢々打っているが、将棋に熱中している。『実隆公記』および紙背文書には将棋に関する記事が三二三ヶ所もある。このなかには能筆家としても著名な実隆に将棋の駒の字を書いてほしいという依頼に応え、書いて贈った記事が少なくとも二四ヶ所ある。将棋盤に関する記事も数ヶ所みえる。

『実隆公記』から将棋の記事を幾つか引用すると次の通りである。

前日も中納言と将棋を指したのに、「中納言が来る。象戯を六番指し興があった。今度は飛車となすべし」（永正三年・一五〇六・七月九日）とある。六番続けて勝ったか五番は勝ったのかもしれないが、今度は飛車落で指すことにする、という意味に受け取れる表現である。この時の将棋は現行の将棋と同様の少将棋と考えられる。

「栗屋右京亮左衛門が来る。少将棋盤と駒を携えてくる。数番あい挑み興があった」（大永四年・一五二四・五月一五日）。実隆邸にも盤と駒があったはずであるが、左衛門は自分の愛用の盤と駒を持って来たのであろう。

了淳という者からの書状も載せられている。「先日は将棋駒を書いていただく様にお願いしたところ、早々に書いていただき御礼を申し難いほど有難く思っております。しかしながら飛車と角行の裏の字をお書きになることをお忘れになったようで、只今人に言伝けて（送るように）いたしました。やがて御便宜がおありの時にお願い申し上げます」（大永四年・一五二四・一〇月一二日）というものである。少将棋の駒書きであろう。画数の多い字を後《あと》まわしにして失念したと思える。

八〇歳近くの高齢になっても実隆は「資直を招き将棋を十一番指す。天明にいたる。暁方に粥を食べる」（享禄二年・一五二九・一〇月一五日）と長時間指している。将棋に関する最後の記述は「西室方において高倉範久と将棋を指す。晩食を相伴する」（天文二年・一五三三・六月一〇日）である。七九歳の時である。真底《しんそこ》将棋が好きだったのであろう。

言継も実隆も他の公家も屢々「将碁」と書いている。碁より数百年遅れて伝来した将棋なので、このように表現したのであろう。「象戯」と記されているのは発音が同じであったからである。実隆は将棋、中将棋、少将棋と書き分けているが、「将棋」は中将棋を意味する場合が多い。実隆の認識として「将棋」は中将棋のことで、このようにみると中将棋を指した回数のほうが「少将棋」より多いと考えられる。一六世紀初期は中将棋の全盛期であったので当然であろう。

一六世紀は将棋にとって大変革の時期でもあった。相手から取った駒を自分の駒として再使用できるルールになった世紀であった。

再使用を可能にした背景には、将棋を常により面白く、より楽しく改良しようとする指し手の要望が存在した。大将棋、中将棋という駒数の多い将棋が考案され、中将棋では特殊な駒も考えだされて一定の成功をおさめた。しかしさらに進化するためには、駒の種類や数を増やす代りに発想の転換が必要であった。それが駒の再使用と結びついたと考えられる。時期については、大胆に推定するならば、偶然に始まった「駒の再使用のルールは、一六世紀初期に定着していたのかもしれない」（拙著『将棋の歴史』）。

根拠として一六世紀以前に駒の再使用について述べた文献資料は見当らないが、著名な連歌師宗祇《そうぎ》（文亀二年・一五〇二没・八二歳）が記した『児教訓《ちごきょうくん》』に将棋を指す時の戒めが書かれている。「碁将棋すぐ六は　じんじやうのわざの　事なれば　あるひは手をみ　手をみせじ　あるひはいしの　あらそひに　おそろしげなる　こゑをして」。将棋で「手を見せる、見せない」という表現は、持駒を尋ねる意味と解釈できる。もし「見せる」ことが手駒を公開することであれば、一五世紀の後半には持駒を使えるルールがあったと推定できる。

もうひとつの理由として、一六世紀初期の「厩図屏風《うまやずびょうぶ》」（東京国立博物館蔵）がある。馬小屋の前で碁、将棋、盤双六に興じる三組の武家や僧侶が描かれている。アメリカにある「厩図屏風」をはじめ数点のこの図を調査した田中規之氏は「『厩図屛風』の中の盤上遊戯――将棋を中心にして」『遊戯史研究』27（以下は遊・号数と略記）の論文を発表している。将棋を指している者の一人は、振り上げた左手に駒を三枚握っている。駒が取り捨てなら盤側に相手から取った駒が描かれるはずである。駒が再使用できるので左手に握っているのであろう。

もしこれらが駒の再使用のルールを暗示しているとするならば、一六世紀初期に言継や実隆は、再使用のルールで少将棋を指していた可能性は皆無ではない。ただ両人ともルールに関しては一切触れていないので、どのような遊戯法であったのか不明である。

多くの記録から一六世紀の後半には、駒を再使用するルールは完全に定着し新しい遊戯法になっていたとわかる。これにより駒を再使用しない中将棋の衰退が始まった。

一六世紀後半の福井県の一乗谷遺跡は、織田信長に攻められて自害した朝倉義景（天正元年・一五七三）の館跡やその周辺の遺跡である。ここからは三桁にのぼる大量の将棋駒が発見された。これらの駒のなかには木片でなく薄縁《うすべり》で造られた駒や稚拙な文字の駒も含まれていた。足軽などの下級武士や雇人、人足や農民などが用いていたものなのは明らかであろう。出土駒のなかに酔象と書かれた駒もあったが、大部分は少将棋の駒であった。再使用のルールの少将棋が広い階層にまで普及し、流行していた証拠である。

『兼見卿記』に「勧亜相に向い、門外に遊山なり。（勧亜相と）対面して相談中に中山黄門が来られる。（勧修寺邸の）座敷に入り暫らく相談した。その時に来る二九日に将棋の衆を誘引して来られるべきの由を申され、徳大寺殿の意向次第と申された」（天正一二年・一五八四・四月二六日）という記述がある。結局、二九日に将棋会は催されなかったが、囲碁よりも遅いものの将棋を指す集団が生まれていたことを示す珍しい記述である。再使用できるルールの少将棋指し達であろうか。

また、「幽斎邸に向ったところ、京州（香集斎、京極髙成ヵ）において少将棋が興行される。宰相、宗桂が来られ、ただちに三番見物する」（天正一五年・一五八七・四月九日）。少将棋指し宗桂の初出であろうが、なぜか編者は宗桂の肩に「（吉田）」と記している。吉田家の者か将棋指しとは別人なのか不可解な記入である。吉田家での斎が終り「徳大寺殿、香集斎、仙也父子、和泉堺の者、幽斎が来られる。将棋があった」（同一一月一六日）という記事もある。「堺の者」は利玄（または理玄）であろうか。仙也父子も利玄も将棋に習熟していたのであろう。当時、碁打ちが将棋を指し、将棋指しが碁会に参加している例が多い。碁打ちも将棋の普及に一役買っていたのであろうし、駒の再使用のルールにも習熟していたと考えられる。

公家の水無瀬《みなせ》兼成は副業として将棋駒の制作に携った。その記録である『將棊馬日記《しょうぎこまにっき》』には、天正一八年（一五九〇）から慶長七年（一六〇二）までの発注者や注文を受けた駒の種類が記されている。発注者は公家、武家、裕福な商人と職人である。総ての製作した駒は七三五組であるが、少将棋の駒は六一八組で全体の八割強である。中将棋の駒は発注者の総てが公家であるが、僅かに一〇六組で約一割四分にすぎない。その他の装飾用の一一組の駒は武家の発注である。一六世紀末から一七世紀初にかけて、少将棋の普及が中将棋を圧倒していたことを示す資料である。

4 普及の功労者

山科言継の次男（長男は早世）言経《ときつね》（慶長一六年・一六一一没・六九歳）は、かなり数奇な運命に弄《もてあそ》ばれた公家の一人である。勅勘により公家の身分や家領も剝奪されて堺に居住するが、家康の仲介で公家に復帰する。家康から扶持も受けて、家来のように扈従して家康の赴くところに常に同道している。

まだ一大名であった家康は頻繁に上京して、その度に三〇人ほどの各界の人士を招いて大宴会を催した。その時に接待要員として有名な碁打ちや将棋指しを召し出している。模範対局を見せたり指導対局をおこなうためである。評判がよく招待客は満足したのであろう。上洛の度の宴席にはよく碁打ち将棋指しが招かれた。言経の日記『言経卿記』には、「江戸侍従（家康）へ罷り向う。将棋あり、上京や下京の将棋指しや碁打ちが召し出されていた」（天正一九年・一五九一・三月二〇日）とある。

言経はこの時は初対面で将棋指し達の名前を知らなかったようである。少し後に秀吉の祐筆・大村由己梅庵の許を訪れた時には、「夕食過ぎに梅庵邸に向う。客は宇喜田忠家の他に仙也、仙六、カンチ、シャウ林、セイ庵などで、碁を打ち将棋を指された。夜半すぎに帰宅する」（同一〇月二七日）と具体的に名前を記している。「江戸大納言殿の許に罷り向う、種々の雑談がある。客は浅野弾正入道長政、金森長近法印、羽柴下総守入道（滝川雄利）、中村式部少輔一氏のほか大勢であった。対談が終り食事になった。次に碁打共八人も招かれていたので囲碁があった」（天正二〇年・一五九二・二月二六日）。これ以後の日記には、碁打ちの本因坊、利玄坊、寿斎、神尾宗具、仙也、仙也の子の仙角、山之内入道、イン斎、仙長、四郎四など、将棋指しでは宗桂、勧章坊（または勧乗坊）、弥三の名が記されている。

家康は大宴会を催し、碁打ち将棋指しを召し出して招待客に紹介しているので、碁将棋の普及に貢献したと言える。細川幽斎も同様であった。因みに家康は幽斎邸も訪れている。家康から来るようにとの書状が届いた兼見が幽斎邸を訪れると、「家康が来られた。山科黄門（言経）を同道される。その他に地下人や碁打ちも召し出されていた。すなわち樹斎と利元《（ママ）》が最初に打ち、樹斎が二目置いたが負けた」（『兼見卿記』文禄三年・一五九四・四月二日）とある。また「江戸大納言家康が（自邸に）来られる。幽斎を同道される。その他に碁打達も来る。終日碁があり暮に及び帰られる。上京と下京の二百人ばかりが集り、各々に朝食と夕食を勧めた」（『同』四月一八日）と、普及に貢献した家康、幽斎、兼見は互いに親しい間柄であった。

兼見の弟梵舜も碁打ちや将棋指しと交っていた。「本能寺の衆利玄が昆布一束、全隆坊が串柿一把を持参する」（『舜旧記』文禄五年・一五九六・正月一〇日）、「本因坊が二十疋と扇二本を持来る」（『同』同二〇日）とあるのは正月の挨拶に来たのであろう。「新造に於て京中の碁打衆の興行がある」（『同』

同九月六日）、新造は兼見邸かもしれない。慶長年間になると神龍院に「寺内の被官の始に六蔵が礼に来る」（『同』慶長三年・一五〇八・六月七日）とある。意味が不明な部分があるが、六蔵は後に安井算知と名乗る碁打ちである。

梵舜は「祇園梅坊での碁会に参加」（『同』同六月二七日）したり、「当院で碁会を興行する。利玄坊が来て蠟燭十疋を持参する。利玄の師匠は柏一包みと堺の塩を梅坊は昆布一束、法哲は油二挺を持参し、五、六人を同道して来訪する。暮に及び帰られた」（『同』同一〇月一八日）。利玄の師匠の名前は記されていないが堺の人であろう。梵舜の許に集るのは一般の僧で、参加費相当の物品を持参している。祝形部少輔二位の邸での碁会も記されている。「二位卿の所で祝衆の碁会があった。予は見物する。鳥目二十銭の勝負であった。晩食をいただいて晩になったので帰寺した」（『同』慶長八年・一六〇三・正月三〇日）。

さらに「豊国二位宅（兼見邸）で勝負の碁が興行された。賭物は二百疋で刑部と豊後（が晩食の用意を申し出た）。この日は祢宜や祝衆など二十二人が参会した」（『同』同五月二二日）とある。賭物の提供が通常なのか、それとも「勝負の碁」とあるので特殊な場合なのか不明である。兼見の豊神院ではかなり後まで碁会が催されていた。「豊神院において碁会が興行された。集まったのは専洞、□智、利斎、権少、宮内少輔、大塚次郎左衛門、播磨、下京衆三人、以上で全員で十三人ばかりであった。終日の催しであった」（『同』慶長二〇年・一六一五・三月二日）。また「萩原宅で碁会がある。本因坊、中村道碩、宗桂などが来る」（『同』同三月二二日）というのも見える。萩原兼従《はぎわらかねつぐ》は兼見の養子で豊神院を継いだ。母は細川幽斎の女である。兼見と幽斎の親しかった関係を裏付けている。宗桂は碁も打てたのであろう。

慶長年間から元和年間にかけても家康は上洛の度に大宴会を催し、碁打ちや将棋指しを召し出している。兼見や梵舜、萩原も屢々碁会や将棋会を催して普及に努めた。むろん他にも京都の寺社、公家邸での碁会や将棋会が興行され、夫々の人達も普及に協力したと言える。

しかし、普及に忘れてはならない一連の人達がいる。本章の冒頭で、碁打ちの重阿を禁裏に召し出した後土御門天皇についてふれた。後土御門は一時の気まぐれでなく、碁が好きだったことは『実隆公記』からも読み取れる。すなわち、「参内し夜になって御前で俊量朝臣と碁を五番打つ」（文明七年・一四七五・九月一四日）。「夜に入り伺候。御前で盃を頂戴する。棊局があった」（同九月晦日）。「祗候した人々は右衛門督季春、民部卿忠富、万里小路阿古丸、予、言国朝臣らであった。言国朝臣は昨夜の碁（で負けたのでその時）の賭物を持参する。俊量朝臣も祗候したので御前で（その賭物を）賞翫する。棊局があって深更に及ぶ」（同一〇月朔日）。九月三〇日には言国も碁を打っていた。後土御門はこの後も参内した公家達の碁を観戦している。

後土御門天皇の次の後柏原天皇は即位した早々に碁を打っている。同じ『実隆公記』には、参内して小さな宴会のあった後で、「御囲棊を遊ばす由の勅定がある。（予は）二番御合手に参る。興があり晩に及び退出する」（文亀元年・一五〇一・七月二五日）。「参内し夜になって番衆所で（予は）左金吾と碁を打つ」（文亀三年・一五〇三・八月七日）や「参内し番衆所で棊局がある。今夜は重治卿、為学朝臣などが伺候していた」（同一〇月二〇日）。おそらく天皇は観戦したのであろうが、記されていない。

後柏原は参内した公家らと十炷香（香の名前を当てる遊び）の後に一献を傾け、次に「番衆所に於て囲碁があり、賭物は予がいただいた」（文亀四年・一五〇四・二月二一日）。「今夜の禁裏の当番は三人が伺候して囲碁の興があった」（永正元年・一五〇四・三月一六日）。「参内し今夜の宿は皆々参る。但し重治卿の代理の永宣卿は昼も夜も伺候していた。囲碁の興があった」（同四月一一日）。このように宮廷では屢々碁が打たれていた。将棋好きの実隆であったが、当番で出仕した時には碁のみを打った。

後柏原の次の後奈良天皇も碁に興味があり、参内した公家達と楊弓で遊んだ後に「番衆所でいつものように小漬があり、御碁があった。戌の刻に退出した」（天文二二年・一五五三・閏正月四日）、「竹内、中山大納言、四辻大納言、右大弁宰相などと祗候、番衆所で御碁がある。御賭物は勾貝五具で、中山と右大弁の両人が勝って拝領した」（同三月三日）と『言継卿記』にある。碁の勝負の賭物は後奈良天皇が提供したものであろう。

賭物については、「麝香《じやこう》を半両と御筆一対を持ってくるように（天皇が）仰せになった。今夜参内した各々は曼殊院宮、中山大納言、四辻大納言、予、広橋中納言、右大弁宰相、公古朝臣、経元、源為仲などであった。音曲や御雑談の後で碁があった。予は広橋中納言と三盤打ち、右大弁と二番打った」（同三月一七日）。七月一九日にも禁裏で碁の催しがあり、小休止のあと「また碁があり、予は曼殊院宮と一盤打ち、予が勝ったので御懐紙一首を拝領した」。この翌日も禁裏で「曼殊院宮と予、中山大納言と四辻大納言が碁を数番打った。集った者が左右に分れて四番勝った者が（御懸物を）拝領することになった。予は三盤《（ママ）》勝ったが（同じ組の）宮と中山大納言が負けてしまったので、相手の組の勝になった。無念無念」（同七月二〇日）。この時の賭物は沈（香）一包、帯一筋、杉原紙三帖であった。

後奈良天皇の次の正親町天皇の時代は、やや表現が異なる場合がある。『兼見卿記』には、「当番なり。（二条御所）に祗候する。蒲諸光と御前（誠仁親王）で碁を五、六番打つ。御扇を下さる」（天正八年・一五八〇・四月四日）とあり、「二条御所に参り、御前に召し出され南禅寺上乗院の道順と碁を一番打ち、予が勝った」（同一一月六日）。

解釈のやや難しいのは次の記事で、「禁裏より又春長軒（村井貞勝）へ御使いがあり、庭田、五辻、予が罷り向い、春長軒と対面する。一義を仰せ出されるの旨を両人が申された。大方の別儀は無く両人は帰られた。予は留り将棋があった。後刻禁裏に参上した」（天正九年・一五八一・七月一八日）。

次の後陽成天皇は囲碁将棋ともに愛好していたことが複数の公家の日記から知ることができる。たとえば山科言経の日記『言経卿記』の慶長五年（一六〇〇）七月一九日条には、以下の記事がみえる。

参内して黒戸御所の御前で庚申待の行事があった。各々が参られ白粥と御酒をいただいた。碁や少将棋があった。参仕したのは予、中院入道侍従中納言、三条宰相中将、民部卿、益丸、元仲朝臣、実助朝臣、季継朝臣、上乗院道順僧正、富小路秀直朝臣、総光などであった。対局の御見物が終って、各々がくじ引きで（賭物を）拝領した。

また、禁裏では七種類の遊びが催され、「楊弓や碁があった」（慶長六年・一六〇一・七月七日）や「禁中御日待の間、黒戸において碁、中将棋、少将棋、乱舞があった」（同一〇月一五日）。この日に参上した智仁親王、常胤親王ら公家など三二名の名前が記されている。後陽成天皇は番衆所で「出仕した之仲朝臣に中将棋を指すように仰せ出され、これを指された」（慶長七年・一六〇二・四月一九日）とある。

同年一二月七日に言経は宗桂作の詰将棋集を天皇に献上している。「天皇が番衆所へ出御になり御雑談の後、季継朝臣と中将棋を指された」（慶長八年・一六〇三・正月四日）、「常御所で少将棋があった」（同四月一日）とあるので、天皇が観戦していたとみなされる。複数の公家の日記には次の出来事が登場する。「禁中黒戸へ本因坊、利玄坊、仙角、道硯を召し出され、碁を御覧になった。直綴で参ったが仙と道は衣であった。四番あり各々に十帖と巻物を下された」（同四月二〇日）と言経は伝聞を記している。

後陽成は中将棋を好んでいたようで、「番衆所へ出御になり、御雑談があって之仲朝臣と季継朝臣が中将棋を指された」（慶長九年・一六〇四・三月一四日）。「番衆所へ出御になり、之仲朝臣と中将棋を指された」（同四月九日）という記事もみえる。

梵舜と萩原が後陽成上皇の御所に参上した時は、「御前にて中将棋を遊ばされることになり、予（梵舜）が御相手を仕った。（上皇が）奔王の駒を一枚落とされて予は不慮にも勝ち申した。次に御座にて晩食を下された」（『舜旧記』元和二年・一六一六・二月一一日）。上皇になっても中将棋に熱中していて、かなりな指し手と自負していたので奔王を落したのであろう。

言経の息の言緒《ときお》（一五七七〜一六二〇）も後陽成天皇の次の後水尾天皇について記している。「御番に参る。相番は通村朝臣と永慶朝臣であった。勧修寺中納言は参られなかった。予は御前で内府と碁を二番打ち、御上（後水尾天皇）と碁を一番、将棋を一番仕った。内府とも将棋六番を指し、夜半に至って終った」（慶長一七年・一六一二・正月二二日）。「加番に参り、当番は今出川少将一人で、加番衆は五辻兵衛督、予、伯侍従などであった。御前で碁と将棋があった」（同正月二八日）。「禁裏で月渓聖澄が古文眞宝を講釈する。その後御前と鷹司信尚殿下とが碁を打たれた」（慶長一八年・一六一三・五月九日）。

その他にも「終日御番所に出御になり、予は主上と中将棋を仕り、夜に入り常御所でまた中将棋の御相手をした」（同六月三日）。「番に参り、相番は白川左衛門督、通村朝臣、永慶などなり、番所に出御され中将棋を仕る。夜に入り常御所に参り碁を一番仕った」（同六月八日）。「当番に参る。昼に番所へ出御、夜になって殿下が来られる。各々が常御所に参り御酒をいただいた。御所で永慶朝臣と中将棋を指した」（同六月一三日）。「当番に参り、御前で碁と将棋、御物語などがあった」（同一〇月三日）とある。上皇御所に本因坊を召し出して碁に興じていた。

長々と数代の天皇について述べたのは、各々の天皇が碁や将棋を愛好し、参内した公家を相手に自ら碁を打ち将棋を指したり、公家達に対局させて観戦していたことがわかるからである。天皇が好んだので自然に公家達は碁や将棋に習熟し、禁裏の勤務員、使用人、警固の武家のなかにも見習って碁将棋を学んだ者もいたのであろう。公家の従者達にも『山科家礼記』にみられるように、碁や将棋を好む者が現われた。このような意味で、天皇も普及の功労者と言える。

しかし、これまで天皇と囲碁将棋の関わりについて発表されたことがなかった。関心をもった研究者が皆無だったからである。もう一つの理由として、明治一三年（一八八〇）に公布された天皇や皇族および皇陵に対する「不敬罪」（一九四七年廃止）がある。天皇が賭碁、賭将棋に興じ、自らの対局や公家達の勝負に賭物を提供したと公表すれば不敬罪で処罰されたからである。皇室の報道が多々なされている昨今なので、今後は天皇に関する碁や将棋の多くの事実が発表されるであろう。

5　本因坊の生活（一）

碁打ち本因坊（一五五九〜一六二三）は京都寂光寺の子院本因坊に居住していたので「本因坊」と呼ばれた。日蓮宗の僧で名は算砂という。天正年間末から家康の宴席に召し出されていた碁打ち将棋指しのうちの一人である。

初出は『兼見卿記』の文禄二年（一五九三）一〇月二一日の条に見え、細川幽斎邸での碁会に招かれた時に名前が記されている。次いで家康が了頓邸を訪れて宴会を催した文禄三年五月一一日に招かれた時に『言経卿記』に名前がある。

この頃には碁打ちとされているが、本因坊がどのようにして碁を学んだのかは不明である。仙也達から教えられたのか、同じ日蓮宗の理玄（または利玄）と切磋琢磨したのか、北野社の僧達と対局を重ねて棋力を上達させたのか、いずれにせよ自分で工夫し努力したのであろう。本因坊は細川幽斎の碁会や家康の宴席に招かれて公家や武将と知りあい、次第に人脈を築いていった。

近年、公家の西洞院時慶《にしのとういんときよし》（一五五二～一六三九）の日記『時慶記』の翻刻が新たに始まった。ここに本因坊に関する記述が見つかったが、碁に関してではない。

准后御方と女御御方が文を書かれ、智恩院へ遣《つかわ》された。奥平美作守へ明勝の命が今日か明日と言うので助けたいと申されている。報恩院へもこのように申されて、伊予が来たので談合された。また、荒神の東の寺に報恩寺の作善が居るので（伊予は）其の所へも行って談合した。積善院も努力して准后御方へ申し入れた。しかしながら其の筋の者は合点せずと近衛殿へ申し上げ、孝蔵主へも昨今相談した。奥平の事につき佗言を申された（慶長五年九月二七日）。

翌日の二八日には、「明勝の女房の乳母が来て、大坂へも文を遣した。預り物が無いとのことなので、状は書き直した。（中略）本因坊□《へ》□□《申》□《談》〆返した」とある。この次の日には「下刑部卿より（使いとして）下女が来て、明勝と女房衆が生害された。このことは本因坊へも伝えた。世雄坊の肝煎《きもいり》（取り持った）であったのに叶わなかった。終に成敗されたことは言語道断である」と書かれている。

書いた本人は内容がよく解っていたのであろうが、第三者にはこれだけでは何事なのか理解できないので少し説明を加える。関ヶ原の合戦後、東軍側の西軍残党狩りは熾烈をきわめ、明勝という僧は西軍の将の安国寺恵瓊《えけい》を匿《かくま》ったとして逮捕され、処刑されることになった。

端坊の子の明勝は『言経卿記』によると、天正一七年九月三日から一一日までほぼ毎日のように言経の許を訪れている。漢詩の音韻について説明を求めたり、漢和の連句を作ったり、『職原抄』の「行幸記」の装幀を言経に頼み込んでいる。短い期間であるが訪れる際には酒を持参するなど親しく付き合っていた。

その明勝の助命を、准后の勧修寺晴子と女御の近衛前子という極めて高位の女性が嘆願した。むろん後に左大臣となる近衛信房もこの嘆願について知っていたのであろう。この意をうけて智恩院の満誉尊照から刑の執行の権限をもつ奥平美作守信昌に助命の願いが伝えられた。報恩寺の雅厳からも秀吉の馬廻役であった伊藤与左衛門（または与次郎か）を通じて信昌へ伝えられた。助命運動は成功しなかったが、信昌と面識があったのか碁を通じて知り合っていたのか、本因坊も末端の役割を果していた。

明勝が処刑されてからほぼ一ヶ月後の一一月一日に、「奥平邸にて本因坊も馳走になった」とあり、この翌日に「世雄坊、勧乗坊、本因坊へ昨日の礼に人を遣した。丁寧な挨拶をするように申し付けた」（『時慶記』）と述べている。時慶から慰労の使者を送ったのであろうが、勧乗坊は将棋の上手である。奥平とどういう関係にあったのか不明であるが、勧乗坊も助命運動に動員されたのであろう。

本因坊はこのような政治活動をおこなっていた。

『大日本史料』には「本因坊算砂大福帳」として、表紙に「慶長十年　大福万之日記帳《だいふくよろずのにっきちょう》　正月吉日算砂」と書かれた記録を掲載している。これには家康の武将達に新年の挨拶をおこなったことから書き始めている。

年頭の礼に武将達の許に伺った時に下賜された相手と品物を書き出したものである。全部で一七名という多人数である。本因坊は家康に長年にわたって招かれていたので、家康の重臣や有力武将とも知己になっていた。

本因坊は弟子の是算を同道して挨拶廻りしたようである。是算（または是三）は慶長一一年（一六〇六）一二月四日の神龍院での碁会に本因坊、利玄坊と共に招かれたと『舜旧記』に記されている。ここから本因坊の交際の広さの一端を知ることができる。

編纂者は、紙が切れて前文と続いているか不明であるとしているが、続く記述も内容は酷似している。

一、浅采女殿より、白小袖壱□□□。一、平主計殿より、銀子貳枚たひ□足是三へ。一、銀子壱枚、かミ三束、伊□□□□□。一、三州様より、かミ十束、是三へ五束。一、大将様より、判金一枚、小袖是三へ。一、石玄殿、碁石並いし家共。一、榊式太殿へ、同進上。生駒長介殿へ、同進上。皆城州へ、馬箱並馬作物一。一、本上州へ、馬箱並馬。一、真田伊豆殿へ、蒔絵馬箱並馬。一、仙越州へ、馬箱並馬。大石州へ、箱並馬。一、小吉殿へ、同進上、板五郎殿へ、同進上。一、後庄三殿へ、同。一、一庵へ、同。一、喜□□□□、「コノ次、紙断絶シテ。連絡確ナラズ」

前半の部分は先の引用と同じく、礼に参上した時の下賜品であるが、後半の部分は返礼としての贈物を挙げている。詰将棋は本因坊の創作かそれとも宗桂の作なのか不明。ただ返礼品からみると、碁打ちというよりも将棋指しのようである。蒔絵の馬箱は高級品である。

大将様は豊臣秀頼のことであろうか。浅采女は浅野采女正長重、石玄は松本藩主石川玄蕃頭三長、榊式太は上野館林藩主の榊原式部大輔であろう。皆城州は信濃飯山藩主の皆川山城守広照、真田伊豆は真田伊豆守信之、仙越州は仙石越前守秀久、大石州は大久保石見守長安とみなされる。小吉は但馬出石藩主の小出吉政、板五郎は京都所司代の板倉勝重、後庄三は後藤庄三郎（光次）は武家ではなく、金貨鋳造所の江戸金座を創った商人である。

これに続く記述も進上した物品のリストであるが、献上した相手の名前は虫損で判明し難い。しかし進上品で注目されるのは書物が多数あることで、本因坊の教養の高さを示しているのかもしれない。たとえば、『無言抄』四件、『和漢朗詠集』四件、『庭訓往来』四件である。なかでも『無言抄』は国文学者の島津忠夫先生によると、慶長八年刊とされる応其の連歌書で豪華な装丁の甚だ高価な書であるという。発行部数も少ないのに本因坊が四冊も入手しているのは、生活に余裕があったうえ応其と本因坊が知り合いだったと推定できると御教示があった。書籍の他の進上品は、ひとへ物、杉原紙、綿、扇子、将棋駒と箱、帯などである。さらにこれに続く記述があったが散逸した可能性が大きい。しかし次節には本因坊の暮しを具体的に示す記述がある。

6　本因坊の生活（二）

『大日本史料』には、慶長一〇年から書き始めたとみられる本因坊の「大福銀子取やり帳」も記載されている。ただしいつからか不明で、六月二一日までの記述になっている。

本因坊の日常生活の支払いの一部であるが、京都なので総て銀が単位になっている。支払先は畳屋、大工、表師屋、将棋駒の製作者であり、本妙院なのか何を取り次いだのか不詳である。この続きは月日がやや前後している。

一、廿七匁八分、柴屋ゝ（ママ）へ六蔵銀之内也。（四月十三日）代物八貫五百三十文、此銀子板百四匁也。一、（四月二十日）板銀子四拾六匁、此銀子かしく候て候、久二郎かへ申候 甚六殿かへし申候。一、（壬卯月五日）はいふき十文め、並上銭壱貫文、小倉久三郎方へ渡、此代にて相済申候。一、上々はいふき四十八匁四分、料紙十□□の方へ渡ス。一、（壬卯月七日）板銀八十九匁、甚六殿へ渡、算用すミ申候。一、（壬四月七日）五十五匁五分　春知へ渡、於大津江州俵三石渡。一、小判最前三ツ、同方へ渡。一、米壱石、同方へ渡、惣合三百七十五匁渡也。一、（壬四月十一日）いた銀四十七匁、長識ニハ細工之代渡、此内こま銀廿四匁、本妙用渡申候。一、（同日）いた四十匁、聖秋へ渡、言伝下申候。一、いた（慶長十二壬卯月廿七日）三十五匁二ふん、重右衛門《こはんや》方へ渡。一、はいふき拾三匁七分五りん、六條十東《かみ》。一、同銀十壱匁三分、柴や、へ渡。一、同銀十三匁、任斎書馬へ渡。一、（同）八匁五分、宗半へ渡。一、（十二月廿一日）六匁九分、但代物壱貫文渡申、馬合貳十六面、（但はいふき也。）一、（十二月廿三日）板銀子七拾五匁、五人《おとこ衆》の方へ渡申候。一、四十八匁、久兵衛方へかし申候、（十二月廿八日）□□□□百文目、孫三郎殿渡申候「コノ次、紙断絶シテ、連絡確ナラズ」。

当事者でないと理解できない記述である。

六蔵は碁打ち、春知（または春智）は将棋も指す碁打ちで、本因坊から援助を受けていたようである。久兵衛に金を貸したとあるが本妙院が取り次いだのかもしれない。任斎は駒書きの専門家なのか甚だ高価で、並の駒と著しい差がある。本因坊は贈答用に大量の将棋駒を購入していた。

これに続く最後の引用は本因坊の生活の一端を示している。

前の記述で久兵衛へ貸したとあるが、本因坊は小作、与七、久方、与吉、甚吉などへ金を貸している。道仁や松斎へも同様である。恒常的に多数の人々に金を貸し、碁打ちと同時に金貸業であった。

当時の寺社は屢々金貸業を営んでいて、本因坊が金貸しをしていても異常なことではなく、庶民の側も寺社から金を借りるのは日常であった。本妙院は貸金の仲介をしていたのであろう。

本因坊は本業の碁打ちとしても忙しく働いていた。これまで述べただけでなく他の記事も多い。たとえば鹿苑院僧録の西笑承兌が伏見を訪れた際、「辰の刻に寺に至り志州、豊光、東紀入、円光、床五兵衛、如水が参加し、宴席半ばに筑前守が来られた。（中略）如水が屋形船に乗り、碁打の本因坊もまた乗る。久宝寺の六蔵という二ツの碁打もまた乗船する」（『鹿苑日録』慶長八年八月一五日）。承兌は本因坊らの碁打ちも招いていたのであろう。承兌はまた「自勝院より使者があり、明朝碁打ちの本因坊が来られる集りがあるので、予にも席末に侍されたいと言ってきた」（『同』慶長九年三月二三日）と記している。翌日は承兌は南禅寺を訪れる約束があったので参加しなかったが、本因坊は各所に招かれていた。

将棋も強かった本因坊の将棋記録も残っている。『大橋家文書』の「古名人勝負手合帳」には、慶長一〇年一二月二四日から江戸城本丸で初代宗桂と本因坊の対局の途中図が描かれている。二人の七番勝負の第一局で、将棋家《しょうぎけ》側の記録なので本因坊でなく常に「算砂」と書かれている。江戸城や駿府城での将棋の七番勝負は慶長一一年二月一日に終っている。

この年の暮に本因坊は兼見の碁会に招かれている。『舜旧記』には、「豊国二位（吉田兼見）邸で碁会がある。本因坊、利玄坊、是等（算の誤記か）、六蔵、春智そのほか本因坊の弟子十三人が同道して来る。終日碁が催された」（慶長一一年一二月四日）とある。本因坊は少なくとも弟子を一三人も抱え、指導するだけでも多忙であった。その後も「二位邸において碁会があり、本因坊が来られた」（『同』一二年三月二三日）。「豊国二位宅で碁を興業。本因坊、道石、仙朝らが来る。その外に京都の碁の衆が来られた」（『同』四月二九日）。

この頃も豊神院をはじめ各地で碁会が催されている。氏名が記されていないが、本因坊が招かれた可能性は大きい。むろん本因坊は慶長年間後半期や元和年間も各地の碁会に招かれ、晩年の本因坊についてては『時慶記』もふれている。沢山の碁打ちのなかで傑出していた一人であったことは間違いなく、他の碁打ち達と違って生活のかなりな部分がわかる記事が残されていることも珍しい。

7 俸禄拝領

一七世紀初の碁打ち将棋指しは、幕府から俸禄を支給された。将棋宗家の大橋本家に伝わる将棋記録の『大橋家文書』には、慶長年間に権現様より俸禄を拝領したとあるが、何年とは記されていない。重要な事実であるが正確な年月日は不詳とされてきたのであろう。

『大日本史料代十二編之二』に「参考」として『碁所雑記』から引用されている。「慶長十七年壬子年、権現様より下し置かれ候御切米の御書出しの写。碁打衆将棋指衆御扶持方を給ひ候事」として、五拾石五人扶持は本因坊、利賢、宗桂、五拾石は道碩、貳拾石は春知、同仙重（原文・角力）、三拾石六歳、貳拾石は算碩と書かれている。「御切合《（ママ）》せて貳百九拾石、御扶持方　合て拾五人扶持。右、亥年より毎年京升を以て相渡し、彼の衆の手形を取置き、江戸御勘定に相立てらる可く候以上」。署名は、壬子二月十三日で米清石判、板伊州判、大石州判、青図書判、土大炊判で、宛先は鈴木左馬之助殿、杉田九郎兵衛殿になっている。

続いて本因坊算砂が江戸滞在中は二倍の十人扶持で、（年末の）御暇《おいとま》の時に黄金二枚と時服二着を賜わること、中村道碩も同様であること、また算砂は同年六月に権大僧都に叙せられたなどと記されている。明らかに慶長一七年二月より後に書き加えられたものである。

「参考」の『碁所雑記』は、宝永五年（一七〇八）までの碁家の事蹟を記したものであるが、碁家の代々の当主を過大にあるいは誇張して述べている。初代の本因坊についても「はじめ信長公に御奉公あい勤め」としているが、信長が明智勢に殺された天正一〇年（一五八二）は本因坊は二三歳で、まだ一人前の碁打ちとして認められていなかった。前節で述べたように本因坊の初出は『兼見卿記』にみえる文禄二年（一五九三）である。信長に仕えたというのは誤りである。また、信憑性の高いどの資料にも本因坊が「権大僧都」に叙せられたという記述は見当たらない。

俸禄受領の一文は「写」であるが記述に疑問も生じる。権現様に敬意を表して上部を空白にする闕《けつ》字《じ》にするのが「写」であっても通常である。それが見られない。当時の碁の上手で利賢という名前はない。利玄または理玄の誤記であろうが、これほど著名な者の名前を間違うのは理解し難い。

仙重は原注に「仙角カ」とあるが、仙重と仙角は別人である。仙重は慶長一七年四月一二日に神龍院の碁会に招かれている（『舜旧記』）。そして『当代記』によれば、慶長一二年に「仙角は当春に筑紫で喧嘩により死亡」とされている。『当代記』の記事が正確ならば慶長一七年にはこの世になく、禄を受けることも不可能である。

署名人は米津清右衛門で京都所司代の板倉勝重の助役。板倉伊賀守勝重は京都所司代、大久保石見守長安は石見や佐渡の鉱務を掌るが、翌年四月に亡くなっている。青山図書助成重は幕府老中でこれも翌年に没している。土井大炊頭利勝も老中であるが青山の後の三年後に就任しているので、順序は妥当なのであろうか。長安と成重は隠居していたのではなかろうか、精査する必要がある。最高五〇石で最低二〇石（三〇石拝領の六蔵の順序も気になるが）の八人に俸禄を支給するのに、高官五名の署名押印（本来は花押か）が必要だったのだろうか。それとも権現様が直々に指示したので、このような大袈裟な署名になったのであろうか。

仮に『碁所雑記』の記述を信用するにしても——ざっと一〇〇年ほども前のしかも京都時代のことを知る人は当時誰もいないが——、別の視点から考える必要が生じる。なぜ碁打ち将棋指しに俸禄が支給されたのか、なぜ八名だけだったのかという問題である。

室町幕府以来、将軍家は遊芸人に禄を与えてきた。たとえば能楽師や狂言師、立花（生け花）、連歌師や絵師などである。これらは客観的に優劣の判断し難いものである。能楽師を例にとると、先代はこのように演じてきて趣があったが、当代は僅かに形を変えたが、これも味のあるしぐさである。立花は以前からこのように生けて来たが、現代の活けかたも風情がある等々優劣をつけ難い。これが芸事であり、奨励や庇護のために俸禄を支給された。

しかし碁や将棋のように勝負の決着がつく遊びは、本来の遊芸と異なり俸禄支給の対象にならなかった。当時の感覚で勝負のつく遊びは下品で露骨な行為とみる人々もいたのかもしれない。

家康が上洛の度に大宴会を催していたことは前に述べたが、この時期は不思議に政治的な事件と関連がある。たとえば関白秀次が切腹を命じられた前後、朝鮮出兵の文禄の役前後、秀吉の没した前後などあり、むろん「平時の時」も含まれている。家康は京都の情勢を深く知りたいと望んでいた。それで大宴会の招待客には有力な情報源をえらんでいた。すなわち公家や上級僧侶からは政治情勢、秀吉の武将達からは軍事事情、大商人からは経済の動きについて聞きたかったのであろう。

他方、接待要員として参列した碁打ちや将棋指しは、指導対局のなかで相手がふと洩らした何気ない片言を聞くこともあったのだろう。最初は意識せずに家康の側近に今日の奉仕のお礼と共に対局相手の隻語を告げたのかもしれない。これらの相手である招待客の話が、貴重な情報と家康の家臣から知らされると、やがて自分達のほうから意図的に何らかの情報を聞き出そうと試みたのかもしれない。宴席の招待要員は同時に情報蒐集の役割を担っていたと推定できる。

慶長八年（一六〇三）に家康は将軍となり、江戸に幕府を開くと、きわめて多忙になり上洛できない場合もあった。そのような時は本因坊や宗桂を江戸城や駿府城に招き、将棋の対局をさせている。観戦したのか不明であるが、家康は両人から京都の情勢を詳しく聞いたのであろう。

家康は碁や将棋の指し手が「芸術的な華麗さ」「及びもつかない名手」「凡人に無い発想」だから禄

を与えたのではない。長期にわたる情報活動の褒美として俸禄を与えたのであろう。家康自身も老齢となり、また幕府の機構も次第に準備されてきたので、碁打ちや将棋指しの情報に頼らなくてもよくなったのであろう。

そうするとなぜ八名に限定したのかも理解できる。家康の大宴会に出仕した者達ばかりであろう。慶長八年に天皇の御前で碁を披露した碁打ち四人は当然である。春知は家康に神道を講義した梵舜の許に出入りし、豊国神社の創始に関与した兼見とも親しかった。むろん宗桂と同様に家康と同座している。要するに家康の知己ばかりであった。

なお、近年まで、五〇石の俸禄は生活費と考えられていたが、精査するといわば技能奨励金程度で、到底生計を維持できる金額ではなかった。因みに他の遊芸師は、猿楽の金春要照の五〇〇石、絵師の狩野探幽、同常信の二〇〇石、連歌師紹巴の一〇〇石で、碁打ち将棋指しへの俸禄は家康の吝嗇な一面か、碁打ち将棋指しの社会的評価を示している。

元和九年（一六二三）に本因坊は六五歳で亡くなった。僧侶なので妻子はなく、弟子の道順が跡目を継いだ。しかし道順も寛永七年（一六三〇）に亡くなったので、これも本因坊の弟子の算悦が継いだ。本来は子院の名前であるのに本因坊家を興した。これまで述べたように本因坊は上皇をはじめ有力公家とも昵懇であり、二代将軍秀忠や江戸幕府の重臣達とも知り合っていた。本因坊と親しい者が働きかけたのか、道順や算悦が運動したのか、本来は「一代限り」の俸禄が本因坊家の「家禄」として支給されることになった。本因坊の人脈か特別な政治的配慮なのか不明であるが、それが継承されるようになった。

初代宗桂が寛永一一年（一六三四）に八〇歳で亡くなると、長男宗古が跡目を継ぎ、大橋家を興した。本因坊家の前例があるからか宗桂の一代限りの禄も大橋家の「家禄」として与えられることになった。ただし封建制度下の遊芸の家の相続に屢々みられるように「先代に比べて伎倆未熟」として減額されるが、宗古の場合も家禄は二〇石に減額された。

このような経過をへて、囲碁を家業とする本因坊家、井上家、安井家、林家の四家が誕生し、将棋を家業とする大橋本家、大橋分家、伊藤家の将棋三家が生まれた。諸外国には例をみない日本独特の家である。

家禄をはじめ碁家将棋家の義務や奉仕については一七世紀中頃に京都から江戸に移住させられ、寺社奉行の管轄下におかれて整備されるが、本節では割愛する。

第三章

盤上遊戯の新知見

1　六博

本章から『遊戯史研究』誌の三〇冊を中心に、新しく発見された遊戯資料に関する多くの見解を紹介する。まずは盤上遊戯について述べる。長期にわたって人間の知慧が投影され、起伏の多い歴史だからである。

東アジアで古代から遊ばれていた盤上遊戯は六博《りくはく》（リュー・ポー）である。中国の戦国時代後期の歌謡集『楚辞』に記されているので、紀元前四世紀には既に遊ばれていたことになる。紀元後三世紀頃には衰退したとみられるので、約八〇〇年は遊び継がれた盤上遊戯である。

したがって日本列島には伝わっていないが、博戯（六博の遊び）、博奕（六博の勝負に賭ける）などの言葉は残った。博戯は実際には日本で雙六の遊び、賽賭博や雙六賭博の意味に用いられた。

六博は墓の壁画や画像石、画像磚などに描かれ、人々は踊るような姿勢で興じ、叫んでいるようなしぐさで競技に熱中している様子を知ることができる。「上は貴族官僚から下は庶民百姓に至るまで楽しまぬ者はなかった」（崔樂泉『図説中国古代遊芸』）をはじめ、中国の文献には大流行したことが屢々記されている。むろん勝負には賭けられていて、賭けていたからこそ人々は熱狂し、広汎な層に拡まったと言える。

なかには儒教的観念から六博を非難した稀な記述もみられる。小倉結は「六博論――中国古代の盤上遊戯の研究」(遊・24)に、六博の流行が収まった頃に描かれた韋昭(二〇四〜二七三)の『博奕論』から一部を引用している。

今の世の人、多くの経術を務めず、好んで博弈(六博による賭博)を翫び、事を廃し、業を棄て、寝と食を忘れ、日を窮め明を尽し、継ぐに脂燭をもってす。其の局(盤)に臨み交々《こもごも》争い、雄雌未だ決せざるに当たる。

六博の用具も発掘調査で出土している。貴族の墓からは副葬品として象牙製や青銅製の用具が発見され、やや下の階層の墓からは板製の遊戯盤が発見されている。絵画資料では地面に筋を引いて遊戯盤にしている例もみられる。しかし六博は現物が残っているものの文献資料では駒の名称や遊戯法にも違いがあり、地方によって独自の技法があったのか、時代によって変化したのか、幾つかの文芸書に六博について記されているにもかかわらず、全体像はいまだ不明である。

絵画資料や出土品からみて、六博は箸状のさいころ六本、白駒黒駒が各々六個の二人で「上がり」を競う競走ゲームである。前漢時代(紀元前二〇六〜紀元後八)の湖北省江陵の鳳凰山八号墓から出土した六博の用具は、盤(博局)一点、骨製の黒駒六個白駒六個の合計一二個、得点を計算する点棒とみなされる竹製の筹(算)が六本であった。同じ前漢時代の湖南省長沙のこの地方を支配していた馬《ば》

六博俑（大英博物館蔵）

王堆《おうたい》三号墓からは副葬品として盤が一点、象牙製の棊の大が一二個（黒六個、白六個）、小さい棊が二〇個、算が三〇本、算より少し長い棒状の物品一二本、象牙製の削一本、象牙製の割刀一本、木製の骰（さいころ）一個が出土した。骰は一八面体であった。

小さい駒がなぜ二〇個もあるのか、どのような用法であったのか、箸状のさいころが六博の後期になると一八面体のさいころに変化したようで、鳳凰山八号墓出土の六博のほうがより古い時代と推定された。

六博に関する欧米での学術研究は、リーン・シェン・ヤンの「いわゆるTLV鏡とリュー・ポーのゲーム」および「古代のゲームのリュー・ポーについての追加論文」の二篇で、『支那学のエクスカーション』（ハーバード大学出版局・一九六九）に再掲された。馬王堆の副葬品が見つかる前の考察である。なお欧米では古くから「支那学」と呼ばれているが実質は「中国学」である。ここでは伝統的な表記に従った。

L・シェン・ヤンは、日本人研究者中山平次郎、後藤守一、梅原末治らによる、青銅鏡の背面に六博の盤面が描かれているという指摘を示し、『楚辞』をはじめ幾つかの中国の古典と中国考古学雑誌の六博の記事を参考にして六博の研究を進めた。六博の盤面の区切りがローマ字のT、L、Vと似ているところから前記のように名付け、この名称は今日では国際的に使用されている。

さらにヤンは六博の遊戯法を調べようと『西宮雑記』などの文献、出土品の俑（陶製や土製の副葬品の人形）、水野清一や中国の研究者の見解を参考にして、おそらく競走ゲームであるという結論に達した。しかし、諸文献の説明の差異や用語の不統一などがあって、今後の発掘調査、文献の新たな発見に期待すると締めくくっている。

次いでペーター・ヴィーデハーブ『リュー・ポーの遊戯盤――古代中国の人間と神の間の帝国』（一九九五）、マイケル・レーヴェ「古代中国の歴史・文明の起源から紀元前二二一年まで」『自然哲学と神秘思想の対立』（ケンブリッジ大学出版局・一九九九）が六博についての論考を示した。またこの間に多くの中国人研究者が六博についての研究論文を発表し、考古学雑誌『文物』誌も六博の絵画資料や発掘された六博盤を掲載した。

欧米における最も高度な研究は、ベルマン-ヨーゼフ・レリケの「梟による魚の捕獲、人間と精霊に関する古代中国の盤上遊戯リュー・ポー」『ボードゲーム・スタディーズ・一九九九・第二号』である。以下に彼の論文を要約する。

紀元前三世紀の前漢時代に大流行したリュー・ポーについては、神秘的で文学的に紹介されてきた。しかし最近の三〇年間の考古学上の発掘調査により遊戯盤や駒及び用具が数多く発見され、遊戯法も明らかになってきた。紀元前四世紀の板の盤から同時期の中山王国の二面の盤など二〇点を挙げ、これに関する箸状のさいころ、駒、材質など七項目にわたって説明している。

遊戯法も先行の研究をふまえて六本の箸状のさいころをふって駒を進める競走ゲームで、表題のように途中で「梟」という駒に昇格すること、区切りの「頭」の部分の中央が「海の枡目」になっていて、ここに「魚」の駒があり、これを通常の駒と一緒にゴールに入ることによって得点が二倍、三倍になる。

尹湾から発見された盤により、六博は遊びだけでなく、宇宙観のある一二個の「小部屋」に分れた盤面の八六ヶ所によって占いのできることも判明した。

このように述べて、遊戯法まで説明しているのは、これまでの欧米の研究で最も優れた考察であろう。しかし一つの遊戯法を断定的に採用したほか、なぜか「魚」の駒を六個としている。

欧米や中国の研究に比べて、日本の研究は遙かに高い水準にあると考えられる。『遊戯史研究』誌でもこれまで、小泉信吾の「中国古代の遊戯『六博』について」(遊・3)、清水康二の「六博の変遷と地域性」(遊・17)、鈴木直美の「旧楚地における六博の変遷――漆器の生産に着目して」(遊・18)が発表された。なお鈴木直美は「中国古代のボードゲーム」『中国出土資料学会編・地下からの贈物――新出土資料が語るいにしえの中国』でも六博について説明をしている。

中国古代史専攻で六博にも詳しい渡部武教授の指導の下に書かれた小倉結の「六博論――中国古代の盤上遊戯の研究」(遊・24)は、先行研究を充分に吟味しながら六博についての見解を展開したものである。おそらく最も新しい研究であるが、小倉はまだ不分明な箇所が多いと率直に述べている。

遊戯盤については甘粛省天水市放馬灘の一号秦墓から出土した板に描かれた六博盤(紀元前二三九)のように、鍵形や十字形すなわちTLV形で区切られた枡目があることはよく知られている。しかし最も初期の六博の遊戯盤は、第一型とされている長方形で縦線で区切られた盤である。おそらくより単純な競走ゲームの盤があったのであろう。盤面は時代によって変化したことは明らかである。

最も解明が困難なのは遊戯法である。B-J・レリケのように一つの文献だけで解釈するならば明快であるが、駒の名称も異なる複数の文献により一定の遊戯法を見出すのは困難である。盤の周辺の特定の地点から出発して中央の四角の区画(方)に達して、再び出発点に帰着すると考えられる。正規の黒駒白駒とは別に敵味方二個ずつの「魚」の駒があり(円形の駒か)、盤上の「海」と見なされる箇所に置く。駒が「魚」を獲ると点数が倍になるが、帰路に「魚」を獲ると手間どって帰着が遅れる。そのため(バトン・タッチが)遅れて不利になるか、負ける場合もある。

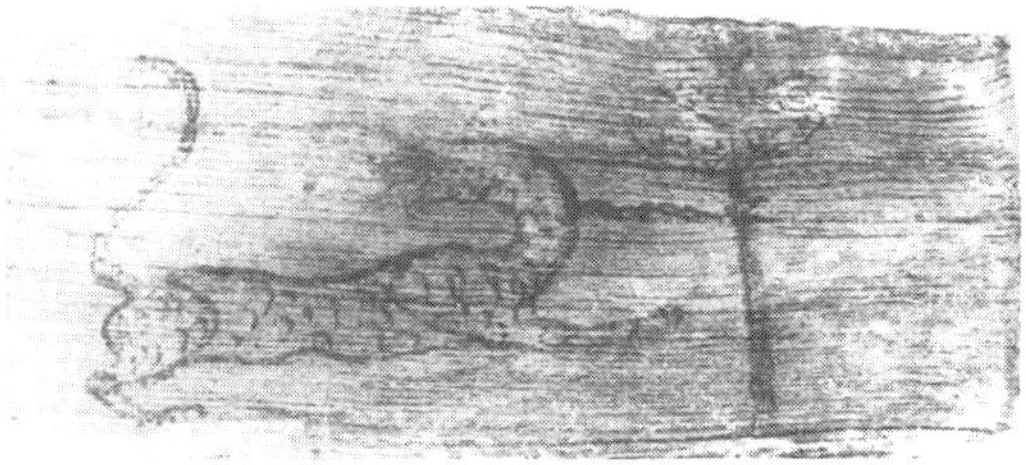

1　木板画（正面）（M14：9）

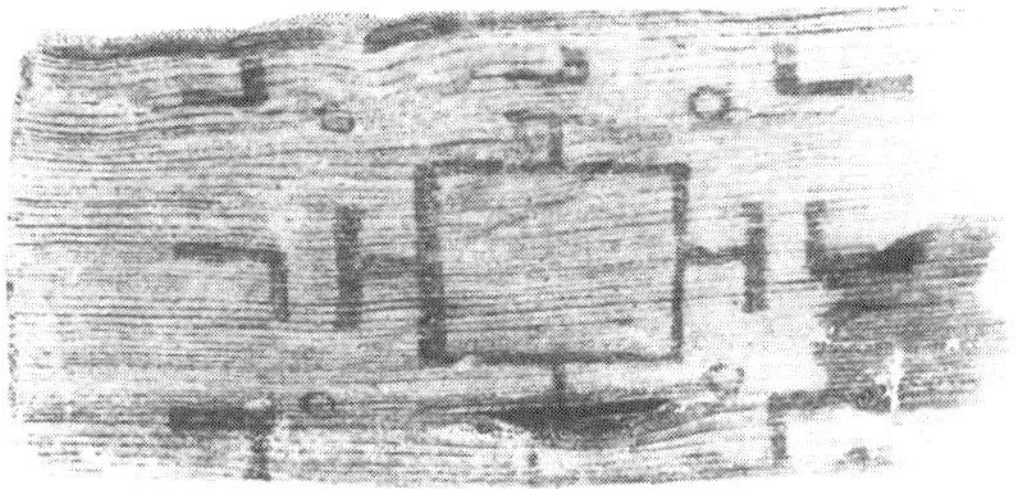

2　木板画（背面）（M14：9）

板に書かれた六博。甘粛天水市放馬灘の秦墓から出土した板（『文物』1989. 2期号）

駒が特定の場所に来て、さいころが特定の目を出すと「梟」に昇格して駒を立てる。「梟」は相手の駒を「喰う」ことが可能ともとれる表現があるが不明である。

箸状のさいころは後に一八面体のさいころに変化した。一から一六までは数字が刻まれ、駒の進む歩数を示すと考えられる。残りの二面は夫々文字が記され、馬王堆墓出土のさいころには「驕」と「驍」が描かれている。「驕」は良い目で「梟」のように駒を立てるという意味があったのかもしれない。「驍」は「驕」の対極にある悪い目とみなされる。河北省の満城漢から発見された一八面体のさいころは、一から一六までの数字と「驕」と「酒来」という文字が書かれている。「酒来」の目が出ると駒を進めることができず、罰として酒を一気飲みしなければならなかったようだ。「六博に興じる場面を描いた画像は多く、そこに酒壺と耳杯が描かれているので罰杯の可能性はかなり高いであろう」（小倉結論文）と指摘している。

一九九三年に江蘇省連運港市温泉鎮の尹湾六号漢墓から「博局占木牘」が発見された。六博盤が占いに用いられていたことを示す資料である。これまで青銅鏡の背面に六博盤が描かれていたので、何らかの卜占か呪術と関連があると推定されていたが、牘の発見により卜占具であったことも具体的に示された。

資料は二つから成り、一つは十干十二支を数値化した六〇個の数字を記した板と、もう一つは六博盤の上に駒が留る位置が示され、その箇所に文字が記入されている。占文は「方」以下「長」「高」など八項目があり、さいころをふって駒がある地点に留ると、その左右の線上にある地点の文字と組み合わせて一定の占文を作るものとみなされる。

たとえば「嫁取り」について駒を動かし、「方」は「嫁ぎ先で一生を終えるが、子供を産まない」、「楬」は「嫉妬深く一生を全うできないが、子供は産む」、「高」は「主婦になっても家庭がうまくいかない」などの卦である。この他にも外出や旅行など幾つもの項目を占うことができて「まだ到着していない」、「帰り道が遠く、帰ることができない」等々の占文が示されている。ただ「博局占と実際の遊戯とでは駒の運行は異なった順序をたどっていたと考えるのが自然である」（「前同文」）と判断している。

六博についてはまだ不明な部分が多い。小倉論文もこれを認めていて、たとえば『楚辞』の「招魂」にある「梟」と関連した「五白」の意味や駒と関連する「歯」は具体的にどのようなものか、どの局面で生じるのか等はまだ解明されていない。また『楚辞』と『西宮雑記』の記述には差異もみられ、技法が記されていない場合もある。これらの不分明な諸点があるにせよ、小倉論文は中国の古典を精査し六博の核心に迫る労作である。

一時期は大流行した六博がなぜ消滅したのか、決定的な理由は不明である。ただ地方的なルールが割拠して後代になるほど分岐して、一つの遊びとはみなされなくなったこと、駒の運行が複雑すぎて次の世代に伝えることが次第に困難になったと考えられる。また、六博から分離した賽賭博が盛んになり、六博の衰退期には渡部教授のいう盤上遊戯としての樗蒲や独自の考案による囲碁の台頭と普及、双陸（盤双六）の伝来なども影響したことだろう。人々の興味が他の遊びに移っていったとみるならば、長期にわたって熱狂的に支持された六博も、いつかは衰微し消滅するという遊戯の法則が貫かれていたといえる。

2　柶戯

朝鮮の伝統的な盤上遊戯で広く遊ばれている柶戯《しぎ》は、朝鮮ではユンノリと呼ばれている。柶戯についての数少ない学術研究は、劉卿美の「ユンノリの起源説にみる韓国のナショナリズム」（遊・13）

および同氏の「ユンノリのさいころについて」（遊・17）である。

前者の冒頭で劉氏は、一九三二年に朝鮮民俗学会が設立され、機関誌『朝鮮民俗』が創刊されたことは朝鮮の民俗学の大きな第一歩としている。その背景には、内には解体しつつあった封建制社会を打破して近代的社会を建設しようとする意欲、外には日本帝国主義および西欧資本主義の侵略に抗して民族の独立を守る意志の表れがあったと述べている。そのため民俗学には「『民族』や『国家』の意識が色濃く反映された」（劉論文・遊・13）。そして、ユンノリの説明および評価はこのように民族文化の一つとしてとらえるべきという観点から論旨を展開する。

ユンノリという名称は采（さいころ）を意味するユッと「遊び」を示すノリの合成語で、直訳すると「さいころ遊び」である。ユッは一定の長さの小枝を縦に割ったいわゆるかまぼこ形か、表裏のいずれかに印をつけた木片を使用する。これらの四個の木片を「一メートルほどの高さに投げ（落ちた時の）表と裏（の出た数）で点数を決め、その数によって駒を進める」（「前同文」）競走ゲームである。二人から四人まで同時に遊ぶことができ、駒を右廻りに枡目（小点）を進め、最も早く駒を出発点に戻した者が勝ちである。盤は丸形か四角で、中心を通る十文字か対角線も枡目になっている。外周の枡目と十字か対角線との交点に来ると「近道」になっていて、外周を進む代りに枡目の数が少ない十字か対角線を進んで出発点に帰着することができる。

ユンノリは古くは「柶戯」や「擲柶《ユッ》」または「樗蒲」と記された。『朝鮮王朝実録』の太宗一七年（一四一七）九月の条に「柶戯」で遊んだとあり、同書の宣祖三〇年（一五九七）一一月の条に、酒席で「樗蒲」に興じたとある。しかし他の事例では「樗蒲」はさいころを指す場合が多い。

ユンノリは朝鮮全土で遊ばれ、特に正月は盛んであったが、一九二〇年代から「東亜日報」紙主催の「擲柶大会」が開催されるようになると爆発的に全土に広まった。同大会はその後の約二〇年間に総計三九二回も開催された。なかでも一九三六年には女性だけの大規模な擲柶大会が開催されると、女性の間で熱狂的にユンノリ熱が高まった。そのため擲柶は女性の慰安や遊興の遊びとされるようになった。

なお一九四〇年代に擲柶は元来は中国から伝えられた遊びとされていたのが、同じ擲という文字であっても中国語では別の意味を示すので、中国伝来の遊びでなく、朝鮮民族が独自に創造した遊びであることが強調されるようになった。こうして擲柶大会は一層盛り上った。

これらの一連の盛大な擲柶大会は日本軍には抗日、反日の集りと映るようになり、官憲により各地で弾圧されるが、これについては後章で述べたい。

朝鮮の遊びユンノリは早くから海外で知られ、本格的な研究はスチュアート・キューリンの『朝鮮の遊び』(一八九五)でニョットまたはニマウトとして紹介された。二〇世紀の後半にはH・J・R・マレーの『チェス以外の盤上遊戯の歴史』で取り上げられ、R・C・ベルは「紀元前から高度な文化をもつ朝鮮での盤上遊戯ニョット」(『多くの文明からの盤とテーブル・ゲーム』)の遊び方を詳述した。今日では多くの欧米の遊戯書がユンノリについて説明している。日本の出版物でもユンノリは柶戯と

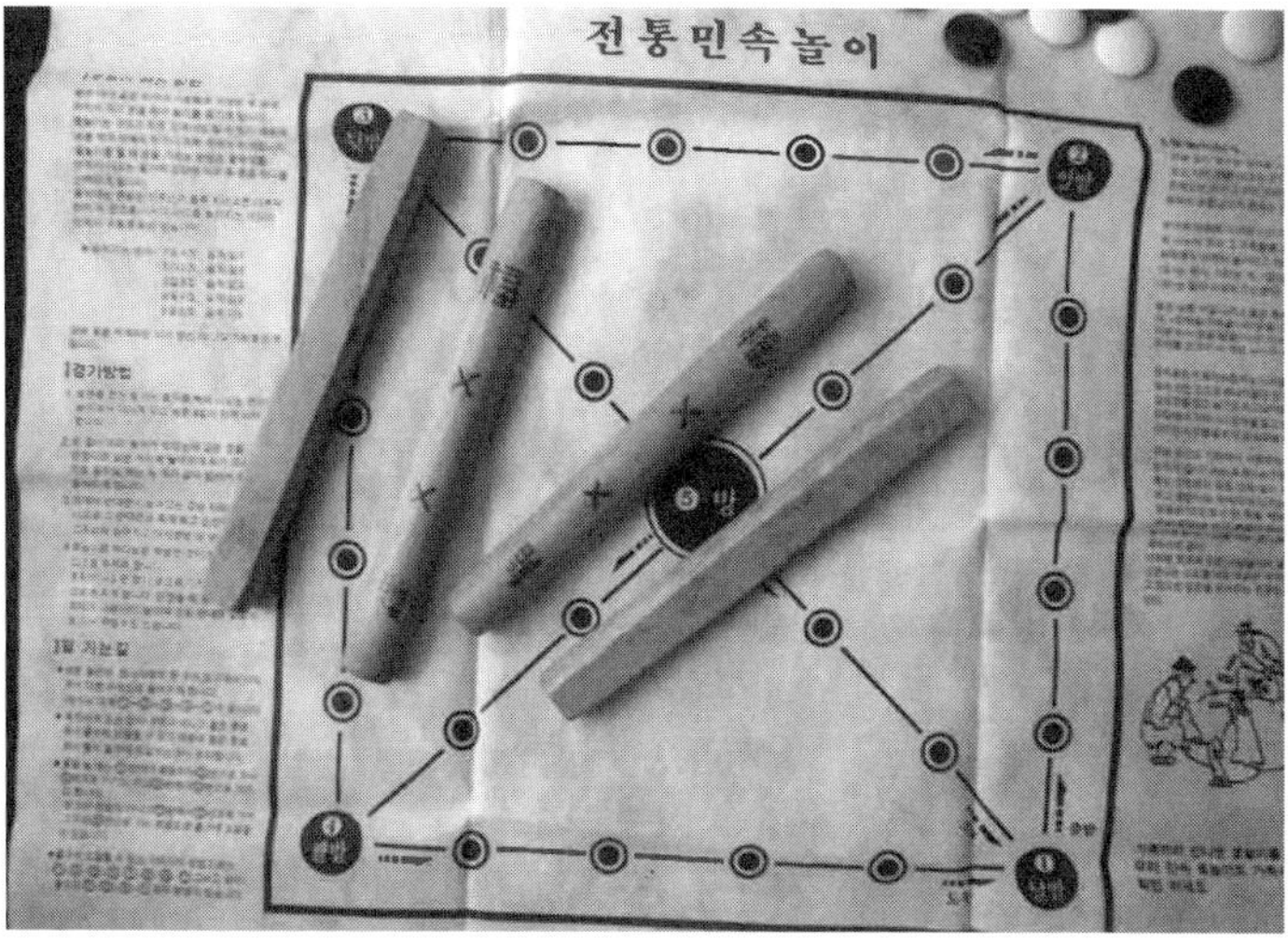

ユンノリ（筆者蔵）

記され、朝鮮総督府の調査資料をはじめ朝鮮の作家が日本語で紹介した朝鮮の娯楽や遊戯に関する書物にもユンノリは必ず登場する。

二〇一五年に奈良文化財研究所はユンノリが日本列島でも遊ばれていたと発表し、各方面に大きな衝撃を与えた。二〇〇八年に平城京跡より発掘した土師器に刻まれた点の列について、朝鮮の盤上遊戯と酷似しているという。長期にわたってどういう土師器か判明しなかったのは、発掘品や出土品を鑑定するのに遊戯史の視点からの観察がなされなかったからである。

ユンノリと判断した経過については『考古学研究』誌に小田裕樹氏が末尾の「謝辞」で、「朴享彬、李妍宰ご夫妻にはユンノリの遊び方の御教示をはじめ、韓国におけるユンノリの文献収集と資料調査に際して、多大な御援助を賜った」と述べているように、朝鮮人研究者の指摘や助言を得るまで一定の年月を要したからである。

ユンノリの研究を担当した小田裕樹氏はユンノリおよび同時に出土したさいころについて精力的に発表している。以下五本の論文について発表の年次順に紹介するが、後の論文になると内容に微妙な変化がみられる。

最初は「奈良時代の盤上遊戯に関する新知見」で、日本考古学協会第八一回総会の研究発表（二〇一五・五・二三）である。「発表要旨」には、平城京左京二条大路出土の土師器あるいは焼成後の刺突により列点記号が刻まれている。これは古代の盤上遊戯の盤面と考えられる、と記されている。

小田裕樹の「列点を刻した土器」は『奈良文化財研究所紀要二〇一五』（二〇一五・六・二六）に発表されたもので、要約すると、平城京左京二条大路南側溝北側に掘られた濠状遺構より出土した土師器は、外面に□天□□平月□七十□とあり、列点で円を描き、円周を分割する点を起点として中心点を結ぶ列点を刻す。起点の一点に「出」という文字を刻書する。附近から二点の土師器片も発見された。外部の文字は八世紀中頃の年号の天平感宝、天平勝宝、天平宝字と関連があるのか、それとも全く別の文章であったのか不明で、小田は何も説明していない。

小田裕樹の「現代ユンノリ遊具の考古学的分析～盤上遊戯『樗蒲《かりうち》』の復元を目的として」『考古学は科学か上――田中良之先生追悼論文集』（二〇一六・五・一二）は、平城京から出土した奈良時代の土師器に刻まれた円を六分割する列点記号について、朝鮮半島の民俗遊戯であるユンノリの盤面との共通性を指摘し、『万葉集』の用字についての研究成果をふまえ、奈良時代の盤上遊戯「樗蒲《かりうち》」の盤面の可能性が高いと言える、というものであった。

同じ研究所の同僚である芝康次郎、星野安治と共に発表した「一面を削った棒」『奈良文化財研究所紀要二〇一六』(二〇一六・六・二四)の要約は次の通りである。

平城京跡から発見された棒状の物品は、断面が円形の直線的な技を用い、一端を面取りした丸木の1/4程度、板目面が露出するように一面を平坦に加工することで、断面形をかまぼこ形に成型してある。二個あって一つは長さ六・三センチ、他の一つは五・三センチで幅と厚みは両者ともに同じで、一・〇センチと〇・八センチである。

この二点はさいころ様の物品とみなされ、『万葉集』に「かり」と訓じる折木四又は切木四を指し、盤上遊戯ユンノリのユッ(さいころ)と酷似している。

小田裕樹の「盤上遊戯『樗蒲《かりうち》』の基礎研究」『考古学研究第63巻第1号』(二〇一六・六月)によると、平城京左京二条大路から出土した土師器杯には焼成後の刺突による円形の列点記号が刻まれている。これと同じ配列の記号は平城宮や秋田城跡などからも出土しており、この記号は古代日本において一定程度分布していたものとみられる。この列点記号が朝鮮半島の「ユンノリ」とよばれる盤上遊戯の盤面と通じること、『万葉集』の研究成果によりユンノリに似た遊戯が奈良時代にも存在していたと想定されることを根拠に「樗蒲」(かりうち)という盤上遊戯の盤面であったと考えられる、と

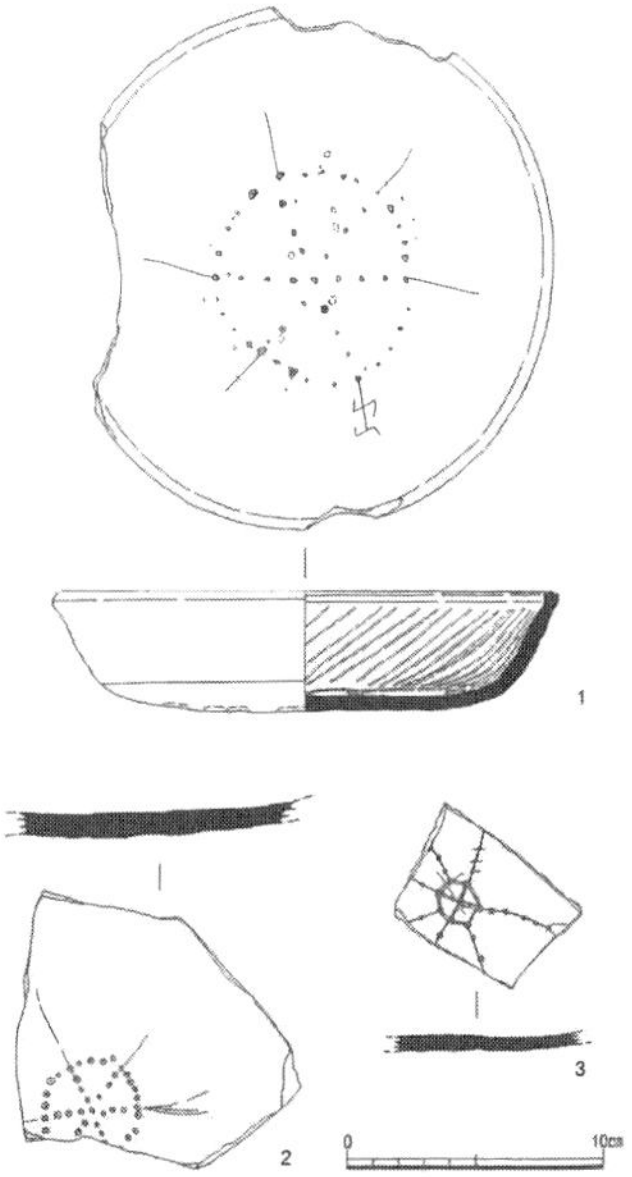

小田裕樹「列点を刻した土器」
（「奈良文化財研究所紀要」2015）より

いう。

ユンノリは奈良時代よりも古い時代から遊ばれていた可能性も否定できないが、今回の発見により具体的に日本で遊ばれていた年代が確定した意義は大きい。同時に朝鮮で遊ばれていた時代も推定できたことは、盤上遊戯の歴史をより豊かにするものである。これまで『万葉集』および他の文献からユッとみなされるさいころ様の木片の存在は推定されていたものの、さいころ遊戯のみの樗蒲か盤上遊戯の柶戯と一組となっていたのか不明であったが、これが明らかになった。さらに言うならば平城京だけでなく他の地方で遊ばれていたことも重要な発見である。今回を契機により広い地域で柶戯の可能性のある列点が注目され、各地方で発見されることがあれば、日本の遊戯

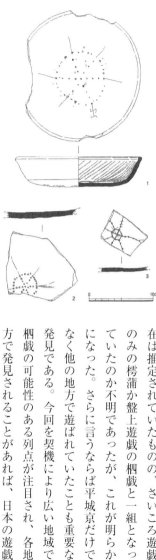

史の新たな前進になるであろう。

3　囲碁

個別の遊戯史に関心を抱く出発点は、自分が親しみ、趣味としている遊びのルーツを知りたいという思いであろう。厚い愛好者層がつくられ、比較的知識層に嗜む人々が多かったのも囲碁の歴史を要望する客観的条件が整っていたからであろう。

安藤如意が囲碁史として『坐隠談叢』を著したのは明治三七年（一九〇四）で、後に囲碁棋士の渡邊英夫が「明治大正の棋界の状況を附け加えて」さらに昭和前半期の棋界にもふれて囲碁全史として『新編増補　坐隠談叢』を出版したのは昭和三〇年（一九五五）であった。明治以前の記述は安藤の記述を踏襲して渡邊は何らの加筆訂正もおこなっていない。両書とも長期にわたって囲碁史とされてきた。

しかし内容は歴史書とは言い難い。有名人の棋譜を時代順に並べ、その間に真偽不明の言い伝えも含めて夫々の時代について語っているからである。たとえば建長五年（一二五三）に松葉谷草庵で打たれたという日蓮上人と吉祥丸との棋譜、永禄九年（一五六六）に長遠寺で打たれた武田信玄と高坂弾正との棋譜が掲載されている。まだ棋譜を採る慣習のなかった時代であり、後代の創作による偽譜である。初代本因坊が織田信長の寵愛を受け、法印に叙せられたというのも誤りである。囲碁史様の書物が早く現われたので内容も吟味されず、誤りも継承されたのは囲碁史を停滞させたと言える。

第二次大戦後に断片的に囲碁の歴史にふれた書物も幾つか出版されたが、いずれも棋士や囲碁愛好家などが著したもので精査に欠け、囲碁の歴史を補完するものではなかった。ようやく囲碁史と言えるのが拙著『碁』（ものと人間の文化史・一九八七刊）であった。これに全面的に讃意を示しながら『碁』がふれなかった部分を補完したのが、大澤永弘の「棊の字の用法の変遷について」（遊・13）および「秦漢帝国時代における囲碁の普及発展の様相――その一・囲碁の第二の誕生」（遊・14）である。

前者の「棊」の字について大澤は、囲碁の愛好者の多くは未だ囲碁は中国の伝説上の皇帝堯や舜が創ったという伝説を信じ、囲碁は五〇〇〇年の歴史があると思い込んでいたり、『楚辞』に「棊」の字が使われているので、囲碁は少なくとも三〇〇〇年の歴史があると確信しているため、その誤りを正したいと考えたと執筆の動機を述べている。

まず大澤は小川琢治の「支那に於ける囲棋の起源と発達」を引用して、棊は六博を主とする中国古代の盤上遊戯の駒を指すと断定し、文献資料から囲碁を示す文例は古代では見当らないとした。そして「後漢前期の班固の『弈旨』という賦に「棊」は白黒あり、破圭、亡地復置などの表現から囲碁のゲーム状況や高度の技術内容を叙述する」（「大澤論文」（遊・13））とした。後漢の頃から「棊」は囲碁を示すようになったという見解である。また「『囲棋』という語は漢代の都長安を中心として形成されている知識人士大夫社会の共通語である」（『前同文』）とも述べている。さらに漢書に屢々現われる「博弈」について、「博」は囲碁を示すのでなく「賭け事としての『博』の字の用法は、おそらく西晋から東晋にかけての時期（四世紀に始まるか、あるいは時代を遡っても後漢末の三国の動乱期（三世紀）と思われる」（『前同文』）と記している。したがって漢書のなかの遊戯関係に使われた「博」の字は、すべて「六博」を意味すると読みとるべきであると言う。「弈」は宣帝以後の前漢後期になっても、中原の学者層には理解できなかったとしている。博弈を囲碁と関連づけたのは後世の研究者の主張であって、前漢の時代には囲碁とは無関係という。

大澤は囲碁史を研究するに当って、秦漢帝国時代（紀元前二二〇年頃から後漢滅亡の紀元後二二〇年）の後半期に囲碁の基盤が作られたとしている。幾つかの傍証を挙げているが、その一つは漢の武帝の時代に司馬相如により字書が編纂された。その増補改訂版として後に『急就篇』が作られ、このなかの一節に囲碁を示す七文字がある。これが囲碁の基礎であるという。そして後漢末の三国大動乱期に知識人士大夫社会で爆発的に普及発展したと推定している。

この例として後漢初期に光武帝に献呈された桓譚の『新論』を挙げ、囲碁の技法の上下を皇帝の戦略の上下に対比して論じている。つまり洛陽の都に集《つど》う皇帝をはじめ王候貴族や高級官僚などの多くが、いくぶんたりとも囲碁の知識を持っていた。囲碁は洛陽にまで普及していた証拠であるという。

さらに大澤が自説の根拠としたのは、一九九九年に出土した前漢中期とみなされる一七条路の碁盤の断片である。陝西省咸陽市にある景帝の陵墓の望楼跡から発見された。盤は継ぎ合わされたもので、線は手書きなのか幅が一定でなく、陝西省考古学研究所は碁盤の持ち主を「守護人」または「陸園守」として中下層の平民としている。一七条路の盤は現行の一九条路の盤より古い時代のものであることは定説である。

ただ大澤は、紀元前四世紀の思想家孟子の『孟子・巻十一・告子章句上』にある「弈秋は通国の弈を善くする者なり、弈秋をして二人に弈を誨えしめん」について、戦国時代の斉では国中で囲碁を教えたり習ったりするほど弈（囲碁）が盛んであったと解釈している。斉とその隣の魯は現在の山東省と河南省東部や河北省南部を含む地方である。その反面、「その後ほぼ三百年ほどは囲碁の痕跡は殆んどない」（大澤論文・遊・14）として孟子の囲碁論を否定しながら、他の箇所では孟子の時代の囲碁の存在を暗示している。『孟子』の時代の弈について、他の箇所では精微な検証をしているのに、孟子のみ「通説」としているのはやや不可解である。

大澤は囲碁の中国での発生、発展について次のようにまとめている。

第一に、囲碁の起源は明らかでないが、斉魯の国の方言で「弈」という名前で広まった。

第二に、春秋三国時代に弈（囲碁）はこの地方の最も盛んな盤上遊戯の一つにまで発展し、「博弈」という言葉で慣用的に言い表わされ、六博と併称されるまでに発展した。

第三に、秦の戦国統一期には弈は西方に広まり、いわゆる中原の諸方でもおこなわれるようになった。そして秦漢帝国の中央共通語が成立する過程で、弈でなく囲棊（または囲碁）という新しい呼称で知識人士大夫社会に広まった。

大澤の論考は中国の古典を綿密に調べ、従来の日本や中国でなされなかった囲碁史の労作である。

表題に「その一」とあるように「その二」も準備されていたのであろうが、発表に至らない間に病没されたのはまことに残念である。

囲碁に関する論考では他に竹田政敬の「藤原京右京三条三坊東北坪出土の碁石」（遊・10）、宮本佐知子の「最近の出土品より見た遊戯具について㈢大坂城跡から見つかっている碁石と駒石」（遊・4）、増川宏一「正倉院蔵木画紫檀棊局について」（遊・6）、大澤永弘「『完本・本因坊大和全集』による大和伝の修正（上）（下）」（遊・18、19）、中田敬三の「天保年間の『囲碁段付』と『日本国中囲碁初段以上姓名録』」（遊・9）、髙尾善希の「近世囲碁家元本因坊家に関する基礎的諸問題」（遊・25）、権康彦「研究ノート韓国囲碁略史及び韓国囲碁略年表」（遊・8）などがある。

4　雙六

中世で大流行した雙六について新たな視点から検討するきっかけとなったのは、戸田芳実教授の論文「院政期北陸の国司と国衛――医心方裏文書をめぐって」『日本の前近代と北陸社会』であった。表題のように「医心方」の裏文書の調査の際に、国衙《こくが》である国の地方行政組織の役所について大治四年（一一二九）の「某国司庁宣」が越中国司藤原公能の庁宣と判明した。このなかの国司が中央政府に注進すべき雑事として「総計八十九項目に及ぶ国務雑事の条々を書き出して列挙したものである」(「戸田論文」)。このなかに「雙六別当」と「巫女別当」(別当は役所の長官)が並んで記されていた。「雙六の賭博にも国衙が何らかのかたちで関与したらしいと思わせる」(「前同文」)と戸田は慎重に述べている。

この事実から網野善彦氏は越中国の国衙に「雙六別当」があり、中央政府に注進するのであれば、当然中央官庁にも雙六を管轄すべき長官と言える「雙六別当」が設置しているはずと主張した。ただこの別当が何を支配しているのか、大流行している雙六賭博を統制するのかあるいは他に何か管割することがあるのか不分明であった。

「雙六別当」の役割の一つに関連すると思える記録がある。左大臣西園寺公衡《きんひら》の日記『公衡公記』の乾元二年(一三〇三)五月九日の条に昭訓門院の出産の様子が記されている。産室の北方に雙六局を置き、「御験者の道昭僧正が門人の実讃法印を伴って参上し、御物付の役が生衣、重唐衣、赤袴で参上し、博を打つ、弟子の一人が白衣、赤袴で同じ様にこれを具し、替るがわる博を打つ」とある。明らかに雙六を打つと読める記述である。

広義門院の出産時(延慶四年・一三一一・二月二三日)の条にも御験者の実静僧正と実静法印が「御物付の三人も敷かれた円座に着き、その西一間の塗籠戸内に屏風を立て、莚を敷いて博所とし、雙六局を一つ置く」とある。高貴な女性の出産の際に雙六を打つ儀式があり、赤児の運命を占ったのであろう。そうすると雙六別当は賭博取締りでなく――これは警察関係の役人の任務であり――御験者や

中央下部に雙六盤が描かれている。「餓鬼草紙」より

御物付役の人選、雙六盤の収納、保管、点検などを管轄する役目であったのかもしれない。

後深草院が亡くなった時に、「遺品のなかに雙六盤があり、形見として憲基法印が雙六局を賜った」（『前同書』・嘉元二年・一三〇四）とあるが、天皇や上皇御所の備品としての雙六盤も管轄していた可能性もある。

なお、前述の昭訓門院は亀山天皇後宮の藤原瑛子で三宮に準じる女性で、公衡の叔母にあたる。広義門院は公衡の娘寧子であり、後伏見天皇の女御で花園天皇の準母であり、光厳天皇と光明天皇の生母である。公衡と甚だ近い関係にあったので、出産の詳細な記述が可能であったとみてよい。

女性の出産に関して、一二世紀に描かれた絵巻物の「餓鬼草紙」もひじょうに参考になる。奇怪な餓鬼の様子が各場面に描かれているが、そのなかの「伺嬰児餓鬼」は産褥の汚物を狙う餓鬼である。産婦の傍に雙六盤が置かれ、出産を喜ぶ僧と産婦の母と思える女性の半身も描かれている。おそらく僧は出産の際に雙六を打つ所作をおこなったのであろう。本来は出産の際に雙六を打っていたのが、次第に簡略化されて賽を打つようになったとも考えられる。貴族の邸宅で「産養《うぶやしない》」として出産後に賽を打つ慣習があったことは、拙著『さいころ』(ものと人間の文化史)を参照されたい。

以上の記述から中世の雙六のもつ二つの性格が明瞭になった。一つは芸能性であり、他の一つは卜占性または呪術性である。

芸能性が最も明確に記述されているのは一一世紀後半の作とされている『新猿楽記』である。「大《おお》君《きみ》の夫は、高名の博打《ばくち》なり。筒《どう》の父傍《おや》に擢《め》き、賽《さい》の目意に任《まか》せたり」(『日本思想大系8・古代政治社会思想』)と、雙六用語を列挙している。いずれも当時は有利とされた目であろう。「高名の博打」は賭博という芸に秀いでた職人である。雙六は賽の目により瞬時に有効な駒の運用を判断しなければならず、熟練による技か特殊な才能とみなされていた。第一章の中世の項で述べたように、博戯の輩が微罪とされたのも、雙六打ちが芸能視されていた名残りであろう。

「芸能民衆団としての博打」(網野善彦『日本社会の歴史㊥』)によると、博徒自身も周囲からも犯罪視されていない。後白河法皇が撰したとされる当時の流行歌の「今様《いまよう》」を記した『梁塵秘抄』がある。一二世紀後半の二六五首の歌謡集であり、庶民の娯楽であり遊びであった雙六賭博の歌も多い。たと

えば、

博打《ばくち》の好《この》むもの、平骰子かな賽四三さい、それをば誰□《か》うち得たる。文三刑三月〳〵清次とか。
わが子は二十《はたち》に成りぬらん。博打《ばくち》してこそ歩くなれ、国々《くにぐに》の博党《ばくたう》に、さすがに子《こ》なれば憎《にく》かなし、負《まか》いたまふな、王子《わうじ》の住吉西《すみよしにし》の宮《みや》。
嫗《おうな》の子供《こども》の有様《ありさま》は、冠者は博打《ばくち》の打負《うちまけ》や、勝《か》つ世《よ》なし、禅師は夙《まだき》に夜行好《やかうこの》むめり、姫《ひめ》が心のしどけなければ、いとわびし（佐佐木信綱校訂『新訂梁塵秘抄』）。

他にも賭博に関連した歌もあり、雙六らしきものもあるが、悪行としての忌避感・嫌悪感はみられない。これらも芸能と関わりがあるか影響をうけているのであろう。

雙六の芸能視は京都や近畿だけではなかった。筑後国（現福岡県）の瀬高にある鷹尾社で、大宮司の紀氏一族と宮別当の多米一族が争った時に、雙六打ちと非難された多米季永は「博弈（雙六）は芸能の道」（『筑後鷹尾文書』正応三年・一二九〇）と反論している。

このように雙六は芸能視されると同時に出産に関わる卜占や呪術でもあった。網野氏は『職人歌合』で雙六打ちと巫女が対として描かれているのに注目して、共に呪術と関連があると指摘している。中央官庁に「雙六別当」「巫女別当」が置かれていたのなら、天皇制は卜占や呪術に大きく依存していたことになる。中世の公家の日記には屢々「祟《たた》り」「穢《けが》れ」「物忌《ものい》み」「呪詛《じゆそ》」などが記されていて、陰陽師による祈祷によって災いを取り除いている。

陰陽師が大きな役目を担っていることは、中世だけでなく後々まで政策の判断や施策に卜占が大きく影響していたと思える。

雙六の新たな研究は、実技の面からも発見がなされた。雙六およびバクギャモンのインストラクターである草場純氏は、絵巻物から「双六の局面考」（遊・6）を読み解き、バクギャモンの世界チャンピオンになった望月正行氏も協力して雙六の技法を詳述した「『雙六錦嚢抄』に見る盤雙六のルールと戦略」（遊・24）を発表した。

さらに江戸初期の雙六技法書の『雙陸手引抄』をはじめ約二〇点に及ぶ遊戯法解説書を綿密に調べ、多くの局面を比較検討して「『雙陸手引抄』による江戸時代前半の盤双六のルールについて」（遊・30）を発表した。これは江戸初期の雙六は――おそらくそれ以前からも――総ての自分の駒を盤外にまで導く「上り」によって勝ちであったのに、江戸後半期には盤上の自分の陣地である「内陣」に自分の駒が入れば勝ちになるルールになることを立証した労作であった。これにより多くの疑問が解かれ、雙六史の発展に寄与する画期的な発見であった。

しかし、遊戯史学の観点からは、一つの問題が解決したことは新しい問題提起でもあった。なぜこのような技法の変化がおこったのか。江戸期の初期と末期では社会的環境も異なるがそれがどのように影響したのか。遊戯のルール変更には遊び手の意志が大きく働くが、勝負に要する時間的な感覚が変化したのか。負けても再度の挑戦がより速やかにおこないたいという希望の故か、さらに今後の研究に期待したい。

5　将棋

二〇一三年一〇月二五日に奈良県立橿原考古学研究所は、奈良市登大路町の興福寺の子院観禅寺跡の遺構から将棋駒四点が発見されたと発表した。駒は「酔象」「桂馬」「歩兵」と不明の一点である。同じ遺構から承徳二年（一〇九八）と書かれた木簡も出土した。「酔象」という駒が実在したことを示す貴重な発見であった。

一九九三年に興福寺の旧境内跡から将棋駒一五点と将棋駒の習書木簡が一点発掘された。習書木簡には「酔像」という文字が書かれていたので、これも駒の名前かと一時期論議になった。しかし一三世紀の文献『二中歴』の将棋の説明には「酔像」または「酔象」の駒の名前が記されていないこと、一四世紀に考案された中将棋に「酔象」の駒があるが、年代が三世紀も隔たっているので一一世紀の中頃には「酔象」の駒は実在しないと思われ、特別に探索されることはなかった。

今回、「酔象」の駒が発見されたことにより、①一一世紀後半に将棋をより面白く改良するために、付け加えられたのか、あるいは②一時的に採用されたが、結局用いられず、試行錯誤の過程を示しているのであろう、と考えられる。なお、もし将棋が中国から伝えられたのであるならば、厳格な規範

2013年（平成25年）10月25日（金）　14版　社会　28

平安の駒「酔象」

将棋源流最古の出土

興福寺旧境内

奈良市登大路町の興福寺旧境内から、平安時代の将棋の駒「酔象」が見つかった。奈良県立橿原考古学研究所（橿考研）が24日、発表した。一緒に出土した木簡に「承徳二年」（1098年）とあり、1976年に京都市の鳥羽離宮跡（14世紀）から出土した例を約250年さかのぼり、酔象では国内最古となる。橿考研は「将棋の起源や歴史的変遷を考える上で極めて重要な発見」としている。【矢追健介】

「酔象」は現代の本将棋（駒数40枚）にはないが、駒数がもっと多い大将棋や中将棋で用いられた駒。真後ろ以外の7方向に進み、敵陣で成ると王将と同じ動きをする。

発掘現場は奈良県庁東側の観光駐車場で、平安時代から興福寺の子院・観禅院があった。役目を終えた後にごみを埋めたらしい井戸跡（深さ約3・7メートル）から、土器や瓦、木簡とともに将棋の駒4点が見つかった。

「酔象」「桂馬」「歩兵」各1点と不明の駒1点で、「酔象」は現代の将棋の駒に近い五角形だった。木製で一部破損しているが、縦2.5センチ、横1.5センチ、厚さ0.2センチ。裏面に墨の跡はなかった。「桂馬」「歩兵」の裏面には「金」と書かれていた。

1993年に今回の出土地点の西約200メートルの旧境内で、「天喜六年」（1058年）と記された木簡や、「王将」「金将」などの駒15点、「酔像」と墨書きをした木簡が出土。鎌倉時代に出現したとされる酔象が、平安時代にはあった可能性が指摘されていた。

興福寺旧境内で見つかった将棋の駒。表面に「酔象」と書いてある＝奈良県橿原市の県立橿原考古学研究所で24日、矢追健介撮影

伝播もっと早い？

将棋の起源は古代インドのゲーム「チャトランガ」とされる。日本に伝わった時期は6～11世紀と諸説あるが、文献に現れるのは11世紀末ごろ。駒の最古の発見例も11世紀中ごろだ。現在の本将棋は駒数40枚で取った駒を再利用できるが、それ以前はさらに駒の種類が多いなど、多様な将棋があったとされる。

13世紀初めの文献「二中歴」には、本将棋から飛車と角行を除いた「将棋」と、駒数の多い「大将棋」が解説されている。14世紀中ごろから見られ、現在も指される「中将棋」（駒数92枚）には「酔象」がある。

今回の発見について、遊戯史学会の増川宏一会長は「漢字が読める層が限られた時代から新しい駒が考えられるなど、改良が図られたことになる。将棋の伝播や中将棋の発明を、もっと早い時期と考える必要が出てくるかもしれない」と話す。

また、大阪商業大アミューズメント産業研究所の古作登・主任研究員は「仏典に酔象が登場するものがあり、影響を受けた可能性がある。引き分けが多かったと思われる当時の将棋の改良を図るため、新しい駒を導入しようとした走りではないか」と推察する。【最上聡】

『毎日新聞』（2013年10月25日付）

の下に変更は容易でなかったのであろうが、東南アジアからいわゆる「海のシルクロード」によって将棋が伝えられたので、遊び手の意思によって駒の改廃ができるという、かなり融通が許容されたのではなかろうか。

　将棋の歴史にはまだ多くの謎が残されている。俗説があたかも真実のように伝えられている場合もある。遊戯史学会の会員のなかにも将棋の愛好家が多く、将棋史に関わる夫々独自の研究がなされてきた。

　そのなかで注目されるのは佐伯真一教授の「後鳥羽院と将棋――鎌倉初期の駒落ち将棋のことなど」（遊・14）である。「清寂参上以後、付世間出世、有種々事、依難黙止粗注文」という書

状を考察され、この書状は『史徴墨宝』や『列聖全集・六・後撰集』などにも収められている。

書状の内容は、「清寂、即ち出羽前司清房入道は藤原盛憲の男で、後鳥羽院の近臣・藤原長房の養子となり、後鳥羽院に仕え、承久の乱の後に出家した。隠岐を訪れた年次は不明。承久三年（一二二一）の後鳥羽院配流の時に隠岐へ随行した後に一時帰洛し、何年かを経た後に、再び隠岐を訪れた時のことではないかとする」（「佐伯論文」）。後鳥羽院の没年は延応元年（一二三九）なので、それ以前の一二三〇年代かその前半であろう。

書状のなかに将棋に関する記述があり、今小路殿の御所で将棋の愛好グループがあったと述べている。今小路殿とは後鳥羽院の寵妃で順徳天皇の母にあたる女性である。佐伯教授は現代文に訳しているが、括弧によってさらに補うと次のようである。

（清寂は）「私の将棋の腕前は、今小路御所の中では（上位のグループに次ぐ）第二のグループの上位程度ですが、実力以上の好手を次々と指した時は、第一グループの下位ぐらいに相当します」と言う。（清寂は）大変な自讃をして（後鳥羽院の側近の西蓮など）蓮家が相手なら、桂馬など（を落して）でも簡単に勝てますとか「ほんとうは歩兵の駒一枚を得て指しても大丈夫です」などとも言う。

そのようなことを言うので、これは昔に比べてずいぶん上達したのだろうと思ったが、実際には昔と全く変っていなかった。西蓮は将棋の腕前は最も下手な部類だが、その西蓮に比べてさえも（清寂は）格段に劣って見えたことだ。

佐伯教授は、後鳥羽院を慰めるために、清寂がわざと大言壮語をして滑稽に振舞ったのでないかと判断されている。

清寂の話から、今小路殿の館には少なくとも将棋の二つのグループがあったことがわかる。数多く対局を重ねて、強弱が明確になったので上下二つのグループが作られたのだろう。佐伯教授は一つのグループでも最低は四、五人いたであろうから、少なくとも二桁の将棋愛好者がいたと考えられるとしている。

もう一つの重要な事実は、「桂馬」などと清寂が言っているのは「駒落ち」を意味していると推定されることである。もし当時の将棋が『二中歴』にある「将棋」――現行の将棋から飛車と角行を除いた型――であるならば桂馬は最強の駒であろう。それを「落す」ことを説明していると考えられる。第二章で紹介した『実隆公記』の「今度飛車となすべきか」という表現が、飛車落ちを意味するのならば、「桂馬など」も「桂馬落ち」と解釈することが可能であろう。

駒落ちというハンディを付けることによって上位者と下位者が対等に指すことができ、将棋の普及に大きく役立ったのであろう。一三世紀の前半に駒落ちが慣例化していたことは清寂についての書状によって知ることができる。

佐伯教授の「『普通唱導集』の将棋関係記事について――鎌倉後期の『小将基』と『大将基』」（遊・5）は、「小将棋指し」と「大将棋指し」の専業者の存在を示す論文である。中世および近世では音が同じであれば屢々当て字が用いられ、『普通唱導集』も同様であった。ここに記されている大将基は駒の配置からみて『二中歴』に記された大将棋の改良型である。大将棋は最長でも一世紀弱で改良されたが、改良型が一四世紀初から遊ばれていた例はきわめて乏しい。あまりにも駒数および駒の種類が多いために覚えるのが煩雑であったからであろう。

同氏の「鎌倉時代の将棋倒し」（遊・26）は、『太平記』の千早城を囲む足利軍が奇策により「将棋倒し」に崩れるという記述が、「将棋倒し」の最古の例とされてきたが、『平家公達草紙』に寿永二年（一一八三）正月の平時子の拝礼の時に「わらべ二三人『将棋倒しを見る』」とあり、延慶本『平家物語』の延慶二年および三年（一三〇九または一〇）の本奥書には、一の谷の合戦で「将棋倒ヲスル様ニマロビケレバ」とある。『太平記』には千早城のほかにも、「八幡宮炎上事」や「田楽事付長講堂見物事」に将棋倒しの記述がある。「筑紫合戦ノ事」では将棋倒しではないが、長岡六郎が筑後新少弐に飛びかかるのを新少弐が将棋盤を使って刀を受け止めたという描写がある。戦陣に一定の部厚い盤を携えていったという珍しい記述である。

室町時代の『結城戦場物語』（群書類従本）にも「将棋倒し」が記され、幸若舞曲『高館』（岩波新大系『舞の本』）に、弁慶が馳せ出れば「はらりはらりと引き破れば将棋倒しのごとくなり」とある。もう一つの『弁慶物語』（『室町物語集』）にも「将棋倒しをするごとく」という表現がある。

以上将棋倒しの例をいくつか挙げたが、「『平家公達草紙』からは鎌倉時代の京都周辺の貴族層（女性を含む）に将棋が親しまれていたこと、延慶本『平家物語』からは、鎌倉時代の僧侶や武士あるいは中下級貴族などへの将棋の普及を推測することができるだろう」（「佐伯論文・遊・26」）と佐伯教授は結論する。

これとは時代も場所も異なる報告が、布施田哲也の「研究ノート『米国で初披露された将棋』について──一八六〇年六月一五日フィラデルフィア」（遊・23）である。

遣米使節団は万延元年（一八六〇）六月一五日に訪問地のフィラデルフィアのチェス・クラブで、外国人を前に将棋の対局を二番披露した。現地の新聞はジャパニーズ・チェスをなぜか「ショー・ホ・エ」と記している。このように記者には聞こえたのであろう。

実は六月九日にもワシントン滞在中の遣米使節団が宿泊先のウィラード・ホテルの一室で床の上に将棋盤を置き、しゃがんでゲームに興じている絵が現地の「フランク・レスリー絵入り新聞」で報道されていた、と布施田は言う。長い船旅の無聊を慰めるために使節団員の誰かが将棋盤を携えていったと考えられる。六月九日は自分達で楽しみ、公開はしなかった。

チェス・クラブに招かれたのは八名の侍で「挨拶や将棋の駒の説明がとても流暢な英語でなされた」（「布施田論文」）と現地の新聞は述べ、とてもわかりやすかったと報じている。対局したのは加賀藩士の佐野貞輔鼎《かなえ》（当時三〇歳）と土佐藩士山田馬次郎（当時二九歳）であった。日本の将棋対局が海外で初めて公開された珍しい記録である。

再び古代の将棋に戻ると、最も単純な『二中歴』に記された「将棋」は、駒数や駒の種類も少なく、駒は取捨てで再使用できないタイプである。飯田弘之の「将棋の進化論的変遷――平安将棋のコンピューター解析」（遊・11）は、コンピューターによりこれを解析した論考である。最も単純な型から出発して現行に至る進化の最初の入口から始めるという意欲的な試みである。様々なシミュレーションの結果、飯田は、この平安小将棋は「最終的に『王金対王』の終盤戦となる可能性が極めて高い」（「飯田論文」）と結論する。ただし双方に数枚の「歩兵」が残される場合があるという。飯田は「平安将棋のような古い将棋が実際にどのようにプレイされていたか、これまでより深い洞察が得られたと確信する」という。

山川悟の「創作文化としての詰将棋発展史――伊藤宗印の改革と在野棋客の影響を中心に」（遊・28）は、これまでなされなかった詰将棋史を初めて概括した労作である。

最初に江戸時代の将棋家当主による将軍への詰将棋献上（図式献上）について、第一に将棋家継承の際の「技量未熟」として禄高削減を回避する策であったこと。第二に、詰将棋という独自の創作文化を築いたこと。第三に詰将棋が庶民への将棋普及と技能向上の教材になった、と指摘している。詰将棋は和算のような知的パズルとしても親しまれ、算額のように絵馬に描いて寺社に奉納されたこと

詰将棋図

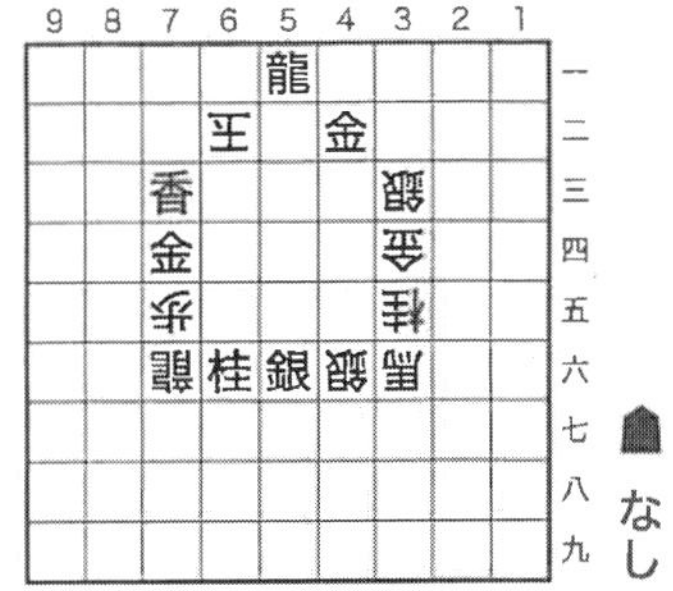

曲詰「将棋駒」詰め上り図
将棋秘曲集 73 番　添田宗太夫作

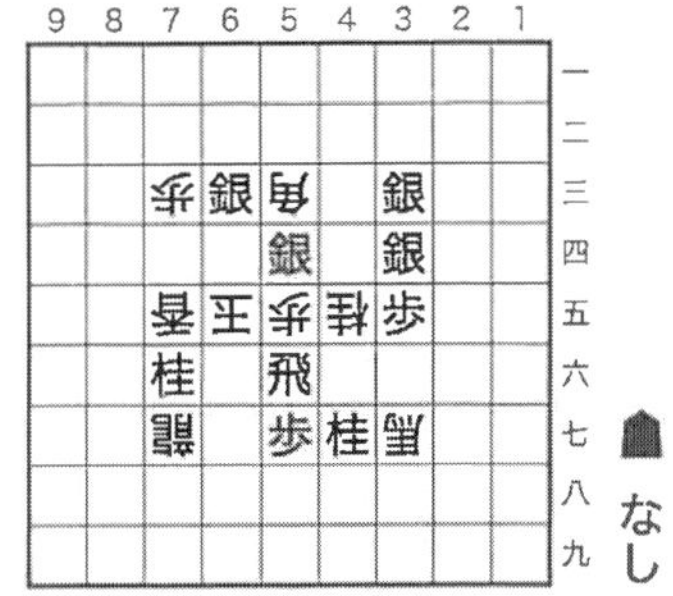

曲詰「卍」詰め上り図
将棋妙案 91 番　久留島喜内作

も挙げている。

初期の詰将棋は実戦の一局面を題材にした作品が多かったが、伊藤宗印の『将棋勇略』以降は詰将棋の配置や手順に遊戯的要素が採り入れられた。宗印から宗看、看壽の時代になると詰将棋の創作は大きく変化したという。山川はこれを次のように要約している。

一、宗印が考案したプロダクション方式による集団創作が継承された。

二、逆算技術の導入と確立が伝えられた。

三、民間棋客の自由なアイデアを採用した。

特にアマチュア棋客は詰将棋に大きく関与し、多数の詰将棋集が出版された。「自由で柔軟な着想によるアマチュア作品が発掘・創作され、出版物として市井に流通していった」（「山川論文」）と、実例を挙げて主張している。伊藤家そのものがプロダクションになり、兄弟、門弟らによるいわば「詰将棋コミュニティ」を形成し運営したので、優れた作品を多数創造できたという。

最後に山川は日本将棋連盟に対して苦言を呈している。現状は「名人や龍王をはじめタイトル戦の争奪のプロ棋士の対局」が中心になっている。いまやお題目となった「伝統文化の向上発展」を真剣に推進するのであれば、詰将棋にも将棋連盟はもっと力を注ぐべきである。伊藤家が民間棋客の発想を採り入れたように「プロとアマの相互作用による文化創造」をよびかけている。

将棋についての論考は以上の他にも幾つもあり、田中規之の「十五世紀の将棋愛好者たち——室町期の四つの日記から」（遊・29）、西條耕一の「日本将棋連盟の歴史と現状」（遊・23）などである。増川宏一の六回にわたる「大橋家文書解説」は従来は全く知られていなかった将棋家の実態を示すものであるが、いずれ機会があれば全文の解説をおこないたい。

6　絵双六

近年、欧米で日本の絵双六が注目され、高く評価されるようになった。その一例は国際的な盤上遊戯の学術誌『ボードゲーム・スタディーズ・二〇〇二年第五号』に載ったスザンネ・フォルマネックとセップ・リンハルトの共著「孝行と忠義の遊び――一九世紀日本の様々な絵双六」である。S・リンハルトは日本文化や日本の遊びに精通していて、日本語で書いた著書『拳の文化史』もある。掲載された絵双六には総て「著者のコレクション」というクレジットが付いている。

内容は、日本の絵双六は一五世紀に始まり、当初は仏教と関わりが深い「浄土双六」であったが、街道を進む「道中双六」や芝居の役者を題材にした「野郎双六」も考案された。その後印刷技術の改良や有名絵師の制作参加により発展し、一九世紀に最盛期を迎えたと冒頭で解説している。初めて日本の双六に接する読者のために、周辺から螺旋状に中心に向かう型と、駒を下段から上段に進めて最上段のまん中が「上り」になる二つの型に大別されると説明する。前者の例として弘化二年（一八四五）の「根津千駄木造りきく独案内《ひとりあんない》、売弘所白山社内佐久留、版元神田□町伊賀屋勘右衛門」を図示している。後者の例として天保八年（一八三七）の「孝不孝振分双六」を掲載している。この双六は孝への道は熱心に働き、家を富ませ親に孝行する右半分と賭博や遊蕩、浪費などの枡目で左半分は不孝の

「一家の孝女」の一場面

道と分れている。しかし特定の枡目に来て特定のさいころの目が出ると、「飛び廻り」として近道を進んだり転落して別の枡目に「飛ぶ」ルールである。

一陽斎豊国画の弘化元年（一八四四）に作られた「本朝二十四孝双六」では、全体の枡目を英文で記して駒の進む順序を示している。枡目は「楠木正行」「小松重盛」「養老孝子」「曽我兄弟」などであるが、日本では容易に孝子や忠臣が理解できても、欧米の人達には詳しい説明が必要であろう。リンハルト氏が強調しているのは「一家《ひとつや》の孝女」という枡目で、浮世絵師豊国の絵は包丁を振り上げて自害しようとする老婆を必死になって止めている孝女の姿を描いているが、同じ双六でイチヨーサイ・クニヨシの描いた嘉永五年（一八五二）版は、井戸に飛び込もうとする老婆を止めている孝女の絵である。

木版で特定の箇所を変えることができるという説明である。

また「川柳風狂句入孝不孝振分双六」（緑亭川柳撰）は、各枡目に狂歌が記され巧みな人物描写で、いかにも日本風の絵双六と述べている。

同書に掲載された双六は夥しいコレクションのほんの一部ではあるが、欧米の絵双六——近世初頭に出現した時以来「鵞鳥のゲーム」と呼ばれている——では旅行を主題としたものが主流なのに比べて、日本の絵双六は道徳や信念から日常生活などを主題にしていて大きな隔たりがあると論じている。そして「忠義や孝行は一九世紀の日本では社会的要請であり道徳の基準であった。絵双六による人生の浮き沈みを通じて教訓を与え、絵双六は教育の教材でもあった」というのがリンハルト氏の結語である。

このように注目された結果、ニューヨークと他の二都市で開催された「アジアのゲーム展」では山本正勝氏のコレクションの複数の絵双六が展示され、その華麗さに多数の参観者が感嘆した。

『遊戯史研究』には絵双六について次のような発表がなされている。

増川宏一「『證果増進之図』論——初期絵双六に関する一考察」（遊・3）

桝田静代「絵双六考（一）『新版女庭訓振分雙六』——幕末期の女性、その多様な生き方」（遊・21）

桝田静代「絵双六考（二）その表現と構造を曼荼羅的世界に見る——浄土双六から一般的な絵双六まで」（遊・22）

吉川肇子「すごろくによる人生表現の可能性」（遊・24）

なお桝田静代は少部数の自費出版『絵双六――その起源と庶民文化』（二〇一四）を発行し、この年の自費出版最優秀賞を受賞したことも付記しておく。

7　連珠およびその他の盤上遊戯

年輩の人々の多くは子供の頃に「五目並べ」をした経験があり、大人になってからは興じることもなく、子供の遊びと思い込んでいるのが通常であろう。しかし社団法人日本連珠社副理事長で連珠八段の坂田吾朗氏は「五目並べ」から「聯珠」を経て「連珠」までの変遷は、児童の遊びから奥深い競技へ移行する歴史だと強調している。氏の「連珠史概論（1）――現行ルールの確定まで上・下」（遊・10、遊・11）によると、連珠史の重要な部分は「黒と白の争い（先手と後手と）の結果をどのようにして偏ることのない仕組みにするか」が大半を占めるという。

連珠の実戦からルールについて最初に検証したのは桑名屋武右衛門（通称松柳舎、号松鳳）の著した『五石定蹟集《いつつのいしじょうせきしゅう》』の「乾の巻」と「坤の巻」である。内容はきわめて高度であると坂田は述べている。また安政五年（一八五八）に土井贅牙《ごうが》の『格五新譜首巻』には対局の礼儀作法が記されている。この二書の研究譜や対局譜からは「三々で勝っては肩身が狭い」「三々は汚い勝ち方である」とされているように、古くから「三々」が問題視されてきた。

その後、暫らくの間は連珠に関する著書が現われなかったが、明治二四年（一八九一）に室直三郎が『五目竝《ごもくならべ》指南《しなん》』を著した。五目並べは封建時代の遊びとして排斥されず、成人男子の一定数の愛好者があったからか明治になっても遊び継がれていた。この書は連珠の打ち手の変化を詳細に記し、四三で勝つまでの過程を示していた。「三々」については先手後手のどちらであっても「皆、勝負トスルニ足ラズ」を無勝負にした。

明治二五年（一八九二）に出版された辻井栄次郎の『格五定石集』は、「江戸の万延、文久の頃より先手が必勝とされてきたが、一手の勝負を禁じると後手でも勝になり互角の勝負ができる」（「坂田論文」遊・10）と主張した。具体的に図示して次に四三になる黒の手を白の「防ぎ手」で逆転できるとした。

連珠第一世名人を名乗った高山互楽（黒岩涙香）は、『聯珠真理』（明治三四年・一九〇一）でルールを定めたと発表した。

一、先手の黒は必らず第一手を碁盤の中心の星の個所に置く。
二、後手の白の第一手は黒に隣接する目に打つ。
三、「三々」は厳禁。ただし相手の四連を止める場合は可。

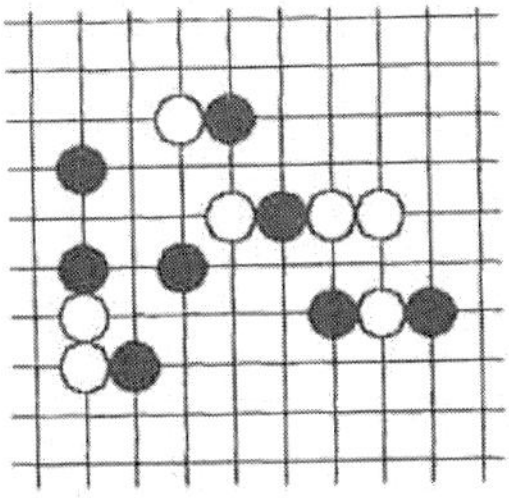

連珠　三々禁半例

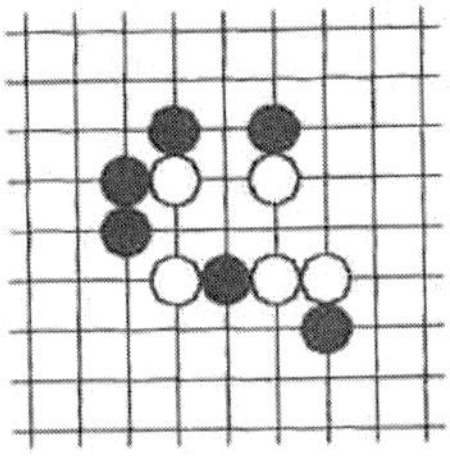

という内容であった。

　これを受けて三々についてたんに厳禁とするのではなく、検討した結果翌年に朝報社遊戯部、東京聯珠社、聯珠新報社の三社連名で「先手の三々は負け、後手は従来の通り三々にしてよく、三々で勝にする」という広告を出した。朝報社は「萬朝報」の発行元で社長が黒岩涙香である。東京聯珠社は当時の全国最大の連珠組織、聯珠新報社は唯一の連珠月刊誌を発行していた。したがって三社連名の広告は連珠愛好者に大きな影響を与えた。高山もこれを承認して『聯珠真理』第五版（大正七年・一九一八）で連珠の新規則を追加して「先手（黒）の三々は負け、白の三々は自由」とした。

　ルールが定まり一応安定したかにみえた連珠界であったが、昭和六年（一九三一）

に三世名人を名乗った高木楽山は、先手後手の勝率のバランスをとるため「先手の黒の四々も禁止する」と主張して、大正年間末期から新聞やラジオで黒の四々の禁止と共に碁盤でなく連珠の専用盤を用いると宣伝した。

ところが高木が所属する聯珠社の理事会が、この提案を否定した。ルールについての意見の違いから聯珠社は分裂し、聯珠社、聯珠本社、聯珠同盟社、中央連珠社、東海聯珠社に分かれ、高木も聯珠社を脱退して日本連珠協会を設立した。その後も聯珠団体は分裂と合同を繰り返した。

連珠界が統一した団体である日本連珠社になったのは第二次大戦後であった。ルールも確定した。現在の社団法人日本連珠社のルールは、①盤は一五条路の盤を用い、石は黒と白にする。②黒を先手として盤の中央より交互に打つ。先に五連とした方を勝ちにする。③黒は五連まで三々、四々、長連となる箇所に打つことを禁じ、違反した場合は負けとする。④白は禁手はなく長連も勝ちにする。⑤盤一杯打っても勝負がつかない場合は引分けとする、である。

ルールについて長期にわたる研究の結果、先手の黒が必勝でなく、白は互角の勝負をするように定められた。長連とは六連以上で、総て五連と同等の効力があるとされた。

坂田は、「単に五連を早く作る、作らせないというだけの戦いでは簡単すぎて面白くない。そこで四三にしても勝てない、否、四三にしたために負けることがあるような〝ノリ手〟という妙味が現出、そして更に禁手を巡る攻防の〝陥入《（ママ）》れる手〟という作戦が連珠技の面白さ、奥深さを引き出した」（「坂田論文」・遊・11）という。ルールをめぐる長い論争は無駄ではなく、禁手の考案は連珠の魅力を飛躍的に高めたという見解である。
坂田は連珠史をまとめて次のように総括している。

一、江戸時代の中期より、京都を発祥の地として連珠が市井に広まる。
二、安政三年に松柳舎（桑名屋武右衛門）が連珠手解きの書の第一号を出版。現存する最古の連珠書。
三、明治三二年（一八九九）三月六日、高山互楽がこの盤上遊戯を「連珠」と命名、「萬朝報」紙その他に発表。
四、明治四三年（一九一〇）より連珠に「基本珠型」という構想が導入される。
五、黒（先手の三々と六目以上の長連を禁手）とし、打っても打たされても禁手負けと決定。
六、昭和一一年、高木楽山が「日本連珠協会」を結成し、十五道路の連珠専用盤を使用し、黒の四々も禁手とする新ルールを発表。
七、昭和四一年（一九六六）九月、日本連珠連盟、新日本連珠社、日本聯珠協会などが合併してルールを統一。社団法人日本連珠社として文部省から設立許可を得る。
八、昭和六三年（一九八八）八月、連珠国際連盟が誕生。本部はスウェーデンのストックホルム（会長はトミー・マルテル）。
九、平成二年（一九九〇）四月、珠型交替五珠二ヶ所指定打ちを正式対局規定として決定。現在に至る（日本連珠社の理事長は早川嘉美）。

坂田は、将来の対局規定や研究成果はコンピューターの導入により変更されるかもしれないとの懸念も付記している。

坂田論文を熟読し補足や平易な解説を加えたのが、公益社団法人日本連珠社の広報委員長を務める小林高一である。小林は「連珠　ルールの変遷史――先手必勝への挑戦」（遊・27）で、先手の黒をどれだけ制約したかを詳述した。

連珠は古くは格五、五丁、五目、五並べなどと呼ばれていて明治三二年（一八九九）に聯珠とされ、後に連珠になった。日本が発祥の地であるが、中国は中華思想のゆえか中国起源説を主張している。しかし中国も松柳舎の記述を最古と認めている。五つの石を互いに妨害しあいながら並べる遊びは世界中にあって、中国は五子棋、韓国はゴモク、英語圏はファイブ・イン・ア・ロウ、スウェーデンはルファチャック、ロシアはグラスノーチェと呼ぶ。夫々の起源についての研究は未だなされていないが、前述の連珠国際連盟が結成された事情も理解できる。

小林は、連珠は明治以降に発展したので資料はほぼ完全に知ることができ、先手の黒の有利をどれほど抑制するかの対局方法やルールの変化が連珠史の根幹をなす、という坂田の見解に全面的に賛成している。全日本連珠名人戦で昭和四八年（一九七三）まで採用されたルールは、交互に先手で打つ二局打ちが基本であった。三段（三級）差の場合は下位者が一局は先手、他の二局は黒石白石が交替する全部で三局。四段（四級）差は下位者が二局とも先手とするハンディであった。

国際ルールは日本の提案したルールが採用され、可能なかぎり平等な規定で先手後手の有利の差はない。しかし世界には「対局規定で満足しない研究・実践家」（「小林論文」）がいるので、小林は将来は対局規定などが変更されるかもしれないと案じている。


連珠の他にも『遊戯史研究』誌には盤上遊戯の研究発表がなされている。

酒井知幸の「研究ノート・回り将棋について」（遊・2）、西山克の「『参詣曼荼羅研究』序章のためのスケッチ(1)」（遊・5）がある。絵双六の起源の一つとして参詣曼荼羅が考えられ、参拝の作法や順序が絵双六の「上り」に達する道程と酷似していることを述べたものである。増川宏一の「報告1、ゲームの探訪――中国領シルクロードを中心に」（遊・5）は、中国の盤上遊戯「方《ファン》」を初めて紹介したものである。なお増川は『ボードゲーム・スタディーズ』誌でも「方」について報告し、国際的にも初めて欧米に知らせた。岡野伸の「緬甸将棋（シットゥイン）の文献と現状」（遊・11）や清水康二、宮原晋一の「資料紹介　龍門石窟に刻まれた遊戯盤」（遊・12）などがある。

第四章

他の遊戯の新知見

1　樗蒲

本章では競技が遊戯盤によって限定されないテーブル・ゲームについて考察する。

五世紀頃に中国で成立したとされる戒律をまとめた『梵網経』の「第三十三輕戒は持戒者が楽しんではならない遊戯として、樗蒲《ちょぼ》・囲碁《いご》・波羅塞戯《はらそくぎ》・弾碁《だんぎ》・六博《りくはく》・拍毬《はくきゅう》・擲跡《てきせき》・投壺《とうこ》・八道という九種類を挙げている」（内藤栄「概説　正倉院宝物の成立――聖武天皇の宝物・薬物の献納と戒律」『第七一回「正倉院展」図録』）。最初に挙げられている樗蒲は日本でも遊ばれていたのだろうか。

醍醐天皇の皇女勤子内親王の命により源順《みなもとのしたごう》が撰した『倭名類聚鈔』（承平年間・九三一～八）は、準官撰といえる漢和辞典である。広範な事物・地名を取りあげ説明を加えているので最初の百科事典とも言われている。この「雑芸類第四十四」に「樗蒲一名九采内典言樗蒲和名加利宇知」とあり、「雑芸具第四十五」に「樗蒲采陸詞云梟音軒加利梟子樗蒲采名也」とある。中国では樗蒲はさいころのことで、一〇世紀前半の日本でも遊ばれていたことは確実である。

八世紀頃の歌を集めた『万葉集』のなかに「折木四」「切木四」とあり、「カリ」と読ませている。樗蒲は四本の木片から成るものと考えられてきた。さらに『万葉集』の巻第十春雑歌のなかに「三伏一向」という表現があり、これは「ツク」と訓じている。巻第十二古今相聞往来歌には「一伏三起」

とあり、「コロ」と読ませる。巻第十三雑歌にも「一伏三向」とあるが「三向」と「三起」は同じであろう。これらは四個の木片のうち三個が裏向き（または下向き）で一個が表向き（または上向き）を示していたり、三個が上向きで一個が下向きであることを表していると考えられる。

大江匡房の談話集である『江談抄』でも嵯峨天皇（在位八〇九～二三）時代の落書に「一伏三仰」とあったと伝えているので、八世紀から九世紀前半に四個の木片が一組の樗蒲で遊んでいたとみてよい。さらに本書第三章の椢戯の項でユンノリと共に樗蒲とみなされる木片が出土したと述べたように、物証も具体的に示されるようになった。なお付け加えるならば、小田裕樹氏は盤上遊戯のユンノリを「かりうち」としているが、樗蒲《かりうち》は盤上遊戯でなくさいころ遊戯と思える。

『倭名類聚鈔』が漢語の和訳集であることから樗蒲は日本独自の考案でなく、中国から伝えられたと考えられてきた。しかし劉卿美の「ユンノリ起源説にみる韓国のナショナリズム」（遊・13）は、中国の宋時代に成立した『太平御覧』のなかに「造樗蒲、樗蒲五木也」とあり、『唐国史補』に「其骰五枚分けて上黒となし、下は白となす。黒は二つを刻みて犢と為し、白は二つを刻みて雉となす」とあることから、中国では樗蒲は五本の木のさいころであって、一方の面を黒にもう一方の面を白にわけ、黒二つには、「犢《こうし》」、白二つは「雉《きじ》」の字を刻んだとしている。

劉卿美は「ユンノリのさいころについて」（遊・17）で、朝鮮においても長期にわたって樗蒲は中国から伝えられたという見解が根強く、近年までそのように信じられてきたと述べている。葛城末治も「椢戯より観たる上代の日朝関係」『文教の朝鮮』第四一号（一九二九）で、中国の五本の樗蒲が

설날에는 여러 가지 재미있는 놀이를 합니다.
윷놀이에 필요한 것을 알아봅시다.
모
개
걸
윷
도

ユツ，ユンノリなど

朝鮮に伝わって四本の樗蒲になり、それから日本に伝わったと述べている。

　しかし日本で四本一組の樗蒲が九世紀の後半以後も長く遊び継がれたという記録は見当らない。おそらく日本では古代から中世にかけて盛んに遊ばれた雙六の補助具として、立方体六面のさいころが用いられ、その影響で四本一組の樗蒲ではなく、立方体のさいころが多用されたからであろう。雙六のさいころをふる時にごまかしを防止するための筒の雙六筒は、聖武天皇（在位七二四～四九）の愛用と伝えられるものが正倉院に所蔵されている。

　四本一組の樗蒲が現在まで長く親しまれているのは朝鮮である。樗蒲は柶戯や擲柶とも呼ばれ、劉卿美によれば柶はさいころ（ユッ）を示し、長短二種類があるという。盤上遊戯のユンノリに用いるかまぼこ型の木片か表裏の印をつけた四本が、古代から現在まで遊び継がれたので、四本一組のユッ（さいころ）も伝えられたと述べている。

さいころとして四本をふって表三、裏一の場合はト（豚）といい一点。表二、裏二はケ（犬）で二点。表一、裏三はコル（羊）で三点。表ゼロ裏四はユッ（牛）で四点。表四、裏ゼロはモ（馬）で五点である。さいころの目にはいずれも日常生活で身近な動物の名前が付いている。点数はむろんユンノリ盤の枡目に駒を進める数でもある。

樗蒲はさいころであるために、目の出方によって占いにも用いられた。一八世紀の朝鮮では、ユッ（柶）を三回ふってその目によって吉凶を占っていた。卦は全部で六四通りであり、もちろんそれ以前よりおこなわれていたとみなされている。二〇世紀に日本の朝鮮総督府が調査した朝鮮の郷土娯楽にも「柶占」が報告されていて、「新年に際し、自家又は親類の家に集り、相互に年運の吉凶を占う風俗」があるとしている。方法として柶を三度投げて卦を立て、占書に合わせて各自の吉凶を占うとしている。一八世紀の記述と方法は同じなので、長期にわたって同じ形式が続けられてきたことを証明している。

劉氏は二〇〇一年に韓国・朝鮮系の中国人が多く居住する中国の延吉市を訪れた際に、住民が一センチ強の長さの豆の一面にナイフで刻み目をつけて目印にしたのを四個つくり、さいころのようにふって遊んでいたのを目撃している。豆のさいころ（日本にない豆）は古くから遊ばれていて、占いにも用いられているという。北京大学で出版された『中国朝鮮民族文化史大系』（二〇〇〇）の『民族史』には、豆はタンコンと言い、豆を削って作った「タンコン豆のユッ（さいころ）」を縮めて「コ

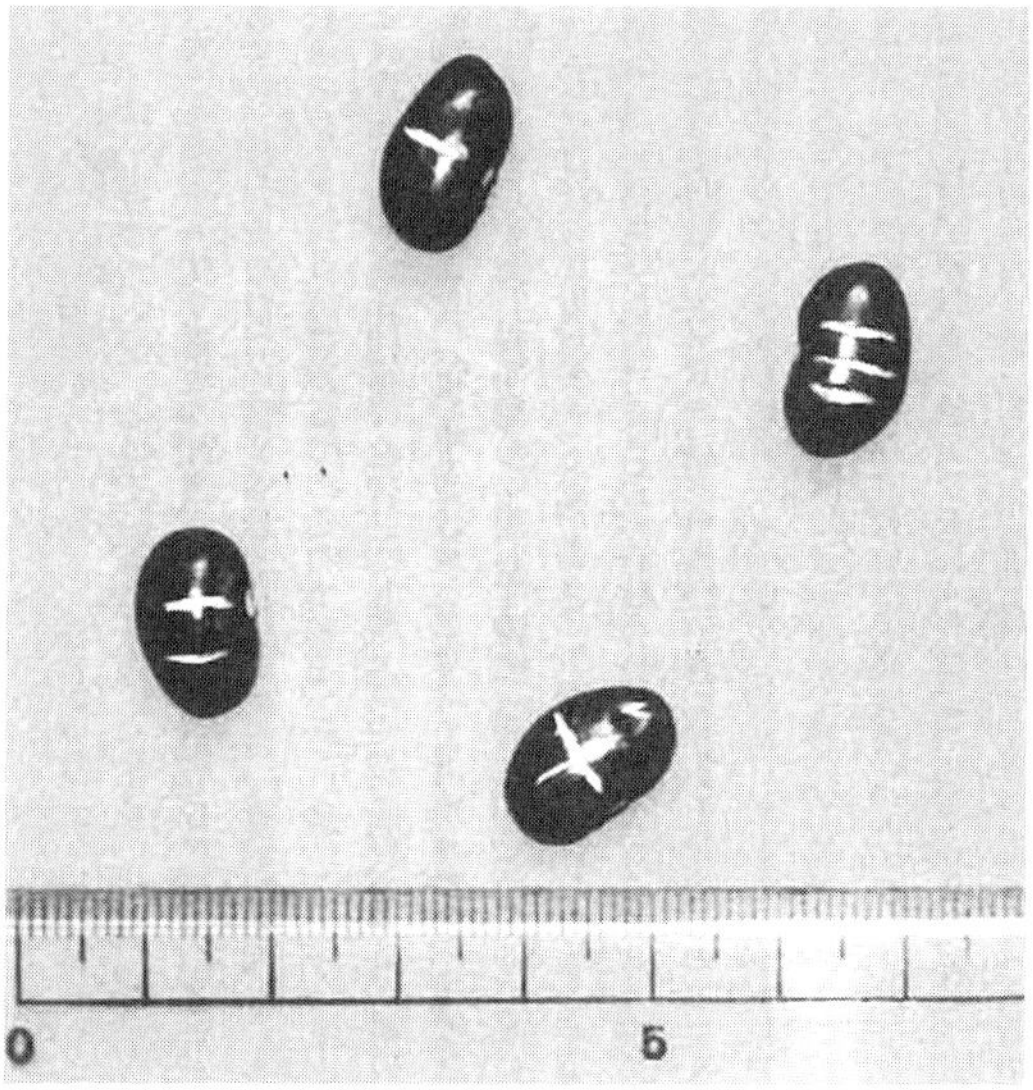

ユツ
劉卿美氏調査

ンユツ」と総称されているという記述がある。以前から遊ぶ習慣が伝えられ、遼寧省では落花生がユツとして用いられているとしている。

一九二〇年に朝鮮総督府が各道の知事を通じて初等学校に調査させた記録によると、柶占が特によくおこなわれている地域は朝鮮の北東部、京城を含む中央部、南東部の一部であったという。たとえば表三、裏一の「ト」が続けて三回出た場合は「乾」という卦で「児が慈母を見る」ことを表す。「ト」が二回と表二、裏二の「ケ」が出た場合は「履」で「鼠が倉の中に入る」すなわち「貯えていた穀物を鼠に喰い荒されるので用心せよ」という卦である。

「ト」が二回出て表一、裏三の「コル」が出た場合は「同人」といい「昏た夜に燭を得る」で、「ト」が二回出て表四、裏ゼロの「モ」が出た時は「牙妄」で「蒼蠅が春に遇う」という

北朝鮮の教科書

意味である。ただ劉氏はこれらの占いが現在もおこなわれているかは不明という。なぜならば朝鮮総督府は朝鮮古来の暦を廃止し、日本と同じ暦を使用することを強要したので、朝鮮暦による新年の行事も総て禁止したからである。そのため伝統的な遊戯のユンノリもユッの遊びも柶占も廃止された。隠れて占いや遊びをしても密告されるか露顕すると反日行為として処罰されるので、多くの慣習は姿を消した。

一九四五年八月に朝鮮は解放されたが、日本の植民地政策により朝鮮固有の娯楽や遊びは歪められたままであったと劉氏は述べている、さらに朝鮮戦争によって伝統的行事を催すことも困難になり、急激な人口移動も伝統遊戯に大きな否定的影響を与えたという。政治的な変動もあり、解放から四〇年を経た一九八五年に韓国政府は旧正月を「民俗の日」と定めた。日本支配時代に禁止されていた伝統行事も復活した。一九八五年三月五日付の「韓国日報」紙は、「民俗の日」が定められたことによりユンノリは大きなブームになったと報じた。特に下町や高齢者の多い地域は盛んで、自然発生的に若者にも民族の遊戯をもっと広めたいという気運が高まった。

このような世論を考慮したのか、一九八七年に改訂された韓国の初等学校の教科書には、朝鮮の伝統的な民族遊戯としてユンノリとユッが掲載された。ユッには前述のように長さ一五センチから二〇センチの木製の長い「チャンチャクユッ」と、短い「パムユッ」の二種類があるが、政府主導の教科書には長いチャンチャクユッが記載され、あたかも正式なユッのように記された。

劉氏が入手した一九九四年に平壌で印刷された朝鮮民主主義人民共和国の小学校教科書にも、「楽しい民族遊び」としてユンノリやユッが載っている。ユッは長いチャンチャクユッと短いパムユッと豆のコンユッが紹介されている。現在の北朝鮮ではどのユッも共存していて、ユッに関しては北朝鮮のほうが韓国よりもよく遊ばれている。

2　馬吊

中国の明時代（一三六八〜一六四四）の末期の一七世紀に考案されたカードゲームを馬吊（マーチャ

オまたはマーディアオ）と言い、馬弔と表記される場合もある。

竹崎栄里の「研究ノート　明末清初の馬掉牌について」（遊・12）は現物は残っていないとしているが、故宮博物館にあるという説や、馬掉脚という馬吊より古い型の版木の一部が麻雀博物館に保存されていたという報告（江橋崇「麻雀博物館至宝の版木」『麻雀博物館会報』二〇〇七夏期一八号）もある。竹崎は先達の研究者大谷通順《みちより》の業績にならい、馬弔を馬掉牌と表現している。

馬掉脚（マーチャオチャオ）は「古くは馬掉脚といったが明時代に脚（チャオ）を角（チャオ）とも訛った」（浅見了『麻雀概史』（遊・8）と馬吊のより古い型とする研究者もいるが、大谷は著書『麻雀の誕生』（二〇一六）のなかで馬掉脚と馬吊は構成が同じであるとして、総て馬吊に統一している。竹崎は「明末における文人と馬掉牌」（遊・13）で文献資料として、潘之恒（一六二二没・年令不詳）の『葉子譜』が中国のカードゲームを幾つかを挙げているので、そのうちの一つが馬掉牌につらなると推定している。

馬掉牌の札は強弱順に記すと四種類の門（紋標・スーツ）があり、「十字門」は「万万貫・千万貫・百万貫」と九〇万貫から二〇万貫までの一一種類が各一枚、「万字門」は九万貫から一万貫までの九種類が各一枚で、この二門には『水滸伝』の登場人物が描かれている。「索子門」は九索子から一索子まで九種で、紐で連ねた穴明き銭が描かれている。「文銭門」は空没文、半文銭に続いて九文銭から一文銭までの一一種類で、穴明き銭が描かれている。

このように四門四〇種類の四〇枚のカードであるが、各門の数は同じではなく、文銭門では「強弱

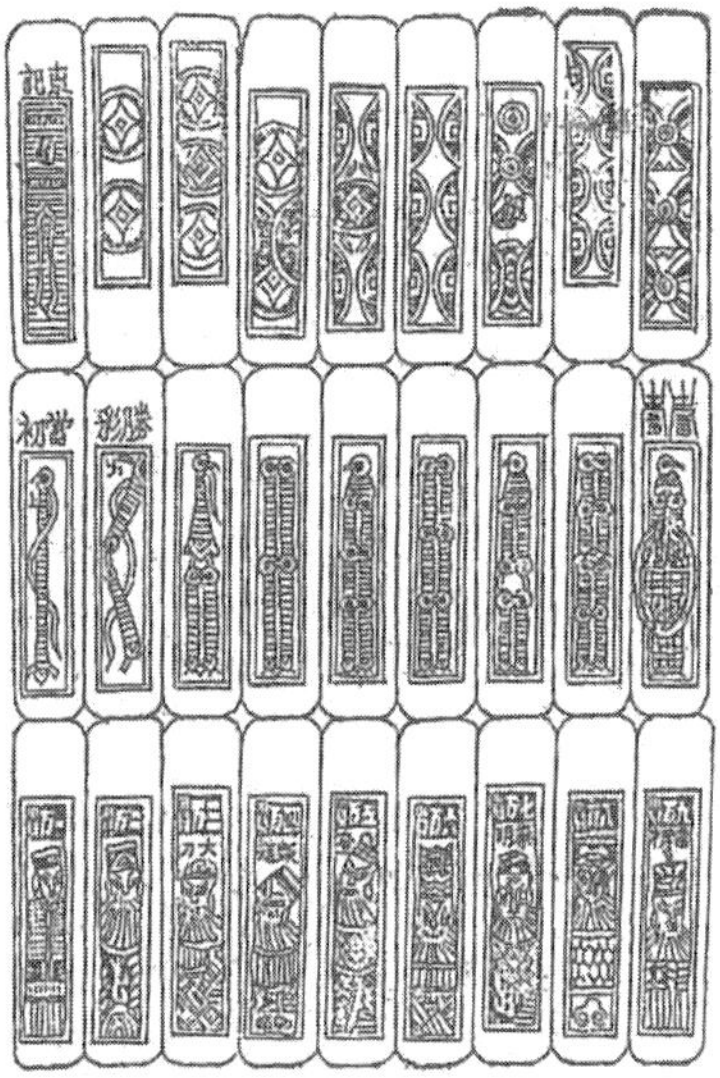

蔡豊明『遊戯史』の馬吊

の順序が、数値の大小とは逆になる」（大谷通順『麻雀の誕生』）という奇妙なものである。十字門では「最弱のカードの数値が『二十一』からスタートし、『百』のカードまで十づつ増加するが、『百』以降は『千』、『万』と十倍ずつになっていく、ふしぎな体系である」（『前同書』）。

馬掉牌の遊び方について『清稗類鈔・馬吊』の項には「馬吊は明の天啓年門に「ゲームの方法として『四人に八枚ずつ配り、残り八枚をめくり札とする、大をもって小を撃つ』とあります」（浅見了「麻雀概史」（遊・8）とあるように、中央に伏せて重ねた八枚を順次に取って手札とし、一枚を捨てるルールであろう。「大をもって小を撃つ」とは、前述の「数が大きな札ほど弱い」ことを指すのかもしれない。

明末には馬掉牌の指南書が幾つも現われ、潘之恒が師事した正世貞（一五二九〜九三）は馬掉牌の創始者と伝えられる。もう一人師事した汪道昆（一五二五〜九三）も文人であり、戯曲作家の馮夢龍（一五七四〜一六四六）も馬掉牌に熱中した一人で『馬吊脚例』を著している。

馬掉牌の遊戯法は数種類あり、札の強弱または組合せの役によって勝負したが、文人士大夫が愛好したのは酒宴の席で酒牌または酒令という負けると罰杯を飲まされる遊び方であった。そのため妓楼でも馬掉牌は盛んになり、宴の相手をする妓女も馬掉牌に精通したという。

竹崎は清代になると馬掉牌は一門を除いて三門三〇枚を一組とするカードゲームが考案されたとしている。別の研究者は乾隆四八年（一七八三）に金学詩の『牧猪閑話』の賭博に関するエッセーのなかのカードゲームや、乾隆五八年（一七九三）の李斗の『揚州画舫録』のなかで遊覧船の船上で遊ばれていたカードゲームが三〇枚一組でないかと推定している。因みに金も李も長江下流の江南の生まれで、麻雀の起源の地と言い伝えられる地方の出身である。

馬掉牌または馬吊は麻雀の祖型のカードゲームとされているが三〇枚一組で碰和《センフー》と呼ぶ場合もあり、一般に紙牌または骨牌を指す言葉ともされている。その表現は別として三門は文銭門、索子門、万貫門である。他に老千（千万）、白花（枝花）、紅花のカードがあったという。さらに乾隆年間の一八世紀には三〇枚の各種一枚を二枚ずつに増やして合計六〇枚一組のカードゲームが考案され、さらにその倍の一二〇枚一組も創られたという。遊戯具は最も遊び勝手のよい枚数に定着するが、この一時期は三〇枚型、六〇枚型、一二〇枚型が共存していたのであろう。

三〇枚型と六〇枚型の遊び方は各自が一定数の札（枚）を持ち、一二〇枚型では各自が二〇枚ずつを持ち、残りは裏返しにして重ねて置く。順々に裏返しのカードを引いて手持ちにし、手持ちのうち不要の一枚を捨てる。他の遊び手の捨てたカードを拾ってもよく、その場合も手持ちのカード一枚を捨てる。

得点は、三枚のカードを一組として、①つなげる。たとえば同じ門のカード一、二、三を一組にする。②合わせる。たとえば数を同じにして一万、一索、九文を一組にする。③揃える。同門（同色）を集める、などであった。これらのルールは馬吊から受け継いだものであろうが、麻雀に酷似していて、やがて麻雀へと発展していくことを予感させる。

門の種類で索子門は馬吊から続いているがこれに注目した大谷通順は、碰和牌で索子の図は鋭角的な節が両端にある棒状の印や左右に突出た二本の線が屢々描かれているのは、馬吊の「銭をさしたものという認識があったことを示す痕跡とみることも可能であろう」（大谷通順『麻雀の誕生』）としている。また一索に描かれている鳥は、様々な鳥が描かれている牌を調べた大谷によると全体が下を向いたか少し傾いた紡錘形で、枝、上げた片足、両翼が加えられているのは「（馬吊の銭を）さして余った紐が飾りになって」（『前同書』）、鳥の目は銅銭の穴、くちばしは余った紐が元来の形でデフォルメされて「鳥」になったと推定している。

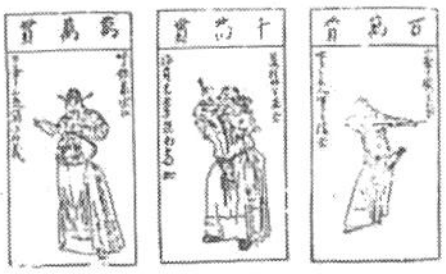

「十萬貫」門：
上段左から「萬萬貫」「千萬貫」「百萬貫」。

下段左から「九十萬貫」～「二十萬貫」。
『葉子譜』では「十字」門となっている。

「萬貫」門：左から「九萬貫」～「一萬貫」。『葉子譜』では「萬字」門となっている。

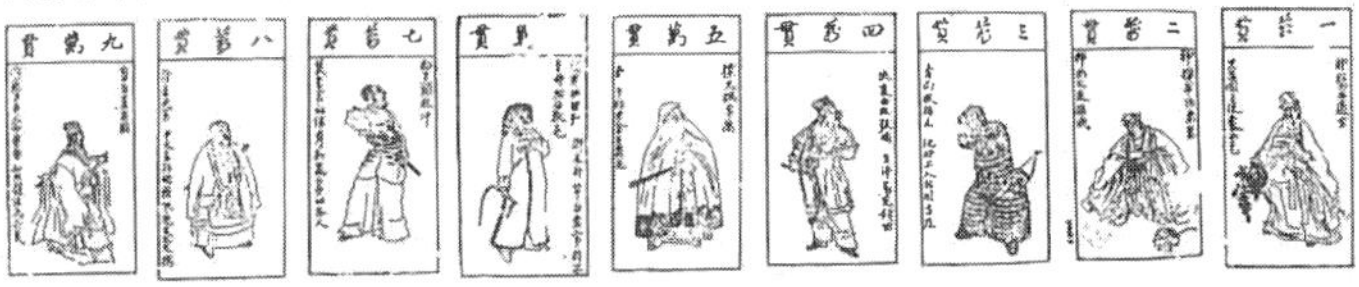

「百子」門：左から「九百子」～「一百子」。『葉子譜』では「索子」門となっている。

「文錢」門：
上段左から「空没文」「半文錢」。

下段左から「一文錢」～「九文錢」。

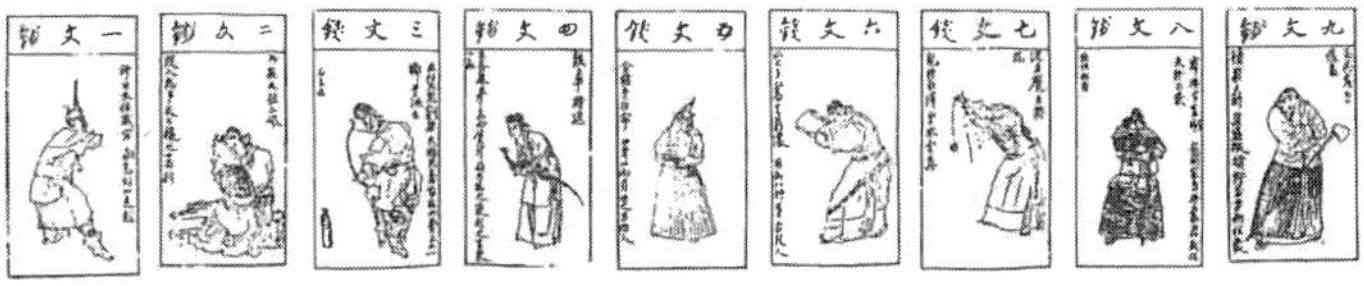

水滸葉子（『陳老蓮木刻画』より）
実寸：約 縦17.6cm×横9.5cm。各門、左から札の強弱順。札の序列は、『葉子譜』「圖象品」の記述に従った。

竹崎論文より

3　麻雀

作家夏目漱石が日本に麻雀を知らせた最初の人であることは殆んど知られていない。

明治四二年（一九〇九）九月に中国東北部と朝鮮を旅行した漱石は、同年一〇月から一二月まで東京朝日新聞に旅行記「満韓ところどころ」を連載した。この中に麻雀の記述があり、「厚みも大きさも将棋《しょうぎ》の飛車角《ひしゃかく》ぐらいに当る札を五六十枚ほど四人で分けて、それをいろいろに並べかえて勝負を決していた」と記している。ただこの遊びの名前を漱石は知らなかった。

同じ年に麻雀牌を中国から持ち帰った最初の人は、漱石の教え子であった。英語教師の名川彦作は赴任先の樺太の中学校で同僚や生徒に麻雀を見せている。しかし遊び方を充分に知らず、北方の一地域にもたらされたのみで、麻雀が広く知られることはなかった。

日本語で麻雀の遊技法が書かれたのは大正六年（一九一七）で、翌年に東京赤坂の洋食屋「梅香亭」の二階で発足した「雀仙会」という麻雀同好会が最初の愛好家のグループとされている。

しかし麻雀が広く知られるようになったのは、関東大震災の翌年の大正一三年（一九二四）に開業したレストラン「カフェ・プランタン」での集りによるところが大きい。麻雀を楽しむために作家の広津和郎、歌舞伎役者の二代目市川猿之助、作家の菊池寛らの有名人が集まり、話題になった。さらに『サンデー毎日』誌や東京朝日新聞などにルールが掲載されると、爆発的な流行が起きた。

麻雀はこれまでのトランプやかるた類のように紙のカードで遊ぶのではなく、立方体の牌で遊ぶのが珍しかった。中国では一七世紀から天九牌など骨牌遊びが盛んで、そのうちの遊びの一つに「サイコロの目のコンビネーションの出来た三十二枚の牌で構成され」（浅見了「麻雀概史（上）」（遊・8）たのがあった。これが明時代末に一〇五枚型に増えて、紙牌と合体して麻雀になった。中国式ドミノはサイコロ二面を合わせて一枚の牌とし、「二十一のパターンをそれぞれ五枚づつの牌にした。合計一〇五枚のセットにした」（大谷通順『麻雀の誕生』）。これが麻雀の母体で紙牌と混然一体となって麻雀になった。数人の研究者はいずれも一〇五枚型の骨牌が麻雀と深い関わりがあるとしている。

麻雀の誕生の時期について「一八五〇年頃、麻雀は現在の浙江省辺り（上海を中心とした附近）で、馬吊《マーチャオ》を中心にした伝統的な紙札ゲームと天九牌を中心とした骨牌ゲームが融合して誕生した」（浅見了「麻雀概史（下）」（遊・11）。それは太平天国の乱（一八五一〜六四）の際に各地から集った兵士が陣中の楽しみとして賭博に興じ、麻雀が考案されたというのが浅見の見解である。集った兵士達は夫々の故郷の賭博を披露しあい、技法を交換しあいながら結果として麻雀に行き着いたという。大谷はこの兵士による考案説には同意せず、麻雀の発生について明言を避け、浙江省寧波の郷紳の陳魚門により麻雀が完成した伝説が有力視されている、と述べるにとどまっている。

麻雀が爆発的に拡まったのは牌形式の遊びだからではなく、これまでにない洗練された遊びだったからである。中国で考案された紙牌と骨牌の興味深い諸点を「融合」しただけあって日本人の好奇心を刺激し、いったん習熟するとその魅力にとりつかれるからである。筒子、索子、万子の三門と花牌などの組合せにより複雑な内容であった。最初に配られた（取り分けた）牌から「上り」への方針を考え、裏返しに積まれた牌を引いてくるという偶然性に依存するが、新しい牌を得ることで最初の方針を変更する場合も生じる。偶然を利用しながら瞬時に判断する知的競技でもあったので、人々を魅了した。

大正一四年（一九二五）に人気作家の久米正雄が『文芸春秋』誌に麻雀について書き、同年七月から菊池寛が「東京朝日新聞」の連載小説でほぼ一ヶ月にわたって麻雀で遊ぶ光景を描写した。遊技法も詳述し、特定の牌が来た時の対処も述べた。新聞の影響力は大きく、これまで麻雀を知らなかった人々も関心をもつようになり、新聞小説のように特に女性の愛好家が激増した。

昭和元年から二年にかけて大阪で麻雀愛好家会が作られ、東京では麻雀競技場や麻雀荘ができて各地に愛好者のグループが誕生した。各家庭でも遊ばれるようになり、標準ルールも出版された。浅見氏によると麻雀荘数は昭和四年（一九二九）に全国で一五二一軒であったが、翌年は一七一二軒と僅か一年で三割近い増加であったという。その後も需要に応じて麻雀荘は増えつづけ、驚異的な早さで都市部を中心に普及していった。昭和七年（一九三二）に日本麻雀連盟が結成されたのは、その象徴である。

しかし、麻雀の繁栄は長く続かなかった。昭和六年（一九三一）から日本軍は中国に武力侵攻し、昭和一二年（一九三七）には中国と全面戦争をはじめた。麻雀は中国起源であったため敵国遊戯、亡国遊戯とされ迫害された。神戸市の統計をみると、戦争によって軍需工業に勤務する労働者が急増し、それに伴って神戸市内の娯楽場・遊戯場も急速に増加した。しかし麻雀荘（または麻雀倶楽部）は抗日の集りとみなされ、官憲の不当な捜査や嫌がらせのために激減した。昭和六年に市内で二四五軒あった麻雀倶楽部は、昭和一一年以後ゼロになった。決して麻雀が面白くなくなったのではない。麻雀より面白い遊びが現われたのでもない。専ら権力による弾圧のためであった。

麻雀が復活したのは第二次大戦後である。平和になって娯楽や遊びに飢えていた人々は、麻雀の復活を求めた。人々は麻雀の魅力を忘れていなかった。かつて中国人居住者の多かった横浜や神戸では、戦災で焼け残ったのか隠されていたのか、麻雀牌が敗戦と共にすぐに現われた。

昭和二〇年（一九四五）秋には、「松浦善三郎という人物が浅草の自宅土間で麻雀倶楽部の開業を計画、吉原近くの象潟警察署に（開業を）申請した」（「浅見論文」遊・11）。敗戦から僅か一ヶ月ほどである。松浦は人々の気持を摑んでいたのであろう。麻雀は再び愛好者を増やし、昭和二二年（一九四七）には日本麻雀連盟も再建された。

「昭和三〇年代になると天野大三による立原麻雀団体『日本牌棋院』が、また昭和四〇年代には村石利夫による日本麻雀連盟（前期の連盟は運営の不備から沈滞したのを再建したのか）が設立され、ここ

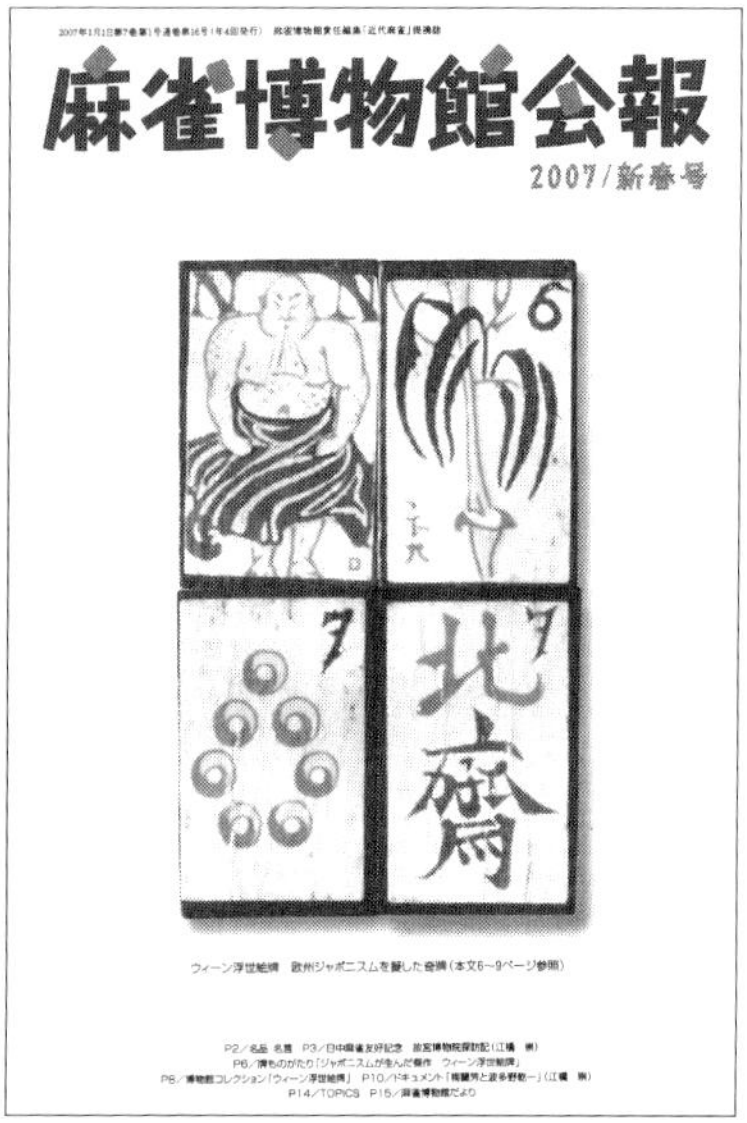

麻雀博物館会報

に第二次麻雀ブームを迎えた」（「前同文」）。岡山に本店を置く山陽銀行は、麻雀を知らない新入行員に特訓をして学ばせた。顧客の接待のため麻雀を覚えさせる必要があったという。企業が麻雀を学ばせた例も少なくなく、入社して初めて麻雀を知ったという現在の高齢者も多い。このような高まりのなかで昭和四〇年代前半にテレビの「イレブンＰＭ」という番組で麻雀コーナーが創られ、昭和四四年（一九六九）に週刊誌で麻雀物語が連載され、映画化された。

釣りやレジャーの雑誌を出版していた竹書房は昭和四七年（一九七二）に月刊誌『近代麻雀』を創刊し、自らも麻雀を愛好していた社長の野口恭一郎は二〇〇〇年に麻雀博物館を千葉県いすみ市に創設した。『近代麻雀』誌で知り合った人脈を生かして、麻雀に詳しい複数の編集者による「麻雀博物館会報」を発行した。この会報は麻雀史をはじめ蒐集した麻雀牌の名品を紹介するなど、麻雀研究に寄与した。麻雀博物館は情報蒐集の拠点になると共に四つの麻雀大会を主催するなど多様な活動をおこなった。

大判の『麻雀の歴史と文化・麻雀博物館図録』（二〇〇五）は皇帝が愛用したとされる麻雀牌などの名品を紹介した。このように麻雀博物館は麻雀文化の発展に貢献したが、競技麻雀に重点をおき、運営面の赤字や野口理事長が亡くなったことにより学芸員の処遇などが一気に混迷し、二〇一二年に閉館を余儀なくされた。何よりも『レジャー白書』にみるように麻雀の衰退期に開館したことに無理があったと考えられる。

4 花札・かるた

かるた史研究家の江橋崇氏は、これまで当然視されてきた百人一首は貝覆いから発展したという説を否定している。これは俗説か根拠のない言い伝えと判断している。

たしかに貝の裏に絵や和歌を書くことは古くからおこなわれていて、『言国卿記』『宣胤卿記』『実隆公記』には、文明一三年（一四八一）から明応八年（一四九九）の間に貝覆いに絵や詩歌を描いた記述が数件みられる。これらは絵で一度に描いたのは最も多くて一五点、詩歌で最も多くて七点である。もし百人一首の上の句と下の句を書き分けたとすると二〇〇個の貝に書かねばならない。そのよ

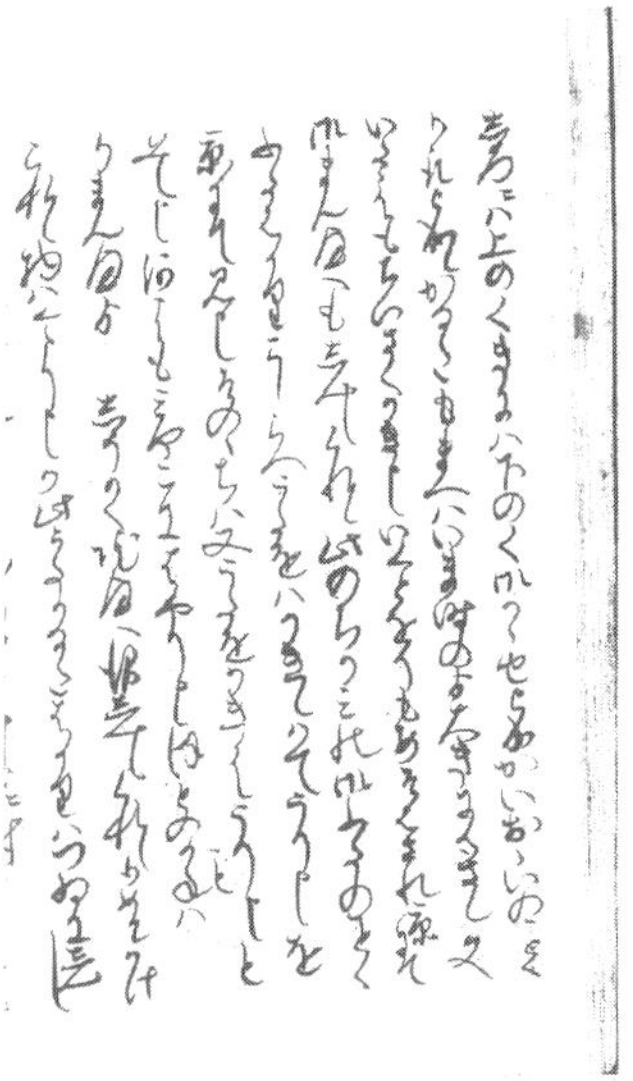

『當家聞書』より
1行目・2行目はこのように書かれている。
「しろ（白）ニハ上のく（句）き（黄）には下のく（句）御か（書）かせ被成（なられ）かいおゝい（貝覆）のごとく（如く）御取被成（なられ）候かるたもまへ（前）ハいま時のより大きに御座候」

うな大量の貝裏に書いたという記録はどこにもない。

能筆家に絵や詩歌を書くように依頼するのは、貝覆いという遊戯具にも最高の品質を求めた表われであろう。もし貝覆いが百人一首の原型でないならば、百人一首はどのような過程を経て誕生したのであろうか。

筆者は最近、偶然に入手した九州大学図書館蔵の『當家聞書』（細川家の支藩である宇土藩に伝わる文書）に、百人一首の原型を示す興味深い記述のあることを知った。

しうかく院という女性が歌を認《したた》めた「古今の札」（古今和歌集の歌を短冊にしたものか）の五文字だけを書いて、貝覆いのように遊ぶのは面白くないので、

大きさも大かたかるたほとにかミの色きとし

ろにあそはされしろには上のくきには下のく御かかせ被成かいおおいのことく御取被成候と工夫した。以前は最初の五文字だけを書いた札で遊んでいたという。貝覆いというので全部の札を裏向きにして置いたところから始めたのであろう。それを紙を厚くしてかるたほどの大きさに造り、紙の色を黄と白にし、白には（歌の）上の句を、黄色には下の句を書かせて貝覆いのようにお取りになられた、という記述である。百人一首は最初から「札」で、遊戯法は貝覆いであった。

この記述についてウェブサイト「日本かるた文化館」の館長江橋崇氏より詳細なプリントアウトが送られてきた。しうかく院様は、碁や将棋を愛好していた細川忠興（長岡忠興）の側室の秀岳院のことで、この聞書の記述は慶長年間末期と推定されるという。かなり以前の「かるたをかたる会」でも『當家聞書』は話題になったこともあり、『中村幸彦著作集』（一九八四）や山口格太郎『古美術・日本のかるた』（同）でも触れている。『當家聞書』には、その後京都で無地の小型厚紙が売られていたという記述がある。しかしこの紙に上の句、下の句を書いてかるたにしたという記述はない。

當家聞書のこの部分の記述は、「『歌合せかるた』の起源に関する衝撃的な新史料の発見」（日本かるた文化館）であったとし、江橋氏は歌かるたの初期の技法が口頭で上の句を読むのでなく貝覆いと同じであったこともきわめて興味深いと述べている。

『花札』（ものと人間の文化史・二〇一四）が刊行されて四年後に、江橋氏は「元禄年間後期の花合せかるたの発見」（遊・30）を発表した。

入手したかるたの収納箱の裏面に「左近将監土佐光成筆　宝永二年正月吉祥日　京都三條西久能姓近縁千代菊君より拝領之品」と墨書があり、上箱の横面に「第十八号　一、色紙　花（以下欠落）土佐光成筆　三百七十枚」と書かれた貼紙がある。絵師土佐光成（一六四七〜一七一〇）は箱書きの宝永二年（一七〇五）には存命で、書いたのは確実である。千代菊君が所蔵していたかるたは元禄年間後半期に作成されたものと推定できる。

公家の三条西家の久能はどのような人物か確定できず、敬称で呼ばれている千代菊君も不明であるが、三条西家より家格が上の公家であることは間違いない。発見時のかるた札は三六三枚なので、七枚はいつの時代かに消失してしまったのだろう。このかるたの紋標は一〇〇種類もあり、基本は花樹、草花であるが、鳥や蝶も描かれている。現在知られている花札とは異なっている。残念なことに遊戯法や「役」は不明であるが、花札は元禄年間に上流階層の遊戯具として生まれたという江橋氏の推定を裏付ける現物として、資料価値は甚だ貴重である。なお、このかるたは昭和八年（一九三三）に画家の福岡玉僊が所有していたことは確認できる。

かるたに関する新しい文献資料は現在でも発見されている。

それについては、「神戸村文書に残る天正かるたの痕跡——賭博と遊戯」というテーマで石橋知之氏が二〇一九年三月一五日に「こうべまちづくり会館」で発表された。摂津国神戸村は現在の神戸市の母体の一つで、現神戸市中央区元町辺にあり海岸沿いの村であった。石高は二〇九石（一八二九）、家数六八五、人数二五四九人（一八五四）で、農業以外に醤油製造、大工職、紙屋、廻船業、日雇人夫などであった。

この文書は、博奕取締りのため大坂町奉行所同心の松浦市太郎が天保一一年（一八四〇）神戸村に出役して村民三名を取調べた記録である。翌年は村民四三名が博奕容疑で取調べを受けたとあるが、天保一二年（一八四二）から天保一四年（一八四三）までのいわゆる「天保の改革」期にあたる。提示された資料の一部分を現代文に直して示すと次の通りである。

神戸村具屋作五郎女房

しほ

一、私を御召捕りのうえ、かるた札を取扱っていたことで御糺しされたのは恐れ入り奉ります。私共は小船を持っておりますので、船子の者が昨年五月に浜先でかるた一組を拾いました。持帰りましたが追々御吟味も厳重になりますので、右かるたは海へ投げ捨てました。何卒御憐愍を以て御赦免下さるよう御願い申し上げます。御聞き届けいただければ有難く存じます。

正月二十七日

右しほ

右の通り相違ございません

右　村頭　百姓　宇左衛門

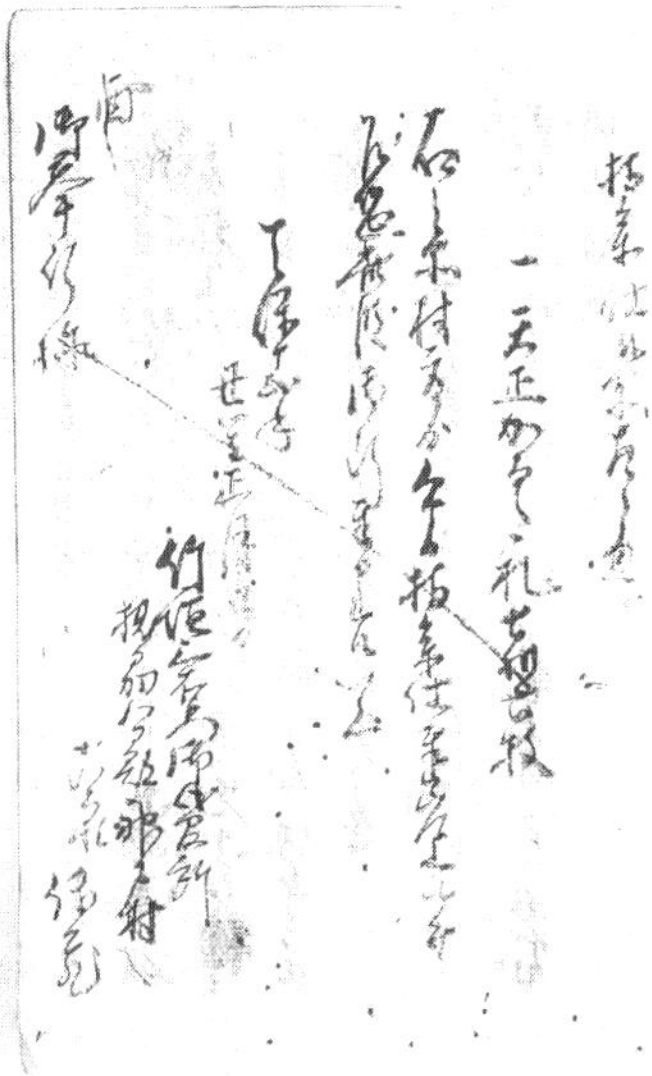

神戸村文書「天正かるた札　七拾六枚」とある

作五郎の女房しほは天正かるたを所持していただけでなく、前年五月にも二件の賭博事件で取調べをうけていたという。常習犯に近いようである。昨年の取調べで作五郎が他出していて留守なので、天正かるた七六枚を竹垣三右衛門代官所へ天保一二年閏正月四日に提出している。

別の嘆願書はこのようなものである。

神戸村塩屋きく倅　国三郎

一、私を御召取になり、かるた札を取扱ったことを御糺しになり恐れ入りました。昨年八月に私共は讃州へ行き、帰りに播州室津湊で他国の船と繋ぎ合い酒宴をいたしました。その時他国船の者より天正かるた札一組を貰いましたが、私共はこれは心得違いの品と心得、早速海中に投じましたが、残りのかるた十三枚を持っておりましたから御吟味をうけ重々恐れ入り奉ります。何分私共の心得違いでございますが、何卒格別の御憐愍をもって御赦免下さるよう御願いいたします。御聞済になりましたら有難く存じます。

正月二十九日　右国三郎

右の通り相違ございません

右　村頭　百姓　宇左衛門

他に米屋清兵衛は、昨年八月に角力興業の際に世話をして、角力取の部屋を片付けている時に、天正かるた一組を拾い所持していたとして取調べを受けている。

また、しほは「かるた札七十六枚」を所持していたことを書付けて、村方へ差出している。村民のかるた入手方法は「浜辺で拾った」「他国の船から貰った」「角力部屋にあった」などとしているが真偽不明で、容易に入手できたのであろう。

江橋氏によるとこの頃関西で流行していた「天正かるた」は、かるた伝来初期の天正かるたではなく、江戸では「めくり」と呼んでいたかるた札を関西では「てんしょ」と言い、天正かるたと表記していたという。また、七六枚一組のかるたは「うんすんかるた」の枚数と一致していて、この頃に岡山で「うんすんかるた」が流行っていたので瀬戸内海沿いに神戸村に伝えられた可能性は高く、興味深い、と述べている。

神戸村文書は偶々知人から教えてもらったが、近世資料は埋れているものが多いので、今後、かるたの資料は新たに発見される可能性が大きい。今後のさらなる新発見に期待したい。

5　中国の骨牌と朝鮮の闘銭

中国の骨牌の歴史は約一〇〇〇年と言われ、現在は牌九と天九が世界的にも広く知られている。骨牌はさいころの目を二つ繋いだ形である。素材から牙牌とも言い、年代から宣和牌と呼ばれている。多くの中国の遊戯書は宋時代の宣和二年（一一一九）にある臣下が皇帝に牙牌三二点、目の点数合計二二七点を献上したのが始まりで、それで宣和牌と名付けられたとしている。

伊藤拓馬の「中国骨牌の歴史と遊び」（遊・22）も主として宣和牌について述べている。牌の構成は三二枚一組で、文牌と武牌の二つのスートがある。文牌は天、地、人、和など一一種類の牌が二個ずつの合計二二枚、武牌は雑九、雑八などの数字を表わす牌と目の組合せが異なる二種類の牌と六および三の単独牌の一〇枚である。一見すると対称性もなく、ばらばらの印象を受ける。

日用類書の「鋪牌躰格」による遊び方は、各自八枚を持ち、正牌（文牌）は一一種二四枚、雑牌（武牌）は八枚である。得点は二枚役、三枚役から六枚役、八枚役まで多数あって甚だ複雑であったと述べている。それで明代初期に瞿佑《くゆう》（一三四七〜一四二七）が『宣和牌譜』を著して遊び方を簡素にし

「文錢」門：左から「玉麒麟」「半鬠文」、「一文錢」～「十文錢」。

「百子」門：左から「金孔雀」、「十百子」～「一百子」。

「萬貫」門：左から「京萬貫」、「十萬貫」～「一萬貫」。

「十萬貫」門：左から「萬萬貫」「千萬貫」「百萬貫」、「九十萬貫」～「一十萬貫」。

いずれの門にも属さない「無量數」。

博古葉子（『陳老蓮木刻画』より）
実寸　約 縦16.0cm×横8.8cm（賛・令部分を含めると11.0cm）。
各門、左から札の強弱順。札の序列は、『數錢葉譜』の記述に従った。

博古葉子

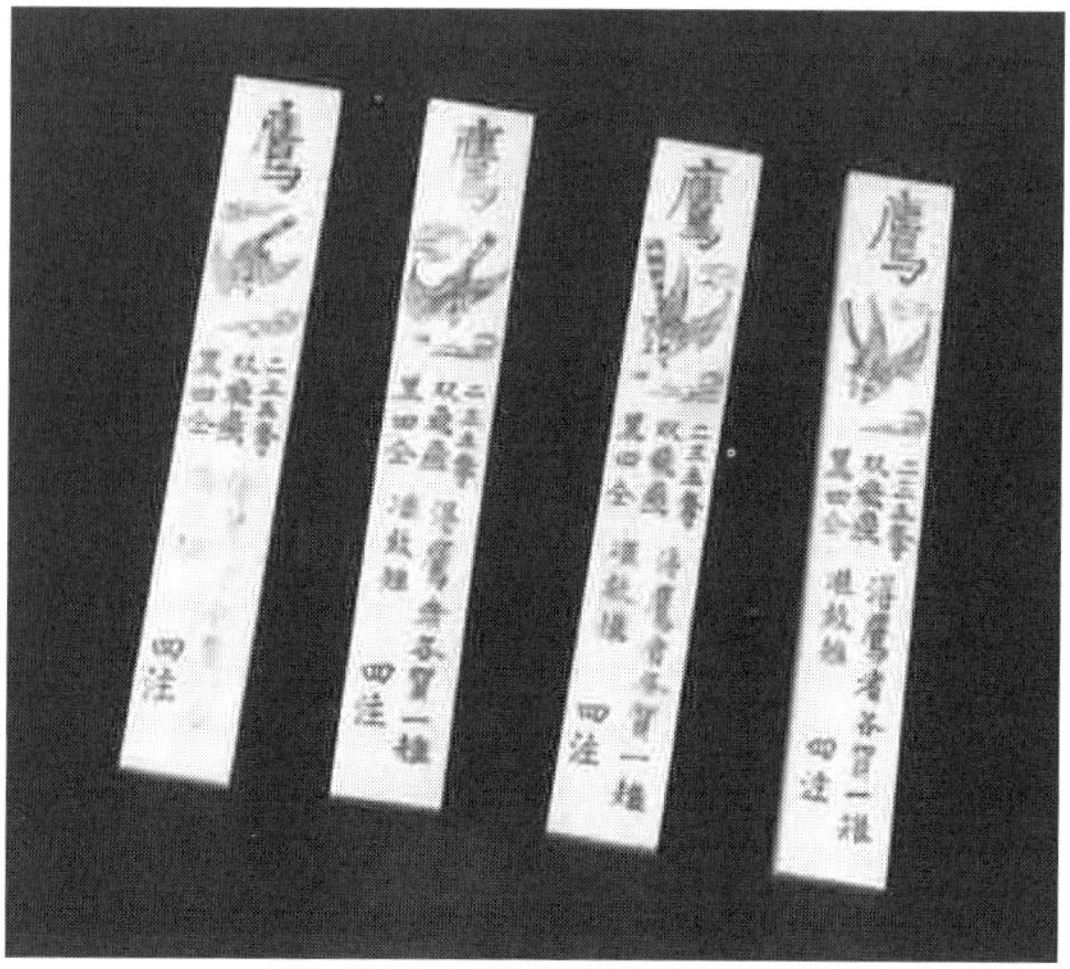

中国の骨牌

た。これが現在遊ばれている骨牌の原型とされている。『宣和牌譜』の役はさいころ六個を用いる遊びの役と同じである。たとえば五個の六と一個の五が出た場合、三個の六と三個の二が出た場合、三個の三と三個の一が出た場合、他の目の組合せが出た場合も総て宣和牌の役と全く同じである。宣和牌の遊びとさいころ六個の遊びはどちらが影響を与えたのか不明であるが、密接な関係にあったことを示している。

清代の金杏園が著した『重訂宣和譜牙牌・集二巻』は宣和牌の遊びの役を整理したが、さらに役を増やしてもいる。このように宣和牌は適宜改良されながら遊び継がれた。「かつては『宣和牌譜』に記された遊びが骨牌遊びの主流となり、小説『金瓶梅』や『紅樓夢』にも克明に描かれている」（「伊藤論文」・遊・22など）と中国を代表する骨牌遊びになっていた。上流階層から下層の人々まで愛好し、故宮博物院には清末の皇帝溥儀が愛用した骨牌も所蔵されている。

明治期に中国を旅行した井上紅梅は骨牌遊びを見聞し、「賭博研究」（一九一五）を著した。ここで紹介されている「過五関」という骨牌遊びは、裏返しにした骨牌を六列に並べ、一番上には武将の牌、下の五列に「関所」として雑牌を置く。関所の牌を開いて『宣和牌譜』に書かれている三枚一組の役が見つかったら取り除いていくルールであった。これは中国の遊戯書に記されている骨牌遊びの一つと全く同じであり、紅梅は正確に観察していた。「過五関」は初心者に宣和牌の役を覚えさせる役割もあり、S・キューリンも自著でこの遊びを紹介している。

宣和牌の役はまた遊びだけでなく、酒令や占いなどに使われた。「宣保牌役は明時代から中華民国の時代まで骨牌遊びの主流であった」（「前同文」）。中華人民共和国成立前の社会を描いた魯迅の小説『阿Q正伝』に三二枚の竹牌で遊ぶ労働者が描かれ、有名な作家の老舎の伝記にも彼が骨牌遊びを好んでいたことが記されている。

現在は華僑の間で骨牌は遊び継がれているが、『宣和牌譜』に記されている牌の名称は変化している。正牌が今の文牌に相当し、雑牌は今の武牌である。明末に書かれた書は骨牌を「華」と「夷」に分けているが、前著の序列は天、知、人、和なので、名称は異なっても内容は同じで、同じ遊びが続けられていたことを物語っている。

冒頭に述べた牌九はカブ系の遊びで、中国以外の各国のカジノで遊ばれている。一九世紀以来の中国移民や中国労働者の遊びが徐々に広まったとされている。天九は明代に遊ばれていた「闘天九品」と同じで、トリック・トラック系の遊びである。牌の名称や用語が変っても遊びの内容は変らず長期に遊び継がれた。

朝鮮は骨牌ではなく紙牌の遊びに長い伝統がある。伊藤拓馬の「朝鮮の紙牌遊び・闘銭の歴史」（遊・30）によると、闘銭《トウジョン》と呼ばれているカード遊びが代表的だと言う。

元来は八〇枚一組で構成されていたが、枚数を減らした単純な型として六〇枚型や五〇枚型、さらに減らして四〇枚型や二五枚型も考案された。そのため枚数の多い八〇枚型や六〇枚型は特別な名前で呼ばれるようになった。札の大きさは縦約一五センチ、幅一センチほどで、片面に篆書《てんしょ》体か半草書体の文字で一から七までの数が書かれている。札に種類があって八目（八スート）と六目（六スート）が夫々一〇枚ずつある。八スートは人、魚、鳥、雉、獐、星、兎、馬で種類や名前は地域によって異なる。各々のスートの数字の一〇に当る札は「将《チャン》」と言い、数字の代りに特定の名前が書かれている。

遊び方は、配られた一定数の札を順々に一枚ずつ出していく方法や単純なカブ系のものなど数種類ある。前者は闘銭の主流であった遊びで、この時は八スートを「人、魚、鳥、雉」と「星、馬、獐、兎」に二分する。トリック・テイキングの遊びであったが、カブ系の遊びもできることに人々が気づくと、このほうが主流になった。

闘銭の起源について、文献には「いずれも中国の闘牌や馬弔といった紙牌遊びが由来になっていると記されている」（「伊藤論文」遊・30）。一八世紀に中国から持ち込まれた説が有力で、外交官の張炫が持ち帰ったという。ソウル市の国立博物館発行の闘銭に関する文献には、朝鮮北東部に居住してい

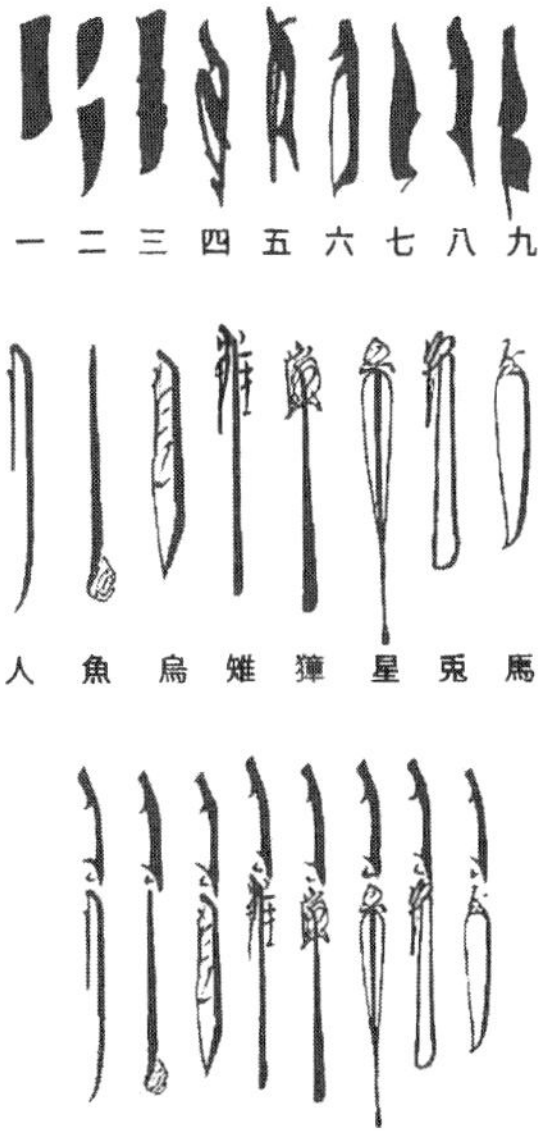

トゥジョンペ・闘銭牌（伊藤論文より）

た女真族から伝えられた可能性もあるとしている。

一八世紀の中国には数多くのカードゲームがあり、伊藤によるとその一つが現在も生き残っているという。「中国四川省や重慶附近に残されている「娃兒牌」（娃＝牌）と呼ばれる紙牌は『福・如・東・海・寿・北・南・山』という八スートの札が、それぞれ八枚ずつあり、構成も闘銭と似通ったものになっている」（「前同文」）。娃兒牌は遊ぶ時には八スートは四スートずつ二分割されることなど、朝鮮の闘銭と似ているところから一八世紀の中国のカードゲームが闘銭として朝鮮に伝えられた有力な傍証になっている。

朝鮮では闘銭賭博が一八世紀以来異常なほど流行し、闘銭房（闘銭賭博場）が各地に出現した。それは通常の民家であったり、娼館、飲食店、酒房などに併設された。丁若鏞《チョンヤギョン》は『牧民心書』で、宰相や名士、銀台玉署の高級文官も闘銭に興じていると嘆いている。名家の当主で闘銭の名手でもあった伊憎の『家禁』も上は富貴な家の者から下は浮浪者まで闘銭に夢中になっていると述べ、廟堂で国の政策を決定する者や庁舎に出入りする者も闘銭をしていないと巧みに振る舞うことはできないという。なぜこのような俗習が侵食してきたのが理解できず、闘銭の弊害で身を崩すと警告している。闘銭による賄賂も公然となされていたようである。

このように蔓延していた闘銭も、一九世紀末から二〇世紀初にかけて急速に衰退した。社会情勢が大きく変化したためである。それは日本軍と日本政府による朝鮮侵略である。抗日という政治的目覚めと花札の侵出である。特に日清戦争(一八九四〜五)では軍夫として「十五万三千九百七十四人」(参謀本部編『日清戦史第一巻』)が傭役されたが、その大半は博徒と子分達であった。軍部の威光をかりた博徒達の掠奪や不法行為は日本軍の蛮行と共に非難の的であった。博徒達は花札を持ち込み、駐屯した周辺に拡げた。骨牌税法で日本から輸出する花札は免税になったので、大量の花札が朝鮮半島に輸出された。

朝鮮で花札の販売の末端は博徒が担ったとされている。日露戦争でも大量の博徒や無頼漢が軍夫として日本軍に雇われた。「花札は日清戦争と同様に(朝鮮で)大きな需要があったので、商売的に大成功を収めたものと思われる」(「前同文」)。大量の花札の朝鮮への輸出は、抗日反日の運動から民衆の日をそらすために意図的に持ち込まれたとも、単色の素朴な図案の闘銭より彩色豊かな花札のほうが大衆の心を摑んだとも言われるが、何よりも花札自体が非常に面白いゲームだったため、朝鮮の民衆に受け入れられた。花札は朝鮮社会にまたたくまに拡がった。朝鮮でも花札は製造されるようになった。

朝鮮に花札が持ち込まれた最初から、単純な闘銭賭博は花札で代用できることを民衆は理解していた。現在でも伊藤が現地で体験しているが、朝鮮の花札の役の強さや序列は闘銭に由来しているものが多いという。韓国内の花札賭博の遊戯法は闘銭にルーツを持つものがあり、「かつて朝鮮の賭博の象徴であった闘銭は、現在ではその姿を消してしまったが、決して滅び去ったのではなく、花札に姿を変えて今も命脈を保ち続けている」(「前同文」)と伊藤は結論する。

もしそうであるならば、外形は消滅しても内容は継承される不思議さを、遊びの法則の一つとして付け加えねばならないであろう。

6　ヨーロッパのカード(一)

一六世紀の後半に日本に伝えられたヨーロッパのプレイング・カードは、四世紀以上も遊び継がれてかるたとして定着した。

第二の伝来と言われている明治初期に解禁されたプレイング・カードは、なぜか日本ではトランプという名前で遊ばれた。それから一三〇年以上経った現在、あたかも昔からあった遊びと思う人も多い。以下本節は主として江橋崇氏の『かるた』(ものと人間の文化史173)を要約して紹介し、俗説を正すものである。

最初にかるたの伝来から説明を始めたい。一七世紀前半に九州平戸のオランダ商館の館長だったカロンの『平戸オランダ商館の日記』をみると、一六四〇年にカロンは幕府高官の牧野内匠頭信成からの要請を記している。それは皇帝の乳母に贈るためにポルトガルのカルタを入手してほしい、というものだった。皇帝(将軍)の乳母とは、春日局《かすがのつぼね》のことである。カロンは「ポルトガルのカルタを手に入れることはできません。代りにオランダのカルタを一組送りますが、これが気に入ったかどうか知りたい」(『前同書』)と高官宛に手紙を書いている。

春日局の周辺でカルタが遊ばれていたのは興味深いが、汚れたのか何枚か紛失したのかポルトガルのカルタを所望しているところをみると、日本に最初に入ってきたのはポルトガルのカルタであったのだろう。

言語学者の新村出は大正一二年(一九二三)に語学や用語の知識を駆使して、日本のカルタはポルトガルから伝来したと主張した。山口吉郎兵衛は自分が蒐集した古いカルタからポルトガルのカルタが最初に日本に入ってきたと立証した。その後、シルヴィア・マンとヴァージニア・ウェイランドはポルトガルのカードに龍の絵が描かれていることに注目し、『ポルトガルのドラゴン』（一九七三）で大航海時代にポルトガル船が寄港した場所や拠点で、ドラゴンの絵のカードが伝えられていると述べ、現物も提示した。

カルタの研究は進展して、日本に伝えられたのはどの会社の製品のカードであったのかまで調べられたが、さらに調査が進みスペインからイタリアまでを支配したアラゴン連合王国で作られたと推測されるようになった。現在では「日本に伝来したカルタの製作地はベルギーであった」（江橋崇『かるた』）とされている。なぜなら一六世紀のベルギーはスペイン王家の領地であり、アントワープにカルタの製作所があった。ここの製品がスペインやポルトガルに送られたと考えられるからである。

日本へカルタが伝来した時期は天正年間（一五七三～九二）と推定され、地中海に面した地方独特の紋標であった。すなわちハウ（棍棒）、イス（剣）、コップ（聖杯）、オウル（貨幣）の四種類のそれぞれに一から九までの数字と三枚の絵札がある合計四八枚型であった。なおコップ（聖杯）の意味が理解できず、絵柄を上下逆にして似た形から巾着《きんちゃく》と日本では呼ばれるようになった。カルタは船員達が長い航海の無聊を慰めるために積み込まれたのであろうが、具体的にポルトガル船と共に日本に来たのかは、わからない。ポルトガル船であっても船員の国籍は様々であった。そのうえポルトガル船は一時期インドネシアのバタビアを拠点にして、泉州や寧波などの中国の港や東南アジアの港に寄港し、中国人の船員が乗り込んだ可能性も高い。江橋氏はカルタは「日本に来てから中国人船員が日本人に教えた可能性がある」（『前同書』）という。

ドイツのカード

かるたとともに、当然のことであるが遊技法も伝わったはずである。しかし記録されたことはなかった。ようやく伝わって約一世紀を経た頃、黒川道祐の書いた『雍州府志』（一六八六）に遊技法が述べられた。伝来直後と同じか日本人が改良したのか不明であるが、次のようなものであった。

スペインやポルトガルで一六世紀に四八枚のカードを使う「トリウムフォ」という遊びがあった。ヨーロッパではそれから一組四〇枚のカードを使うオンブルという遊び方に変化した。オンブルは三人の競技者が配られた同数のカードを持ち、一枚ずつ出しあって、強弱により勝負を決める（これをトリックと言う）。より多くの強いカードを集めた者が勝ちになる。ゲームの開始時に四紋標のうちの一つの紋標を切り札とし、特別に強い札（トランプ）も定める。おそらく「トリウムフォ」もこれに類似した遊戯法であったのだろうし、

うんすんかるた

『雍州府志』はオンブルのような遊び方を「合せ」と呼んで紹介している。

『雍州府志』はまた四八枚のカードを使う「キンゴ」と「カブ」という遊び方も紹介している。各々の競技者に一定数のカードを配り、要求すれば追加のカードを配り、手持ちのカードの数の合計が一定の数に達するかそれに近い数の者を勝ちとする。「十五」を最上の数とするのを「キンゴ」、「九」を最上とするのを「カブ」という。『雍州府志』はこれを「カウ」または「ヒイキ」と記している。なお、ヨーロッパでは「九」を最上とする遊びはないので、「九」を最上とするのは中国の紙牌遊びの影響かと推測されている。

「ヨミ」は複数の競技者に四八枚の総てを配り、手持ちの札全部を早く出しきった者を勝ちとする遊びである。競技者は手にしたカードを

一、二、三、など順次数を多くして出す。以上述べたような遊技法は一度に総て伝えられたのではなく、さほど月日をおかず次々と伝えられたと考えられる。ヨーロッパの夫々の地方での流行がポルトガル船だけでなくスペイン船やオランダ船などからも伝わったのであろう。

海外からもたらされたカードをもとに、元禄年間（一六八八〜一七〇四）に京都下立売の「きやうしや四良兵衛」や烏丸二条の経師屋、絵草子屋で五紋標各一五枚の合計七五枚一組の「うんすんかるた」が日本独自のカードとして造られた。手書き手造りの高級品で上流階層向けのカードであった。後の江戸後半期になって木版刷の大衆向けも造られ、かなり広く普及した。

かるたの遊戯法については、絵画資料も参考になる。福井市の大安禅寺蔵の「南蛮船図屏風」には、船上で五人の南蛮人の船員や乗客がカルタで遊んでいる様子が描かれている。絵は慶長年間末期か元和年間の作と推定されている。

一番奥に座っている者は左手に二枚のカードを持ち、手前左の者は右手に三枚のカードを持ち、手前右の者は左手に三枚、場の中央に表向きの三枚のカードがある。各人の前には裏返しのカードが数枚ある。表向きになっているカードには龍が描かれ、貨幣（オウル）の二、三、五のように見える。この絵から前述のオンブレのようなゲームと推定できる。

他に奈良市の大和文華館蔵の「婦女遊楽図屏風」（松浦屏風）は二人の遊女がカルタで遊んでいる図であるが、絵の中央に描かれているカルタは日本で造られた手書きの「天正カルタ」と思える。カルタは日本化して「かるた」になったが、それにともない遊技法にも変化が現われた。「日本では札

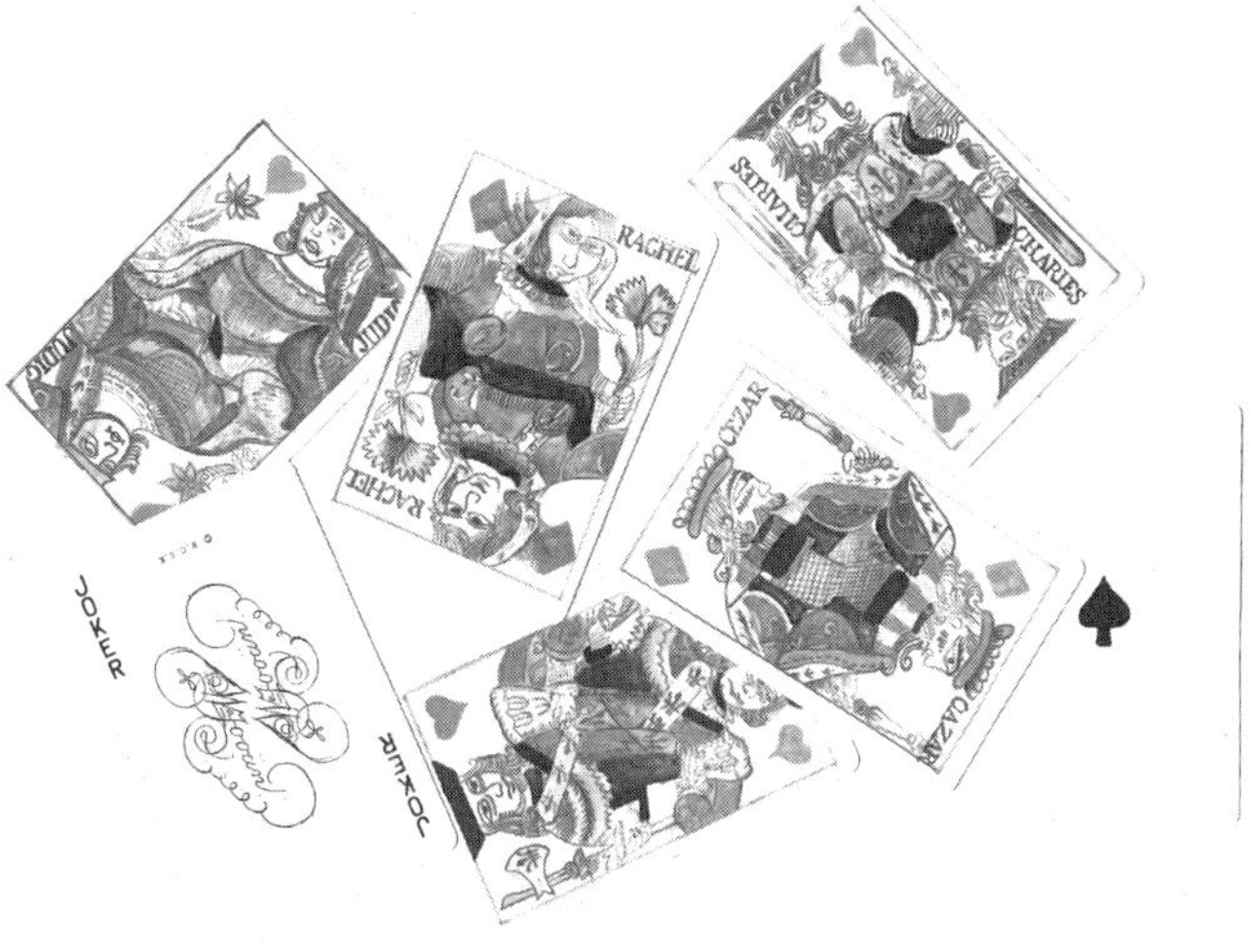

ダブルヘッドのカード

固有の点数がルールの基礎になっています」（「江橋論文」遊・1）。

ヨーロッパのカードについて、横山恵一氏が遊戯史学会第二二回総会で講演している。横山氏は日本のトップ級のカード・コレクターであり、講演内容を要約した一〇頁のレジュメと各種のカードを収録した三〇頁に及ぶ小冊子は、貴重な資料であった。

演題は「一九世紀はトランプ革新の時代」で、現物を示しながらの説明であった。プレイング・カードがヨーロッパに現われたのは一四世紀で、当初は手書きで、その後印刷技術の発展により大量に印刷されるようになった。しかし暫らくは裏面は白紙のままであった。後に裏面は幾何学模様や花柄模様になった。一九世紀はカードの変革期というのは様々な工夫がなされ

て改良されたからである。たとえば、
一、それまでの絵札は立ち姿で描かれていたのが双頭（ダブルヘッド）になり、逆向きに配られてもすぐに認識できるようになった。
二、カードの角が丸くなり、扱いやすくなった。
三、一九世紀後半にインデックス（紋標）が付けられるようになったが、最初は非常に小さく見えにくかった。それで次第に大きくなり、現在のようになった。ラテンタイプにはインデックスがなく、シングルヘッドのカードも幾種類も残っている。
四、ジョーカーの出現は意外に遅く、一九世紀後半にアメリカで現われ、次第に世界に広まった。
等々であった。論文にまとめるように要請したが謙虚な御人柄で、勉強不足を理由に論文にまとめられることはなかった。

7　ヨーロッパのカード（二）

カルタは海のシルクロードを経て日本にもたらされたが、それ以前に東南アジアにも伝えられ、現地の言葉で遊ばれた。

民俗学者でインドネシアのスラウェシュに調査のため二年半滞在した伊藤眞氏は、現地でのカード

オミ・カルタ

ゲーム「ウジャン・オミ――南スラウェシュのカルタ遊び」(遊・3)を報告している。

この遊びは偶然、死者の葬送儀礼の際に発見したが、カードは手造りで現物を入手するのは甚だ困難であった。ようやく手書きのカルタを造っていた故人と親しい雑貨商を探しあて、所持していたカルタを譲り受けたという。「オミ・カルタ」は南スラウェシュのトラジャ人の使うカードで、古くから王国として西欧諸国と交流のあったマカッサル人から伝えられたと推測できる。トラジャ地域は一九世紀中頃まで西欧との接触はなかった。西欧の船がマカッサル人にカード遊びを伝え、マカッサル人とトラジャ人は知りあっていたからであろう。

「オミ・カルタ」については、オランダ人宣教師マッテスが一八七五年にマカッサル人の民俗や文化の一環で報告している。一九一一年一〇月六日にグルーバウェルは南スラウェシュのサダン・トラジャでの葬式の際に、「祭場に煮炊きと御馳走が始まる。女達は珈琲を造り、男達は椰子酒入れの鑵の周りに集る。その後はカルタ遊びと闘鶏で日の短かさをかこつ」（「伊藤論文」遊・3）。このカルタ遊びは「オミ・カルタ」であろう。

オミ・カルタの紋標は黄金、剣、棍棒、コパサ（コップ＝聖杯を示すものか不明）の四種類で、各紋標はドラゴンと二から七までの数札と悪魔、馬、ライの三枚の絵札で合計四〇枚一組である。四人またはは五人で遊び、四人の場合は各自一〇枚、五人の場合は各自八枚ずつ配られる。最初にカードを取った者が親で、親が切り札となる紋標を指定し、切り札（トルンプと言う）も決める。親がカードを出し、右廻りの順で親の出した紋標と同じカードを出していく。五人で遊ぶ場合は八巡で終るが、五巡して勝者が決まるとゲームは終了する。次はまた新しい親を選んでゲームは続けられる。遊び方はこの一種類だけである。前節で述べたオンブレと遊び方が酷似している。マカッサル人に伝えられたのはオンブレである可能性が高く、そこからトラジャ人にも伝わったのであろう。

伊藤氏の観察では、結婚・出産・葬式の時にオミ・カルタがおこなわれるが、服喪期間中は死者の家の周囲を悪霊が徘徊する。それから遺族を守るために親類や知人が集り、賑やかにして悪霊が近づかないように眠らず番をするためだという。カルタ遊びは積極的な悪魔払いの行事であった。カードが根づいた土地では、たんなる遊びでなく様々な役割を担っていた。

ヨーロッパで古くから遊ばれているカードゲームの一つに「クク」がある。これまで多くの研究者が言及しているものの、充分に解明されることはなかった。黒宮公彦氏は複数の海外の研究者の協力

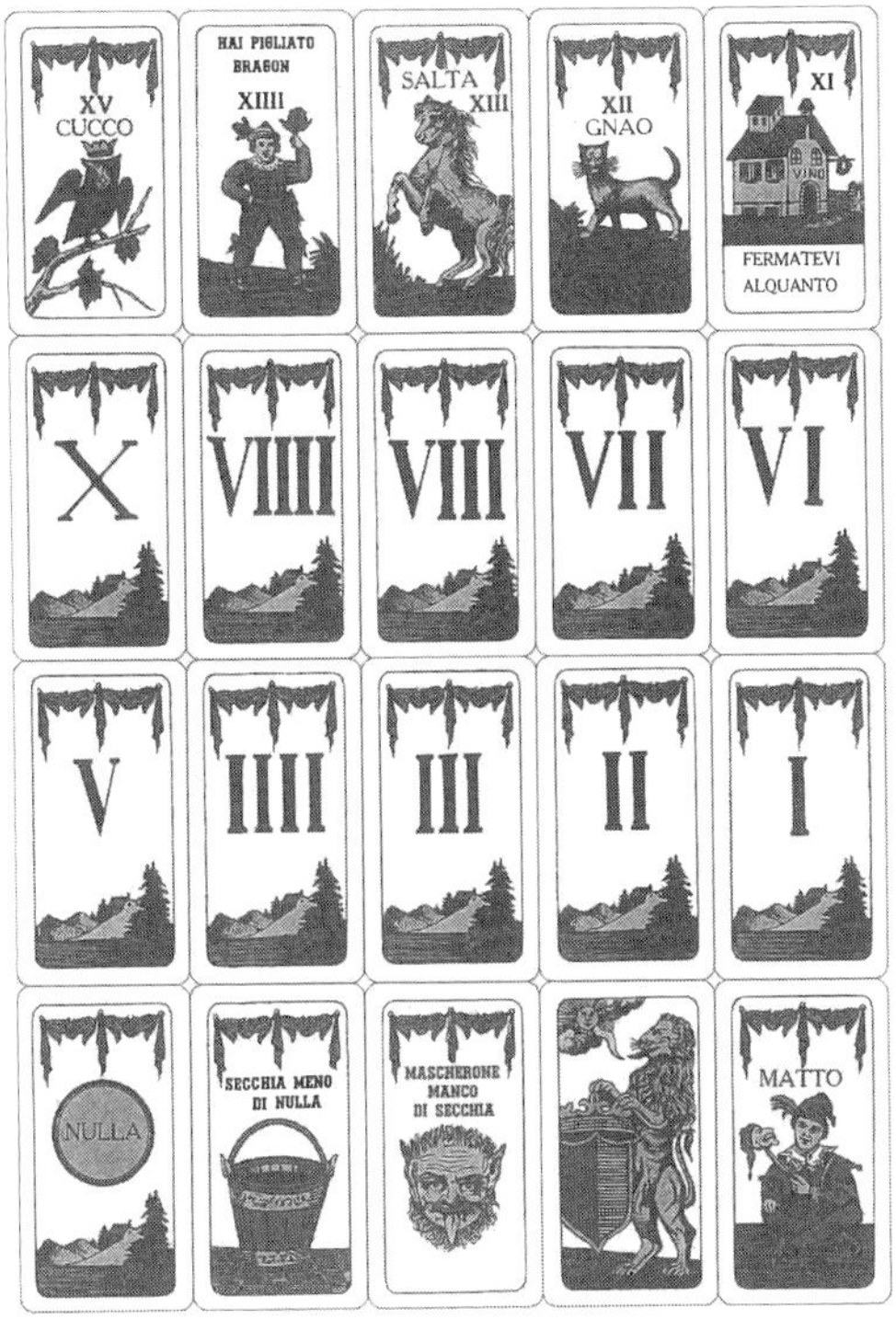

ククカード
黒宮公彦氏提供

を得て、また本人の豊富な語学力を生かして多数の文献とカードの現物を蒐集して、国際的にも貴重な「クク小史」（遊・27）を発表した。

ククは通常のトランプでも遊べるが、クク専門のカードかチェスのポーンに似た形のスタンプ様の木製の「駒」で押して造る円形のカードを用いる。専用のカードは一から一〇までの数札と獅子や馬、ふくろう、家などを描いた絵札九枚が各々二枚ずつの合計四〇枚（当初は三八枚）である。最初の頃は製造者名を記した二枚がなかったと考えられる。

最大二〇人まで同時に遊ぶことができて、各自一枚ずつ配られたカードを持ち、一度だけ自分の左隣りの人に渡し右隣りの人から受け取る。全員がカードを交換し終るとカードを公開して、最も弱い（得点の少ない）カードを持っていた者を負けとする単純なものである。これを幾度も繰り返す。

最初に配られた弱いカードを他人に押しつけることができるが、逆に他人の持っていた弱いカードを受け取らねばならないルールである。カードを強いもの順に示すと、クク（遊びの名前にもなった最強の札）、人間、馬、猫、家（宿屋）で、数字の大きい順が続く。最も弱い順に記すと、道化が最も弱く次いで仮面、桶の順である。嫌なカードを人に押しつけるので、ククは他の鳥に抱卵させるずるい鳥の「カッコウ」を指す言葉であり、別の意味は「妻を寝取られた夫」であるという。

ククは古くからヨーロッパで遊ばれていて、トランプ出現以前の一三世紀のイタリアで遊ばれた可能性があると指摘する研究者もいる。一三世紀のボローニアで出た賭博禁止令に後にククと呼ばれるゲームが含まれていたのがその証拠だという。しかし具体的にどのようなゲームか記されていないうえ、禁止されたゲームがククの原型とは証明されていない。

最初にククに言及した文献は、一六五九年にフランスで遊戯用のカードを出版した製造業者が発行した遊び方を説明した小冊子で、ここに「クク、エール、あるいはメコンタンと呼ばれる遊び」は最も簡単なゲームと説明してある。一七世紀フランスで「メコンタン」というのがククの最も古い呼称で、他にも「マルコンタン」「メコンタ」「モコンタン」（いずれも「満足できない、不満な」の意味）と呼ばれていた。地方によって名称は異なった。有名なラブレーの『ガルガンチュア物語』（一五三四

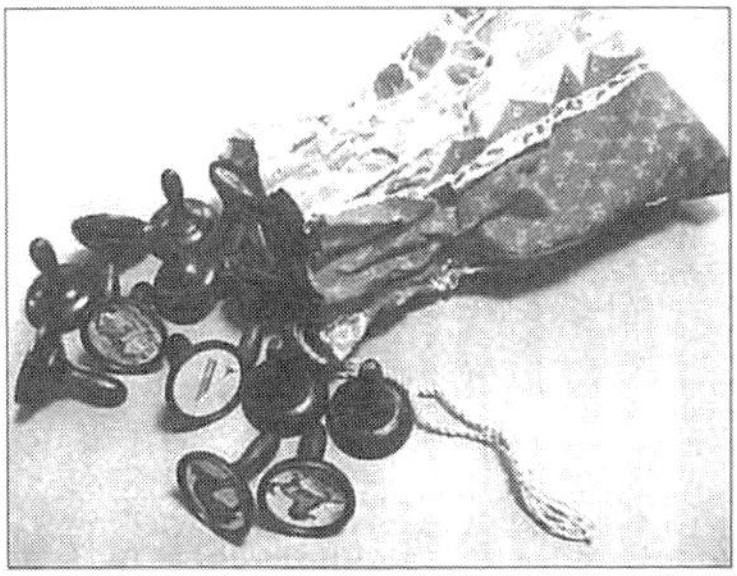

上：グナヴの木製の駒と駒を入れる袋（ノルウェー、Torkild Grimsrud作。黒宮氏蔵）
下右：駒の形と大きさ
下左：駒の底面

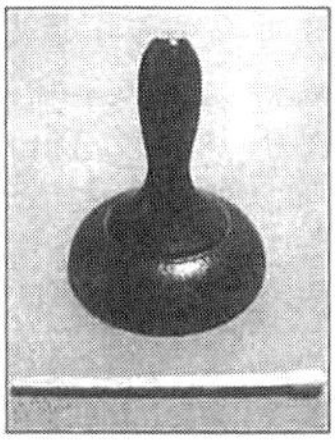

ククの駒スタンプ

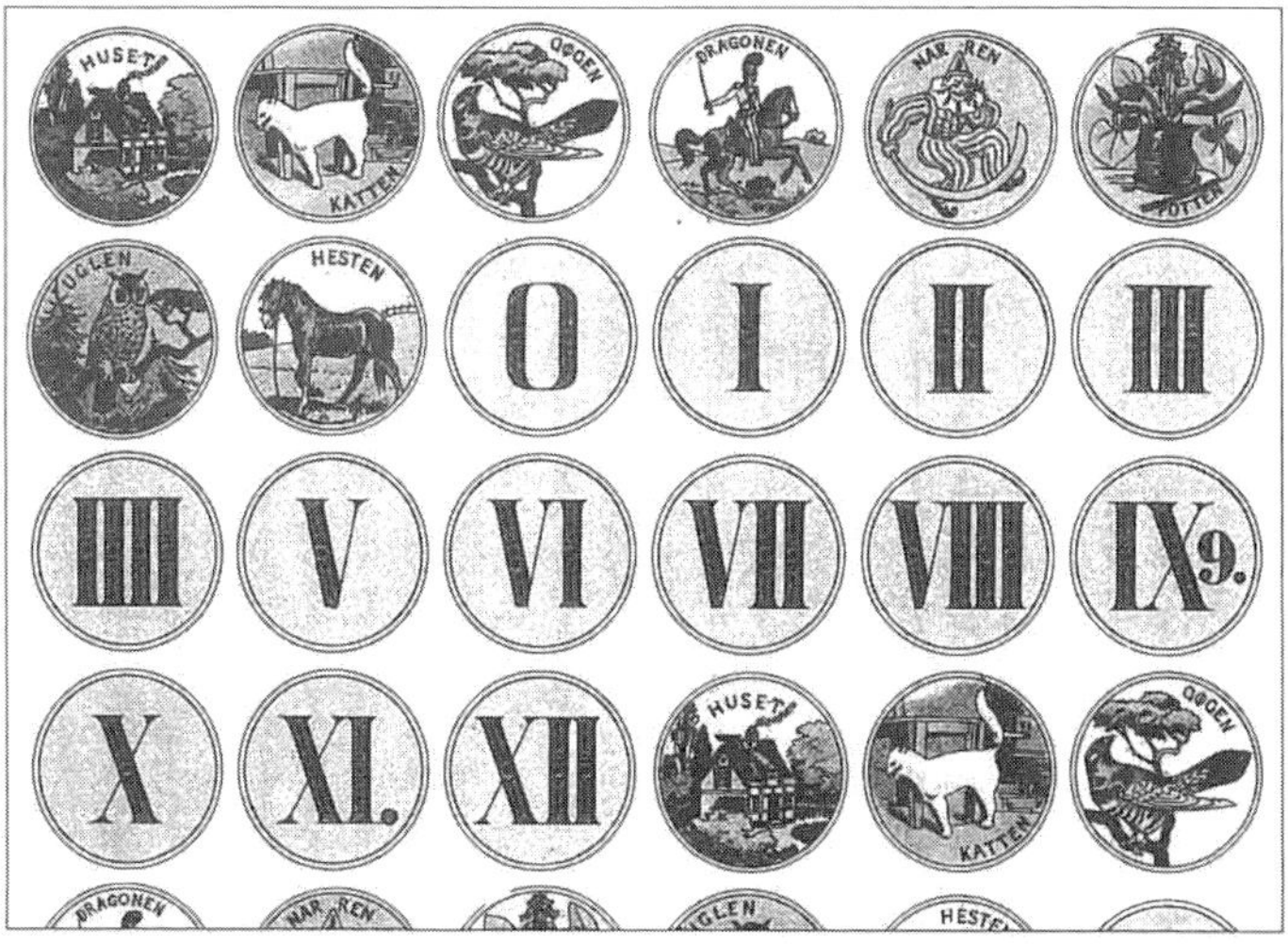

駒スタンプのカード

刊）にもカード遊びの「マルコンタン」とあるので、一六世紀の前半には遊ばれていたと推定できる。

その後は「エール」という名前が一般的で、フランス国王アンリ四世の侍医の日記（一六〇五年）に「王子（後のルイ一三世）がエールで遊んでいた」と記されている。一六八三年に出版された文献でエールのルールを記したものがあり、ククに類似したゲームで、最も弱い札を「エール」と呼んでいた。「おおまかに言って、一五世紀の終り頃から一六世紀にかけてはマルコンタン、一七世紀にはエールと呼ばれ、一八世紀以降はククと呼ばれるようになった」（「黒宮論文」遊・27）。

黒宮氏所蔵の駒によって作られたスタンプのカードは、一三枚の数札二枚ずつと馬、鳥、家など各二枚ずつの合計四〇枚型である。なぜ「駒」が用いられるようになったのか不明であるが、カードを紛失した場合にすぐ造って補充するためや、カードの禁止や課税を避けるため等と推定されている。

黒宮氏は『遊戯史研究』に寄稿するだけでなく、さらに詳細な書籍『クク大全　ルール・ヴァリアント・歴史』（二〇一五）を出版した。二八〇頁の労作である。カラーの口絵で視覚的にもククのカードや「駒」が理解できるようになっている。

序文で一九九〇年代の中頃にトランプでもなくタロットでもない不思議なデザインのカードを知ってから興味が湧き、研究にのめりこんだと記している。同書には日本にククが紹介されたのは大正四年（一九一五）刊『トランプの遊び方』が最初とある。「かるたをかたる会」でもククのことは話題になったと目配りも広くなされていて、水準の高い研究書である。

第五章

海外の研究

1　古代の遊戯盤

エジプトや中近東の博物館には古代の遊戯具が多数ある。ヨーロッパの多くの博物館も、エジプトや中近東へ派遣された考古学調査隊が持ち帰った厖大な遊戯具を所蔵している。現地で発見された遊戯具のうち最も華麗な品をヨーロッパに持ち帰った例も少なくない。

古代の遊戯具の研究は一九世紀にある程度の進展があり、出版物も刊行された。第二次大戦前には遊戯具の発掘品も増え、研究もかなりなレベルに達した。大戦中は遺跡の発掘調査も停滞したが、第二次大戦後は新たな資料が次々に発見された。

一定の新資料が蓄積された段階で、大英博物館西南アジア考古学部のアーヴィング・フィンケル博士が主催した最初の国際的な遊戯史の研究会が、一九九〇年に開かれた。それをまとめた論文集がフィンケル博士の編集で二〇〇七年に大英博物館から出版された。大判二八一頁で初めて公開された多数の図版を収めた労作である。それを要約したのが「資料紹介　Ancient Board Games in Perspective」（遊・21）である。意訳して『古代盤上遊戯の全体像』としてもよいだろう。

同書の副題は「追加の寄稿を含む一九九〇年の大英博物館のコロキウムからの論文集」となっている。イギリス人らしい息の長い論文集で、研究会から一七年も経て刊行された。この間に故人となった研究者の遺作も含まれるが、新しい資料と見解が追加されてさらに充実した内容になっている。

多くの貴重な見解のなかで注目したいのは、大英博物館イランおよびアラビア考古学部のセイント・ジョン・シンプソン博士の論文「ホモ・ルーデンス――近東における最も初期の盤上遊戯」である。レバント地方、具体的にはヨルダンの東西約一〇〇キロ、南北約二〇〇キロの広大な地域の各所にある新石器時代の遺跡から発掘された石板群についての考察である。

バイダ遺跡から発掘されたのは四個の小孔が規則正しく等間隔に二列にあけられた石板である。アイン・ガザル遺跡から出土したのは六個の小孔が等間隔に二列に並んだ石板である。一方の端が狭くなっているが、それに応じて小孔の列の間隔も狭くなっている。その他にも小孔が二列または三列にあけられた石板の破片が発見されている。これらの石板の小孔はいずれも自然に出来たのではなく、明らかに人間の手によって加工されたものである。

元はもう少し大きかったと推定されるが、現存する破片は長さが三七センチから三九センチ、幅は二七センチから三〇センチまで、厚さは若干の差があるもののいずれも一〇センチ以下である。大きさがほぼ同じなのは偶然ではなく、共通した目的のために造られた可能性もある。広大な地域ではあるが単品でなく複数個出土しているのは、何らかの意図のもとに造られたからかもしれない。シンプソン博士は、人類の知的な発展は自然への畏怖や信仰や卜占から出発したにせよ、以上の石板群は遊びに使われたものと判断した。

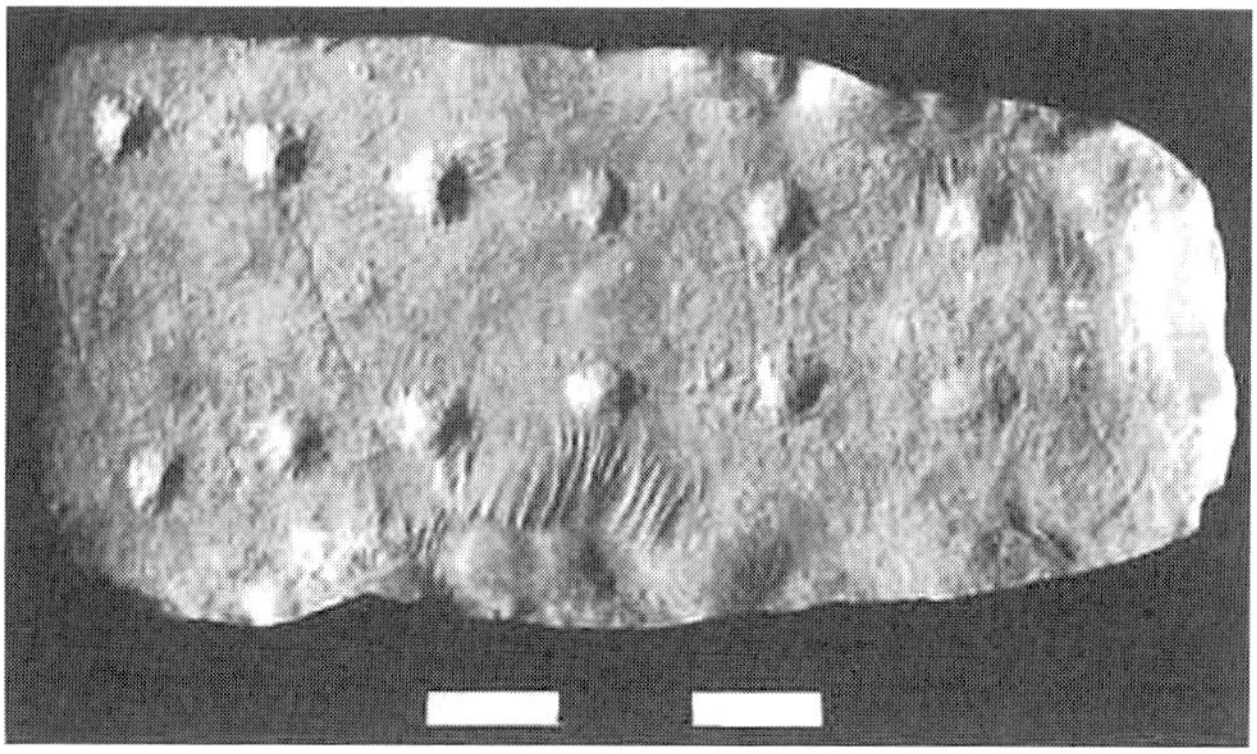

古代の遊戯盤（アイン・ガザル遺跡より出土　新石器時代）

古代の遊戯盤（チャガ・セフィド遺跡より出土　同）

新石器時代の遺跡から発掘された石板の年代も含めて、「ゲームを盤上遊戯で遊ぶことは、確実に古代の慣習になっていた。最初の考古学上の発掘例はほぼ紀元前七〇〇〇年頃の時代からで、中近東の無土器新石器時代からの少数例がある」（I・フィンケル「序文――古代の盤上遊戯の全体像」『前同書』）とフィンケル博士は明確に石板群は遊戯盤であると断定している。もう少し時代の下った「遊戯盤」は、紀元前五七〇〇年から同五四〇〇年頃のイラン西端部のチャガ・セフィド遺跡から一部が欠けた三列に並んだ小孔が九個ある石板が発見されている。シンプソン博士はレバント地方からも紀元前五〇〇〇年紀や同四〇〇〇年紀の遊戯盤が発見されていると報告している。

二〇世紀末までは各国の研究者によって、最も古い盤上遊戯は紀元前三〇〇〇年頃から古代エジプトで遊ばれていた円形遊戯盤のメヘン、一〇枡目が三列に並んだ遊戯盤のセネト、メソポタミアの二〇枡目の遊戯盤とされてきた。また、エジプトで出土した紀元前二一〇〇年頃の五八穴の遊戯盤は、原始的で古い時代から遊ばれていたと考えられる。以上の盤上遊戯はいずれも競走ゲームに分類される。

このように外形が異なるが同じタイプのゲームがあるのは、おそらく元になるより古いゲームがあり、それから分岐したためと推測される。今回の発表はまさにそれに該当するものと注目された。フィンケル博士やシンプソン博士の言うように紀元前七〇〇〇年頃には盤上遊戯は誕生していた。

しかし一つの発見は、また新しい疑問を生むのは学術研究の常である。レバント地方で発見されたのは二列または三列の小孔の連なりであった。おそらく五八穴の遊戯盤のように敵味方の駒が別々のコースを進む競走ゲームであったのだろう。もしそうなら、さらに原始的なゲームが存在していたはずである。一見してゲーム盤とは判断し難いが、枡目か小孔が一本に連なった「遊戯盤」があったと考えられる。考古学者のエベリン・クレンゲル博士は、神か神官になぞらえた駒を盤上の路を進ませ、吉凶を占ったという。この場合の「神の進む路」は一本の枡目か小孔の列であろう。幸いなことに、インドでは一本の通路の遊戯盤が存在していることをH・J・R・マレーは著書『チェス以外の盤上遊戯の歴史』で発表している。それだけでなく実際に一本路の盤上遊戯を観察した民俗学者がいた。リーベ・フェアパーク博士で、同氏の諒解を得て「資料紹介　リーベ・フェアバーク『ブル・低地マヤ族のパトリゲーム』」（遊・13）を発表することができた。

博士が観察したのは中央アメリカのホンジュラス南部のモパン族とケクチ族で遊ばれている「ブル」というマヤに土着している盤上遊戯であった。モパン族の穀物の植え付け前日におこなわれる祈願祭に組み込まれている行事で、一人の農民の小屋でおこなわれた。

地面の上に直線を引き、線を距てて二組に分れ、袋から数個かもう少し多くのトウモロコシの種を取り出し等間隔に線の上に置く。これは枡目である。次に四つの種を取り出し、一面を炭で黒く塗って表裏を明らかにする。トウモロコシの茎を折って「駒」にして各々五つずつ持つ。敵味方の「駒」を区別するため茎に印をつける。種のさいころをふって「駒」を枡目に登場させる。さいころは「ブル」と言い、ゲームの名前にもなっている。交互にブルをふって、その目で駒を動かしていく。

一本路のゲーム（I. フィンケル編, *Ancient Board Games in Perspective* より）

詰めかけた人々はゲームの最中も大きな器に入ったココアを廻し飲みし、私（フェアバーク）にこのゲームはトウモロコシがよく実るように願う儀式であると説明した。「しかし、儀式というが異常に騒がしく、熱狂的な雰囲気であった。ブルを投げた時に（見物の）男達は絶叫し、三時間は喧騒が続いた。女達はゲームに加わることなく傍で眺めているだけだった」（「前同文」）。儀式は真夜中にスープと豚の皮とトウモロコシのパンを食べて終った。「儀式が終るとトウモロコシのさいころや茎の駒、枡目は投げ棄てられ、先刻まで熱中していたゲームの道具に注意を払うものは誰もいなかった」（「前同文」）。ゲームが終ると、なんの痕跡も残らなかったという。

もう少しゲームの説明をすると、ブル（さいころ）は両方の掌のなかで揺すってから地面に撒く。四個とも白い面が出ると五点、全部が黒だった場合は一点と、夫々表裏の出方で点数が決まっていて、駒はその数だけ枡目を進む。駒が一方の端に達すると、再び同じ通路を通った自分の出発点に帰り着き、次の駒が発進する。相手の駒の入っている枡目に自分の駒がうまく入ると、相手の駒を「捕えて」自分の出発点まで戻る。相手に奪われて登場する駒がなくなるとゲームは終る。相手の駒をより多く捕えたほうが勝ちになる。競走ゲームのようであるが、相手の駒を捕獲するゲームでもあった。人々が熱中するような興味深いゲームであった。

モパン族やケクチ族にいつ頃伝わったのか不明であるが、一本の通路の遊戯盤でも立派にゲームとして成立することが証明された。当初はもっと単純な競走ゲームであったのかもしれないし、相手の駒を捕獲するルールは、人々がゲームをより面白くしようと知恵を出した結果かもしれない。モパン族にとって今でも収穫を祈願する儀式であるように、当初は神聖な儀式であったのだろう。

盤上遊戯の観点からは、最も古い原始的で素朴なゲームは一路の遊戯盤を用いていたと言える。

2　三六枡目盤と二〇枡目盤

一二枡目が三列に並んだ遊戯盤は、ローマを中心にローマ帝国の版図内で広く遊ばれた。紀元前三世紀から同二世紀の作とされるパレスチナで発見された銀製の鏡の裏面にもこの盤が描かれていて

36 枡目遊戯盤　トルコ・ベルゲ都市遺跡にて（筆者撮影）

「ルダス・ドデンム・スクリトルム」または「ドデシム・スクリプタ」と言い、「一二の線の遊び」を意味した。

三六枡目の遊戯盤は紀元前二世紀頃からのローマ近郊の兵営跡、市場跡、ユリア会堂跡、闘技場の回廊、浴場の鋪床に彫られていた。その後も遊ばれた証拠として四、五世紀頃まで北はイギリスのローマ兵の駐屯地跡、南はエジプトのプトレマイオス朝（紀元前三〇五～三〇）の遺跡、東はトルコ西岸の都市遺跡エフェソスなどで発見され、現物の遊戯盤や路上に彫られた盤が多数みられる。エフェソス博物館には大理石の大きな机の上に三六枡目の遊戯盤が彫られていて、タブラ（テーブルの語源か）という遊びだとされる。

この遊戯盤の枡目は四角の枡目だけでなく、花模様や特殊な図形、文字、○や×印など多様で、五〇〇年ほど遊ばれている間に地域や民族によって枡目が変化したことを示している。

遊び方も解明されていて、R・C・ベルによると二人が夫々一五個ずつの駒を持ち、三個のさいころをふって、その目で三個の駒を進めて総ての駒が早く終点に達したほうが勝ちである。

駒の順路は、三列に並んだ中央の枡目の列の左端から発進して右へ進み、次に上段の枡目の列の右端から左へ進んで左端に達する。そこから下段の枡目の列の左端に移り、左端から右に進んで終点に達する。全ての枡目をちょうどe字形に進む。ゲームの進行中に味方の駒が一個入っている枡目に相手の駒が入ってくると「殺されて」出発点に戻らねばならない。しかし一つの枡目に自分の駒が複数個入っている時は「殺されない」。このようにたんに駒を進めるだけでなく、互いに相手の駒を「殺す」ことも考える知的なゲームであった。

二〇世紀の末まで、一二枡目が三列に並んだ三六枡目の遊戯盤は、ローマから始まり周辺に拡まったと考えられてきた。そして原型は、エジプトで紀元前三〇〇〇年から長く続いた一〇枡目が三列に並んだ遊戯盤ではないかと推測されてきた。きわめて稀であるがエジプトの遊戯盤の変形で一列の枡目の数が多い盤が発見されているからである。

しかし二一世紀になって、一二枡目が三列になった古代の遊戯盤が発見された。イラン東部のケルマン州ジロフトで、洪水に流されて露出した遺跡から三六枡目の遊戯盤一つと全体の外形が鷲やさそりの形をした六面の二〇枡目の遊戯盤が見つかった。前者は古代ペルシア独特の蛇がとぐろを巻いたような円形の枡目一二個が三列に並んでいた。年代は紀元前二〇〇〇年頃と判断された。この頃に古代ペルシアで三六枡目の遊戯盤が遊ばれていた物証であった。

さらに、一九三三年から三九年にかけてフランスの考古学調査隊が発見した、紀元前三〇〇〇年のイラン西部の古代都市国家スーサの発掘調査も、再検討されるようになった。数多くの出土品のなかに一二枡目が三列に並んだ盤が二面あったことが注目された。二面とも四角の枡目の中に小孔があけられ、そこに小棒を突き差すことのできる仕組みになっていた。上から四段目と下から四段目の横一列の三つの枡目が黒く着色された盤と、上から四段目と下から二段目の夫々三つの枡目が黒くなっている盤であった。

この二つの盤は、「たぶん宮廷に仕える女性の『月経カレンダー』」（W・ヘルク『女神とそれに関する神性の考察』）と判断された。月経の日を確認するために毎日小棒を一枡目ずつ進めたのであろうと推定された。そのためゲームと無関係とされ、長期にわたって誰も関心を示さなかった。

どのような根拠で盤が月経カレンダーとみなされたのか、その過程は不明である。この地域に類似した物品が発見されたからか、当時は未だ古代遊戯盤の研究がさほど進んでいなかったからか。あまりにも時代が離れていたのでローマ時代の三六枡目の遊戯盤と関連する発想が生まれなかったのか、あるいは遊戯盤と判断するのは無理な発掘現場だったたか、いずれにせよ二つの盤は注目されなかった。古代の遊戯盤に詳しいウルリッヒ・シェドラー博士も月経カレンダー説を支持している。

筆者は二つの盤は遊戯盤である可能性は皆無ではないと考えている。チグリス川に近いスーサはメソポタミア文化圏にあり、古代ペルシアとの交流の中継点であったからである。もしスーサ出土の盤が遊戯用ならばジロフトに数世紀後に伝えられたのかもしれない。しかし、スーサから西方へはどのようなルートを経て二〇〇〇年後にパレスチナまで伝えられ、ローマにまで達したのか。仮にスーサの盤が遊戯用でないにしても、ジロフトからどのようにして西方に伝わったのか不明である。今後の発掘調査に期待する以外にない。

古代社会で長期にわたって広範に遊ばれたのが二〇枡目の遊戯盤である。名前の通り枡目または小孔が二〇個あり、三二枡目の遊戯盤に比べて資料も豊富で研究も進んでいる。河合恵実の「古代西アジアの二十マス目遊戯盤に関する考古学研究」（遊・29）は四七例の二〇枡目の遊戯盤を考察する。

二〇枡目の遊戯盤は、一九二〇年代から三〇年代にかけてサー・ウォーレイを団長とするイギリスの考古学調査団がメソポタミアを調査して発表した。約一〇〇ヶ所の遺跡を調査し、都市国家ウルの王宮跡から五面の遊戯盤を発見し、年代は紀元前二六〇〇年頃と推定された。遊戯盤の枡目はさいころの五の目のように五つの点のあるもの、花弁模様やライオンなどの動物が向かいあった図が描かれていたり、なかには非常に貴重な宝石ラピスラズリで装飾されていたものもあった。いずれもウルの王の権威を示す優雅な盤であった。

外形は独特の形をしていて、三枡目が四列に並んだ枡目群と、三枡目が二列に並んだ枡目群とを二つの枡目で繋いだ形で、河合は「呂」の字形と名付けた。欧米では「ロイヤルゲーム・オブ・ウル」

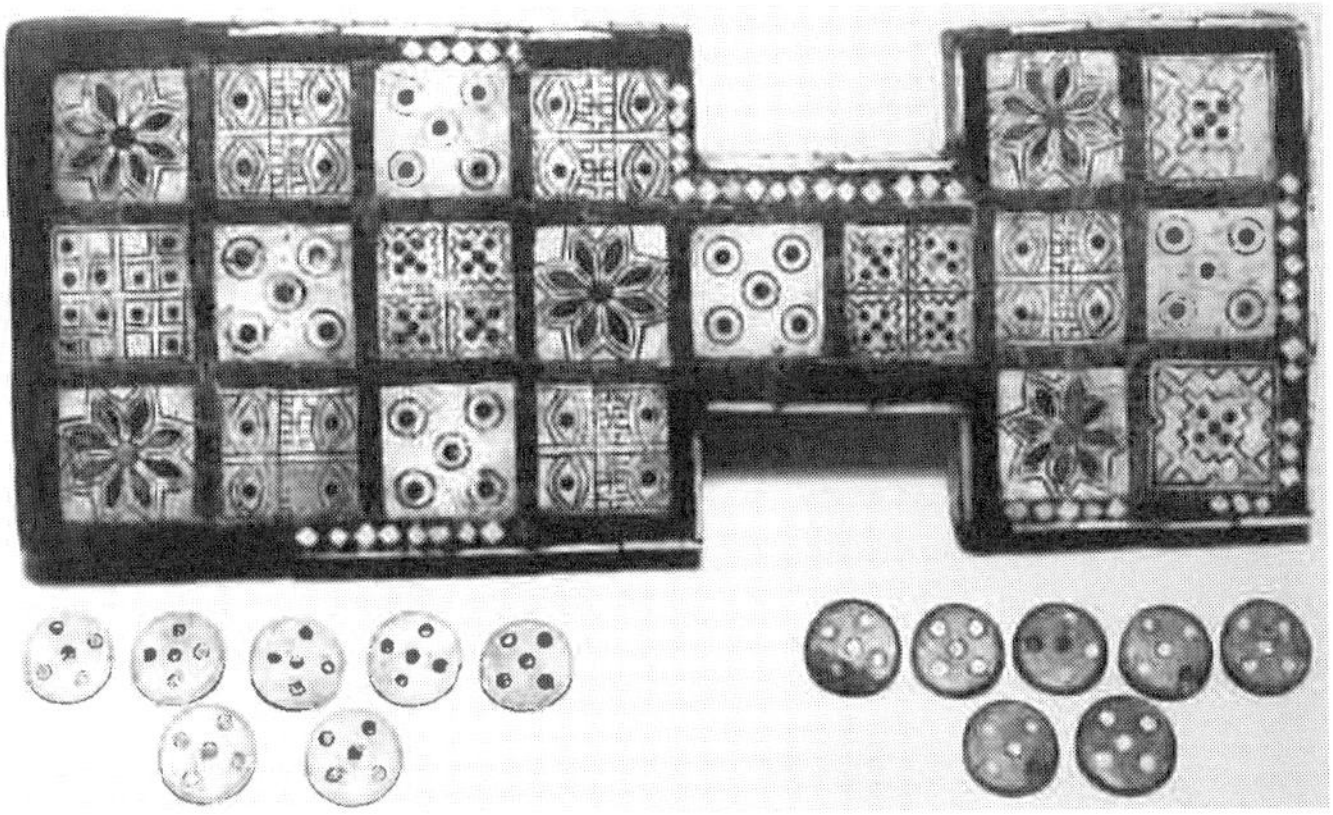

ウルのゲーム

と呼ばれ、独特の形を意味した。長い間ウル独自の形とされてきたが、一九八〇年にイタリアの調査隊がイラン東部のシャフリ・ソフタ遺跡を発掘した際、貴族の墓からウルと同じ外形の遊戯盤が発見された。年代は紀元前二四〇〇年頃と推定され、ウル以外の地でも遊ばれていたことが確認された。

紀元前二〇〇〇年頃から二〇枡目の遊戯盤は変化した。一方の端にある三枡目二列の枡目群が「橋」になっている二個の枡目と接続して一直線に連なるようになった。テニスのラケットの形か「甲」の字形になった。中央の枡目が一二個連なり、敵味方の駒が共有する通路が伸びるとゲームが一段と面白くなった。なぜなら相手の駒を追い抜くか追いついて「蹴落す」ことができ、出発点に戻す場が増えたからである。競技をより興味深くしたいという遊び手の意志が表われたと言える。

このゲームは二人で遊び、夫々五個ずつまたは七個ずつの駒を持って互いに四枡目の一端から登場する。中央

変化した後の20枡目遊戯盤　ミュンヘン大学エジプト学部編　古代エジプトの盤上遊戯セネト集より

の一二枡目を直進して終点に達する。ウルのゲームは正四面体の三角錘のさいころを用いるが、他の場合は投げ棒型か立方体のさいころを用いていたのであろう。「甲」字形の二〇枡目の遊戯盤は急速に広範囲に普及し、いわゆる「豊かな三日月地帯」のエジプトからバビロニアだけでなく、イランやインドの一部にまで広まった。また「紀元前二千年紀になると粗雑な作りの遊戯盤が多くなること、(王や貴族の）墓以外の場所からの発見例が増加する」(「河合論文」遊・29）ことから一般の住民も楽しむようになったと河合は指摘している。

一九九一年三月に大阪府万博公園跡で「大英博物館」展が催され、ウルのロイヤルゲームの実物が展示された。その時に短期間日本に滞在されたアーヴィング・フィンケル博士を遊戯史学会が招いて、二〇枡目の遊戯盤について講演をお願いした。「古代遊戯盤の遊戯法――ウルのゲームについて。アーヴィング・フィンケル（講演要旨）」（遊・3）がそれで、講演要旨と解説が幾つかの図版と共に示された。

バビロンで発見され、紀元前一七七年に粘土板に楔型文字で書かれた文書には、二〇枡目の遊戯盤について記されていた。これを解読したフィンケル博士は、遊びと同時に占いにも用いられていたと確信した。講演でも少し触れられたが、楔形文書には五つの駒は夫々燕、ストームバード、大鴉、雄鶏、鷲と名付けられていて、盤上のロゼッタ模様のある枡目には「食料が充分か」「肉は充分にあるか」などの文言が入っていた。「駒の進行と枡目の種類の組合せによって、占いができるようになっている」。二〇枡目の遊戯盤が長い生命を保ったのは、面白いゲームというだけでなく、卜占用具でもあったからであろう。

3　インドの盤上遊戯

古代文明のなかで諸々の遊びを創造してきたのはインダス文明である。「資料紹介　R・ヴァサンタ『最も初期のゲームの駒の研究』」（遊・16）は、紀元前三三〇〇年から紀元前一七〇〇年〜同一三〇〇年の後期ハラッパー時代まで六つの時期に分けられるインダス文明で出土した遊戯具を紹介したものである。

一九二〇年代に考古学者ジョン・マーシャル卿を団長とするイギリスの考古学調査隊が、モヘンジョ・ダロとハラッパーの都市遺跡を発掘調査して詳細な報告書を出版している。ヴァサンタ教授は第二次大戦後の一九九〇年代の発掘調査に参加した結果を報告した。

教授によると、モヘンジョ・ダロの城壁を造ったのはモハナ族で、彼らはインダス河を移動して漁業を営み交易に従事していた。祭礼の時には船上で盤上遊戯を楽しんだという。その際には、「小孔のある平面の遊戯盤に小棒を突き刺し、（駒かチップとみなされる）粘土の小円板を動かしている。これには木かテラコッタで造ったさいころを用いている」（「前同文」）。そのうえで、これまで建築用具なのか使途不明とされていた大量の円錐状の物品は、ゲームの駒と推定した。揺れ動く船上で盤上遊戯をするため、駒が安定するように小孔をあけた盤が使用されたと述べている。

遊戯に用いられたさいころと駒は、小さい板状の物品の一方の表面に数ヶ所の印を付けたものが最も古い形のさいころであろうとしている。子安貝の貝殻、豆科植物の種、表裏の明らかな陶器の破片と同じように古い時代から用いられたか、これらの物品の原型になったものだという。人工的に加工された小棒状のさいころは骨製が多く、約七割は「魚の目」と呼ばれている二重丸が彫られている。

立方体のさいころはラキンガリの紀元前二八〇〇年～同二六〇〇年の地層から発見された。ハラッパーからは紀元前二六〇〇年～同二四五〇年の地層で三個出土している。材質はテラコッタ、石灰石、緑石で、一の裏が二、三の裏が四、五の裏は六になっている。三角錘のピラミッド形のさいころはロ

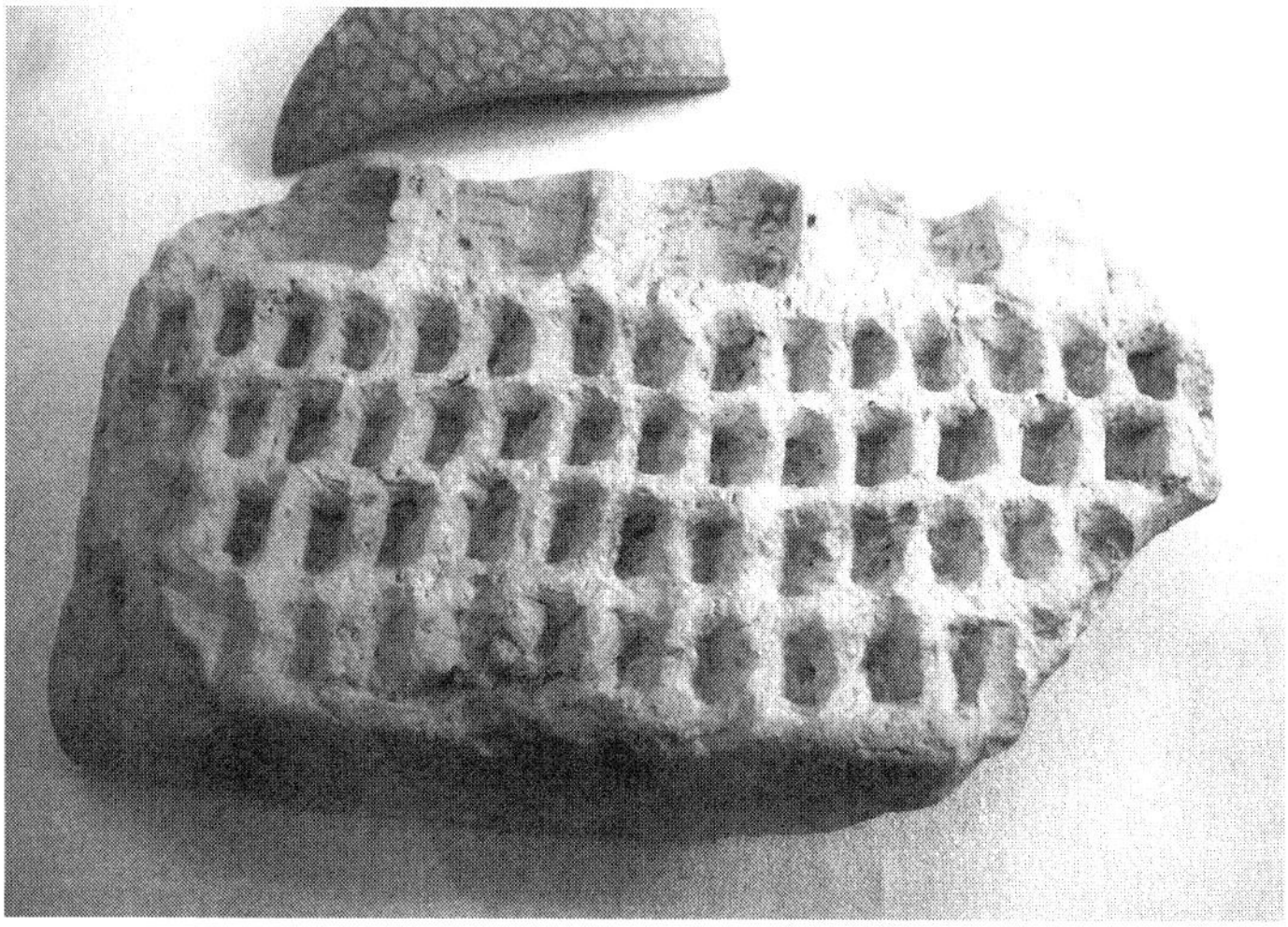

インダス文明の遊戯盤（Dr. E. Rogersdotter 提供）

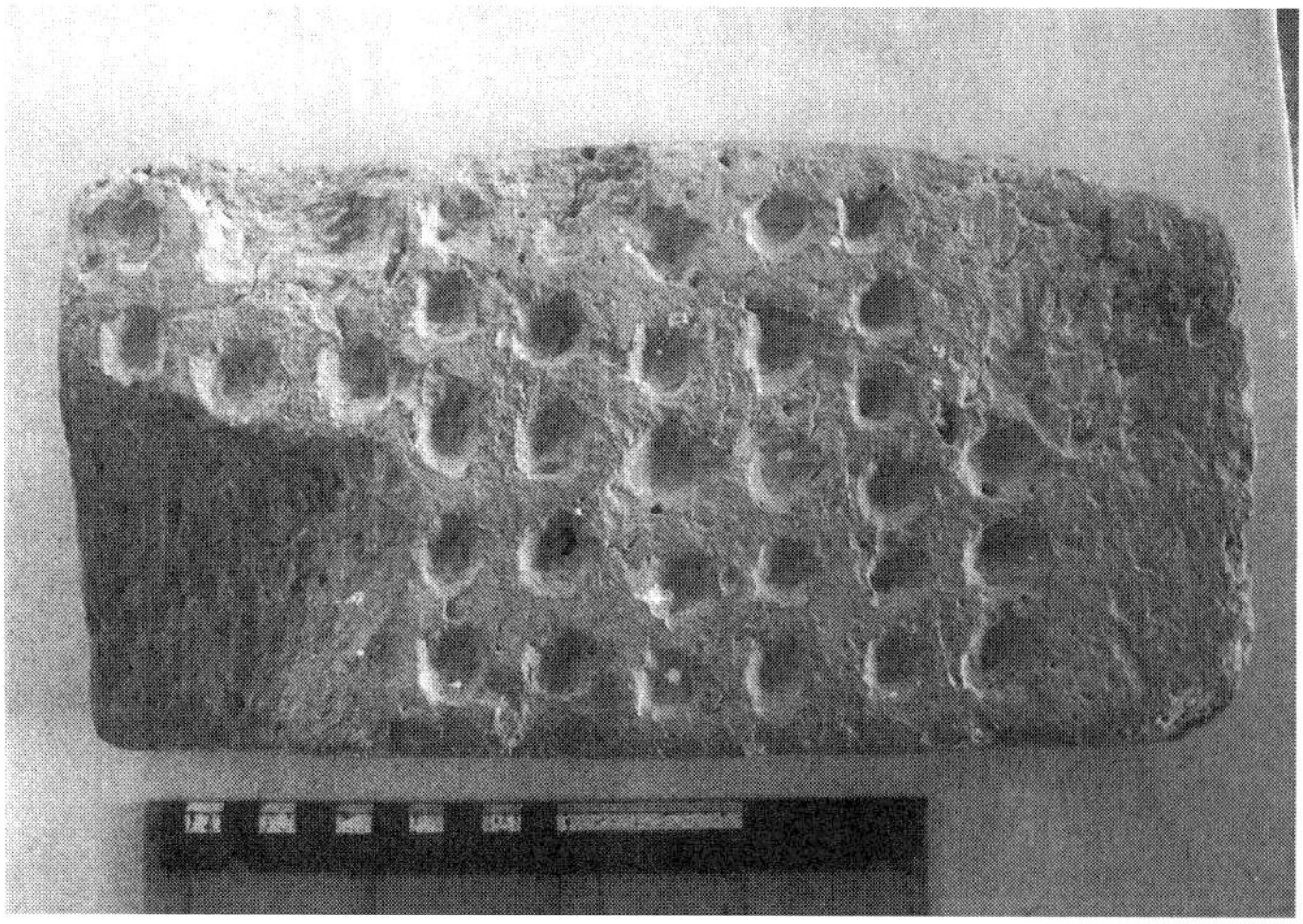

インダス文明の遊戯盤（Dr. E. Rogersdotter 提供）

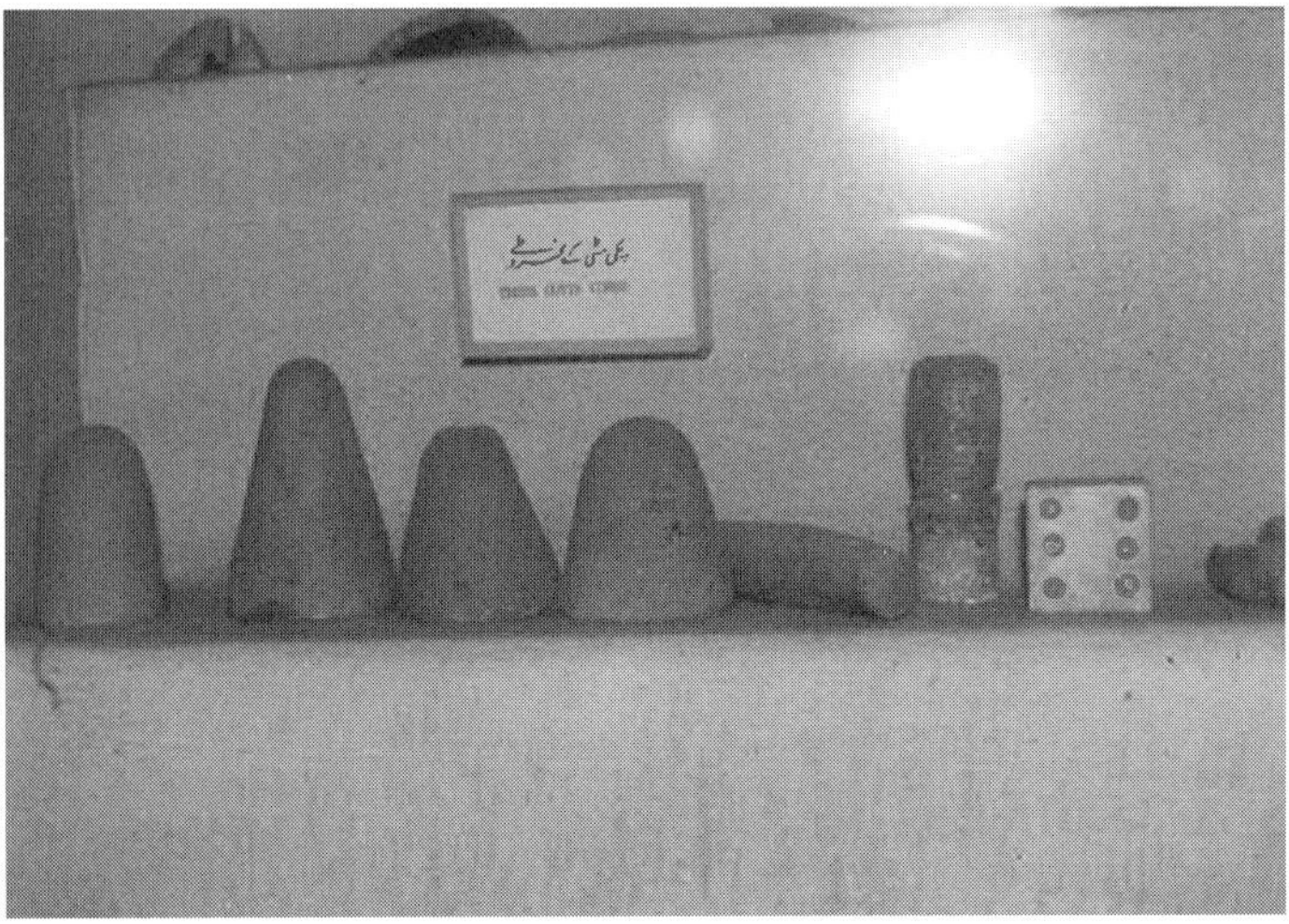

円錐形の駒か？（モヘンジョ・ダロ博物館）

ータルから四個出土し、紀元前二六〇〇年から同二四五〇年の地層から発見された。メソポタミアの都市国家ウルの宮廷から出土した三角錘のさいころと酷似していて、この地域との交流がうかがえる。

人間の頭を模した駒と頂上部が尖った形の駒は、ラキンガリとハルセーナの紀元前三〇〇〇年頃の地層から発掘された。モヘンジョ・ダロから出土した複数の頂上が平らな形の駒は紀元前二八〇〇年頃のものである。この駒は異なった色に塗られていた。その他ハラッパーやロータルから紀元前二六〇〇年頃かそれ以降の年代の駒が発見されている。

ヴァサンタ教授は結論として、モハナ族は航海の民であることを前提にして、第一に、小さい円錐形は遊戯盤上の小孔に突き刺すことのできる駒であったこと。第二に、粘土製かテラコッタの小円板もゲームの駒と推定できること。第三に、人間の頭の形の駒は最古の駒で、順次抽象化され変形して糸巻状の駒になったと考えることができると述べた。

ヴァサンタ教授の下で共にインダス文明の発掘調査に従事したスウェーデンのアプサラ大学のエルケ・ロガースドッター博士も、モヘンジョ・ダロの遊戯具について著書で発表している。田中規之氏が訳して「資料紹介　Gaming in Mohenjo-daro——an Archaeology of Unities」（遊・24）にまとめた。さいころ、駒、遊戯盤について次のように述べている。

一、立方体のさいころ。近世以降の表と裏の目が足して七になる型ではない。メソポタミアのウルから出土した立方体のさいころは一の目の位置にバラの花が描かれているが、モヘンジョ・ダロのさいころは一の目だけである。立方体のさいころについてはウルとの関連は認められない。

二、棒状のさいころ（切断面は四角と三角）。立方体のさいころより出土例は遙かに多く、使用されて表面が摩耗しているのが多い。単体で使う場合と複数個を同時に使った場合と両方あったと考えられる。

三、投げ棒。棒状のさいころと外形は酷似していて混同されやすいが、各面に同じパターンの印がある。それゆえ、さいころでなく占いに用いられたと考えられる。これも多用されたのか表面が磨滅している。断面が半円形のものもあり、丸い面に装飾のような図形がみられる。

四、球とビー玉（他に球状の玩具として「ガラガラ」がある）。あらゆる地層から発見されていて、殆んどが硬い石製であるが、陶器製、ファイアンス製、貝殻製、水晶、ヒスイ、瑪瑙製もある。球

投げ棒のさいころ（モヘンジョ・ダロ博物館）

はよく磨かれていて、九柱戯のような遊びに使われていたのか不明である。

五、ゲームの駒。リンガ（男根）とみなされるものもある。他種多様なので分類すると以下のようである。

a. 明確に頭部が球状になった円錘形。チェスのボーンに似た形。

b. 先端の尖った円錘形で、陶器製が多い。

c. 明らかに頭部が胴体部と区別して認められる円錘形。

d. 側面が湾曲した円錘体でモヘンジョ・ダロで最も多くみられる型。素材は様々である。

e. 正四面体のピラミッド型、ブロンズ製で鋳型で作られていた。

f. 同じくピラミッド型でダークグレーの石製。

g. 平らな三角形の駒。陶器製で一例のみ。

h. 糸巻状の駒。陶器製とファイアンス製が各一個。

i．頭部と底部が平らな円筒形。石製と骨製の三例。

j．立方体のゲームの駒。象牙製で一例のみ。六面総て同じ図柄なのでさいころでなく駒である。

k．他にゲームの駒として「人間の頭部の小像」が三例。

六、ゲーム盤。出土例がきわめて少なく、マッケイは木製の遊戯盤は総て腐朽したと考えている。煉瓦製の多孔型が二例。四角の枡目の煉瓦製の破片は、元の長さは約二九・二センチと推定される。枡目の長辺は約六センチ、短辺は三・八センチで全体は三列か四列の盤とみなされる。石製の多枡目の盤の破片も一点ある。

しかし博士は、ヴァサンタ教授の「円錘形の駒」説に同意していない。素焼きの頭部、つまり円錘体の底面の円形が破損している場合が多いので、他の目的で使われた物品であって遊戯盤の駒ではないと否定している。

なお、インダス文明圏であったロータルについては、「資料紹介　ロータル遺跡の遊戯盤と駒」（遊・30）が詳しい。ロータル遺跡（紀元前二五〇〇年〜同一九〇〇年）からの出土品を展示しているロータル博物館の遊戯盤は、日乾し煉瓦に描かれた全体が四角形の枡目の連なりであった。立方体のさいころも傍に展示されていたので競走ゲームとみなされる。駒は円錘形で上部が球になっているが、犬か動物の頭部の駒もあり、ロータル独自の駒とされている。他に、Ｅ・Ｊ・マッケイの『モヘンジョ・ダロのさらなる発掘』（一九三八）に紹介されている「鳩車」もロータル博物館に複数個展示されていた。モヘンジョ・ダロとの深い繋がりを暗示している。

インダス文明を受け継いだのではなく、後の時代にインドで考案された様々な型の遊戯盤がある。独特の十字形の遊戯盤パチシは有名であるが、紀元後数世紀の仏教典にも多数の遊戯具や遊戯名が記されている。遊びについてのインドの人々の創造力の豊かさには驚かされる。これらの遊びは長期にわたって遊び継がれ、元の型や性質を忠実に踏襲している場合と、遊び手の意志によっていわゆる「遊び勝手のよい」型に変えられた場合がある。後者は順次変化して元の形と大きく変ったものもみられる。

ロガースドッター博士の「都市遺跡ヴィジャヤナガラの遊戯場所と遊戯盤」（遊・30）によると、ここは元の形を伝えている遊戯盤と変形した遊戯盤の両方が混在している珍しい遺跡である。この都市遺跡はゴアの東約三〇〇キロにあり、ほぼ南インドの中央部と言える。一三五〇年頃からこの地方の首都になり、クリシュナデバラ王（在位一五〇九〜二九）の時代には人口二五万を超える大都市になった。

発掘調査は一九四〇年代の初めから始まり、既に四回なされているのは、それほど広大で多数の遊戯盤が彫られるか描かれるかしているからである。ジョン・M・フリッツとダヴィッド・ギブソンが二〇〇七年におこなった調査は「ヴィジャヤナガラの遊戯盤序論」『古代盤上遊戯の全体像』として発表され、環境の変化と遊戯盤の変化との関連を考察する。ロガースドッター博士は二〇一〇年に綿

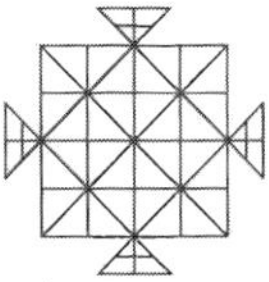

2 Alquerque-type.

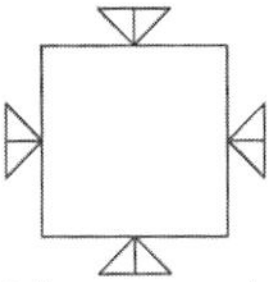

3 Alquerque-type, variant.

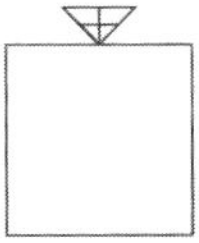

4 Alquerque-type, variant.

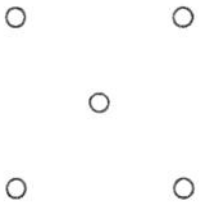

5 Blockade-type with five points.

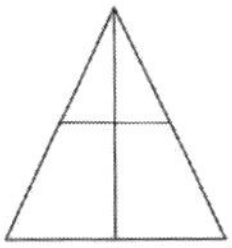

6 Leopard game, variant.

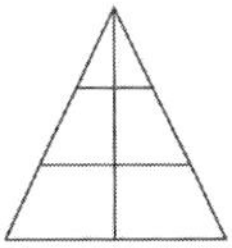

7 Leopard game, variant.

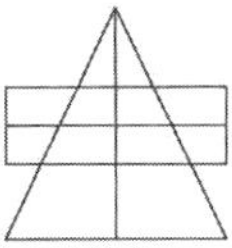

8 Leopard game, variant 'Goats & Tigers'.

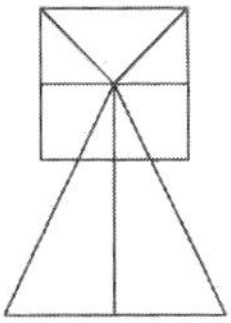

9 Leopard game, variant.

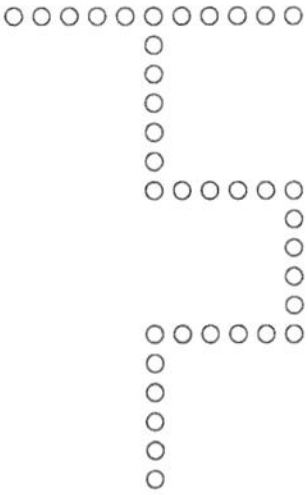

10 Race game, with pits.

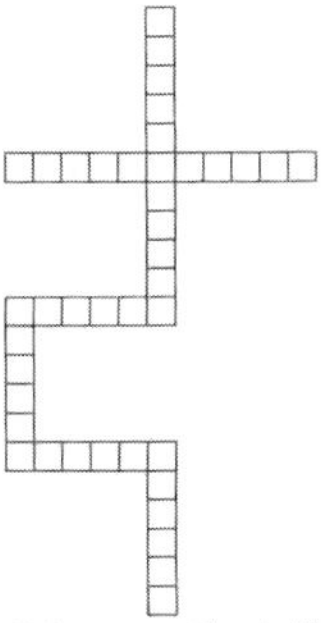

11 Race game, with etched lines.

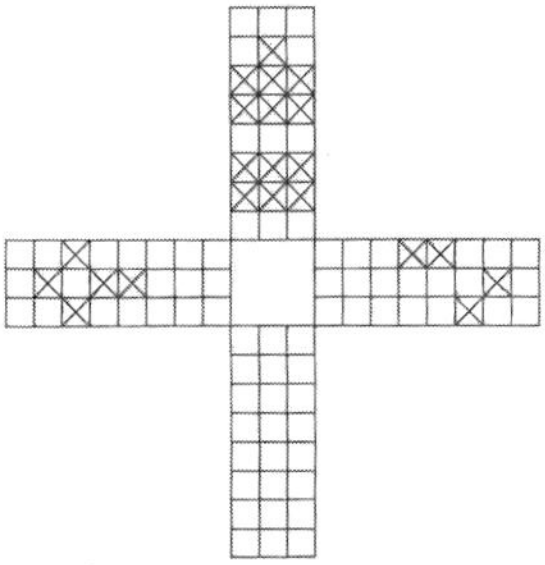

12 Parchesi, variant.

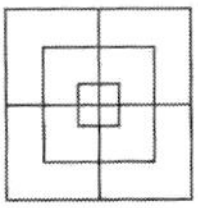

13 Merels game, variant 'Nine Men's Morris'.

14 Mankala game, variant with pits at either end.

ジョン・M. フリッツとダヴィッド・ギブソンの報告

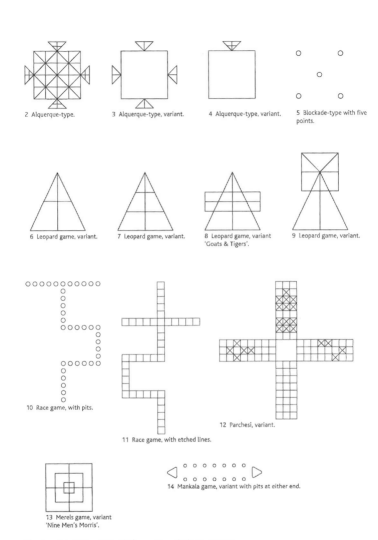

密な調査により、実に五八〇面という膨大な量の遊戯盤を発見した。路上や岩の上に彫られたり描かれたもので、競走ゲームが二一九面、狩猟ゲームが一八七面、従来の分類にあてはまらないものや変形した遊戯盤が一七四面あった。多い順に記すと次のようである。

①一本筋の遊戯盤。穴が連続しているが、現在は遊ばれていないものも含めて一一〇面。

②ナイン・メンズ・モリス型の配列ゲームが一〇三面。

③一本筋で枡目の列が正方形に近い型。ロータル博物館展示の遊戯盤と酷似したもの九三面。

④アルケルク型の狩猟ゲームが七五面。

⑤三角形型の単純な狩猟ゲームが五六面。

⑥マンカラ型で穴が七個二列に並んでいるものが五二面。

⑦封鎖型のアジアの一部でよく知られているブロック型が四九面。

⑧残りの七パーセントにあたる遊戯盤は、現在の分類にあてはまらない星形やパチシ型で多数の枡目がある形の遊戯盤であった。

これらの調査結果から、ヴィジャヤナガラにチェス盤やバクギャモン盤がみられないのに気付く。奇妙なことである。パチシもギプソンの報告にみられるものの、ロガースドッター博士の例では八番目に僅かに記述がみられるのみである。都市遺跡の住民はチェスやバクギャモンのような高度に知的な盤上遊戯を好まなかったのであろうか。

そうではなかったのであろう。チェス盤やバクギャモン盤やパチシ盤は、豪華な造りかどうかは別

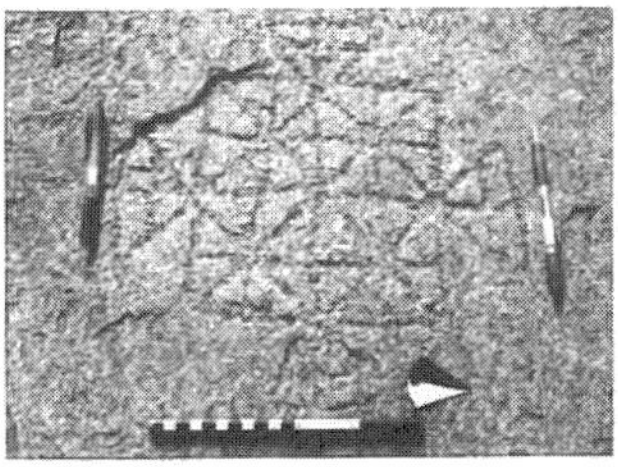

アルケルク型の盤

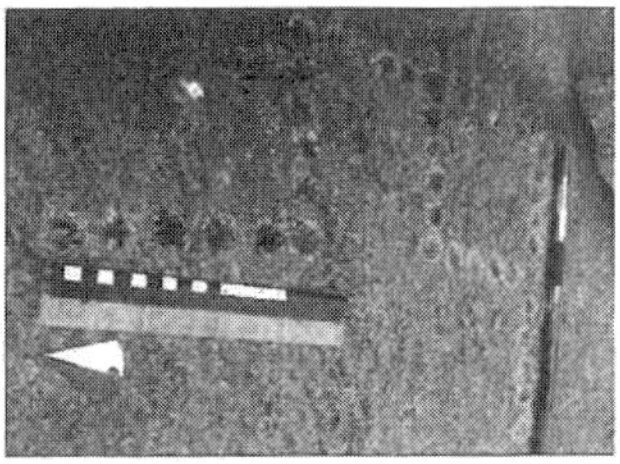

一本筋の遊戯盤

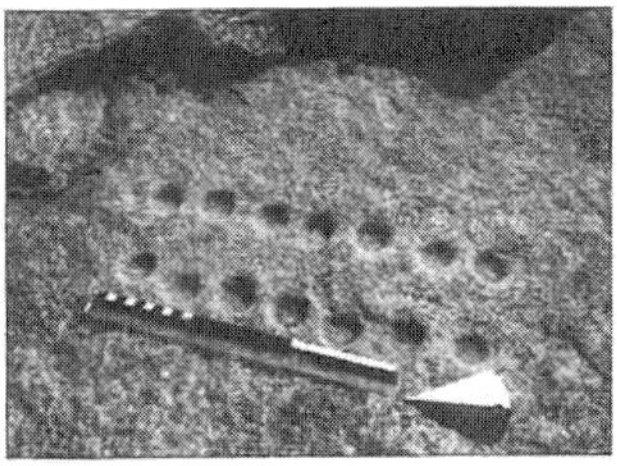

マンカラ型の盤

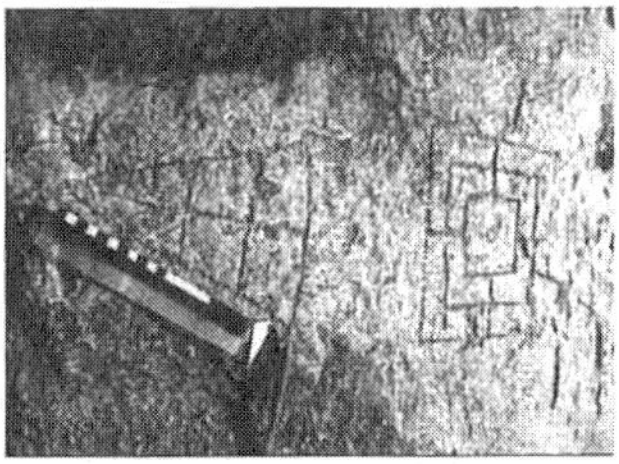

大きいメレルス型の盤

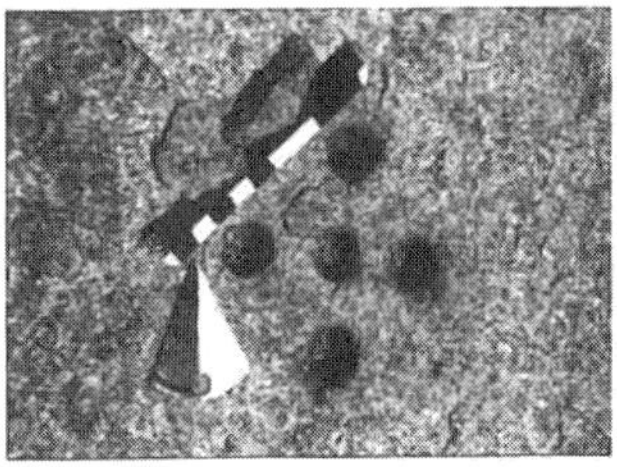

封鎖型の盤（ブロック型）

一本筋の遊戯盤（升目の列が正方形に近い）

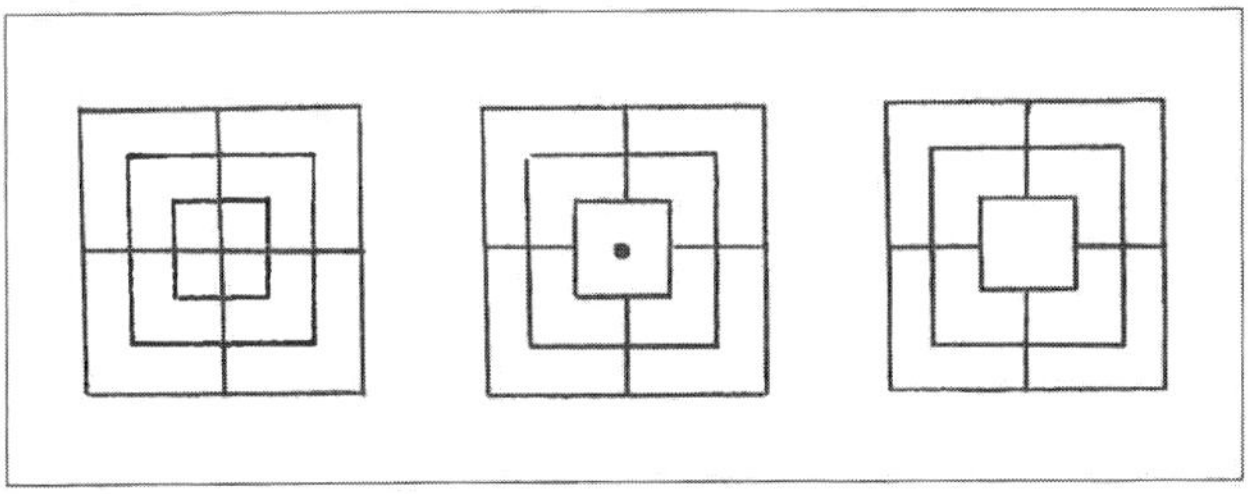

メレルス型遊戯盤の内部構造の変化

Dr. E. Rogersdotter の報告

として、調度品として飾られ机上に置かれ、固定するか持ち運んで遊ばれたのであろう。おそらく上流階層の人々は遊戯盤を携えて立ち去り、放置された遊戯盤は盗まれたか朽ち果てたのであろう。

遺跡に彫られた遊戯盤に話を戻すと、博士の調査では市の中心部である王宮前の広場や兵営跡に多くみられ、市場跡や大邸宅の並ぶ路上では比較的少なかったという。

また、五八〇面の遊戯盤を詳しく観察すると、一つの遊戯盤にきわめて近接した場所に複数の遊戯盤が彫られていたり、ある個所は数十面の遊戯盤が連なるように彫られていた。外形が二重の線になっている遊戯盤もみられた。これらは長い間に外形が摩耗し、新しく彫り直したり描きたされたと思われる。多数の遊戯盤が彫られた場所は、いわば青空会所のようであったのかもしれない。郊外にも若干の遊戯盤が描かれていて、都市全体に遊戯盤のある珍しい遺跡の一つである。

近世のインドにも盤上遊戯に熱中した王がいた。R・ヴァサンタの『マハラージャのゲームとパズル』（二〇〇六）によると、インド南西部のマイソールのクリシュナラヤ・ヴォデヤール三世（一七九四〜一八六八）は、盤上遊戯とパズルに異常なほど執着していたという。

王はジャガンモハナ宮殿に珍しいゲーム盤を蒐集し、この宮殿をアート・ギャラリーと称した。蒐集品の展示だけでなく宮殿の壁面にゲーム盤やパズルを大きく描かせて、それを見て楽しんでいたという。このような特異な王がいたからこそ豊富な種類のインドのゲーム盤が現代も伝えられているのであろう。

4　チャトランガとチェス

この二〇年間はチェス史が急速な発展を遂げた期間であった。かつてのチェス史の定説や常識が次々と覆された。その大きな理由は新しい物証の検討や新たな資料の発見と共に、国際チェス史研究団体イニシアチブ・グループ・ケーニッヒシュタイン（略称ＩＧＫ）と国際チェス史研究支援財団（略称ＴＳＧ）の精力的な活動である。加盟する各国の研究者――両方の団体に加盟している人達もいるが――の努力にもよる。さらに「チェスは文化」という観点からチェス史の研究にサンスクリット学者、インド古代史、ペルシア史、中世ヨーロッパ史の専門家達が自分達の専門の領域からチェス史の研究に協力したからである。

田中規之氏がザイエット博士著『ハルシャチャリタ』を抄訳した解説（遊・23）は、最近のチェス史研究を要領よくまとめている。『ハルシャチャリタ』はインド北部のカナウジを支配していたハルシャヴァルダナ王（在位六〇六～四七）の伝記で、詩人バーナが六三〇～四〇年頃に書いたものである。チェス・将棋の原型であるチャトランガについて記した最古の文献として誰しもが認めるものである。駒の名称などを王に説明する内容になっている。これを吟味したザイエット教授はチャトランガについて次のように述べている。

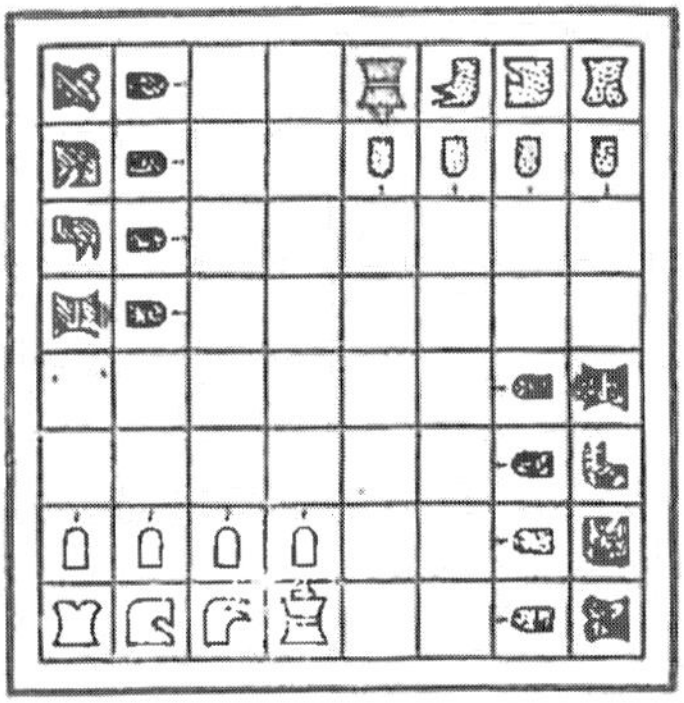

4人制チャトランガ

一、チャトランガは紀元五世紀頃に北インドのマウカリ王朝が成立する以前の宮廷の盤上遊戯である。その後、六世紀半ばにササン朝ペルシアに伝えられた。
二、チャトランガは先行する競走ゲームが発展して出来たのではなく、軍事戦略を訓練するための図上演習を古くから遊ばれている8×8枡目の盤であるアシュタパタの上に置き換えることで成立した全く新しいゲームである。
三、チャトランガは本来二人でプレーするゲームである。四人でプレーするチャトランガは一一世紀の前半に至るまで史料に全く見出されない。インドからペルシアにチャトランガが伝えられた時も、四人制チャトランガは成立していなかった。
四、北インドの都市カナウジ近郊で出土した多数の素焼きの小像は、創成期のチャトランガの駒である可能性が大きい。

しかしザイエット教授に反対する意見もあった。

ロシアのイザーク・リンダー博士は、チャトランガはもっと早い時期の一、二世紀に戦争ゲームとして考案されたのではないかと述べている。モスクワのチェス博物館館長のユーリー・アウエルバク氏は、一九七〇年代からの持論である「さいころを用いる四人制チャトランガ」が最古であると主張して反対した。これらの論争を熟知し『シャッハ・ジャーナル』誌の意見を汲み取った増川は「将棋の起源――四人制か二人制か」（遊・19）を発表した。かつて独自に四人制説を展開し、国際的なシンポジウムに屢々参加して多くのチェス史研究者と意見を交換した結果、四人制説の誤りを認めた増川は、自らの体験も含めて二人制説を支持した見解を述べた。

チャトランガが当初は四人制であったという誤解は、一一世紀の旅行家アル・ビルーニーが記した『インド誌』（一〇三〇年頃）に四人制チャトランガの詳細な報告があり、一八世紀のイギリスのチェス史研究家がこれを信憑すべき資料としたのが始まりである。同時代のドイツのチェス史研究家もこれに賛意を示した。さらに一九世紀にインド中部の紀元前数世紀――後の調査で紀元前一世紀か紀元後二世紀と判明したが――のバールフートの浮彫りが四人制チャトランガ説を裏付ける物証とされ、一時期は四人制起源説が主流となった。

さらに、現在でも「チェス史の聖書」と評価されているハロルド・J・R・マレーの『チェスの歴史』は、盤上遊戯の長い歴史を語るべく、古代エジプトのセネトから説き起こしている。メソポタミアや古代ローマまで続く長い盤上遊戯の歴史は、さいころをふって駒を進める競走ゲームから始まった。そのためさいころをふって駒を動かす四人制チャトランガこそ盤上遊戯の正しい流れを受け継ぐと述べる。

アウエルバクは古代インドの貴族達が戦車競走を好んでいたことから、最初に盤上に移されたのはさいころで戦車の駒を進めるゲームで、次第に他の駒も盤上に置かれるようになって四人制チャトランガが成立したと主張した。四人制は対面した者達か隣の競技者と同盟して競うようになり、現在のような二人制に変化した。二人制になったので一組に二人の王は不必要で、一人の王は降格されて大臣または司令官の駒になった。また二人制になったので交互に指すようになり、さいころは不要になって廃止された。四人制起源説の代表的な見解で、ドイツのチェス史研究家ヨアヒム・ペツォルト教授もこの見解を支持した。

拙稿の「将棋の起源――四人制か二人制か」は、四人制起源説について古代インドで8×8の枡目の盤を使って戦車競走に類似した競走ゲームはあるが、戦車以外の駒はどのようにして登場したのか、順次かそれとも一度に全部の駒が盤上に置かれたのか、この経過を説明されていない。競走ゲームであるならば、駒は予め定められた方向の枡目の列を進むが、四人制チャトランガの駒は夫々独自の方向に進むルールである。競走ゲームから進化したという説明には無理がある。

アル・ビルーニーの説明では王の駒をはじめ各々の駒に点数が付けられていて、ゲームの終了時に夫々のプレーヤーが何点獲得したかを競うゲームになっている。二人制に移行した時に相手の王を捕えたら勝ちになっているが、点数制が変化した経過が説明されていない。

チェス・将棋類が他の盤上遊戯と異なる最大の点は、夫々の駒に名前があり夫々の駒の性能（進み方）が異なっていることである。軍隊では兵種が異なると違った役割があり、行動が異なる。盤上に移されてもこの性質は変らない。チャトランガは従来のさいころをふって駒を進めるゲームとは関連のないゲームである。

近年、サマルカンド近郊で発見された八世紀中頃の具象的な駒は完全に揃った一組の駒ではないが、四人制を示唆する証拠は認められない。従来は素朴で単純な形の駒であるイスラム型が最古のチェスとされてきたが、ヨーロッパの古城で発見された駒は二人制であって四人制を示す証拠はない。なお、インドの長編叙事詩『マハーバーラタ』にはチャトランガという名詞が屢々記されているが、これは遊戯名でなく純粋に戦闘の際の軍隊の配置を示す言葉である。一九世紀から二〇世紀前半にかけての「四人制を示す物証」は現在では否定され、今日ではチャトランガの四人制起源説を主張する研究者は皆無と言えるほどの状況である。

二一世紀初のチェス史研究の最も優れた業績の一つは、カスティーリャの「賢明王」アルフォンソ一〇世（在位一二五二～八四）が編纂した『遊戯書』（一二八三）のドイツ語訳である。総頁九七頁に一九四例の遊びなどが描かれていて、六四頁もチェスにあてられている。挿絵は当時の最高水準のセビリアの美術学校で製作され、今もなお鮮やかな色彩が保たれている。

この全訳を紹介したのが「資料紹介　Alfomso X. der Weise——Das Buch der Spiele」（遊・22）である。『遊戯書』は従来から断片的に訳され、非常に高価な「完訳」とされる書物もあったが、中

アルフォンソ10世の『遊戯書』

世スペイン語の誤訳もあり、完璧なものではなかった。スペインのチェス史に詳しいリカルド・カルボ博士（故人）と現スイス遊戯博物館の館長でドイツ人のウルリッヒ・シェドラー博士が一〇年以上にわたる作業で共訳し、ドイツ語版『アルフォンソ一〇世「賢明王」の遊戯書』（二〇〇八）を完成させた。副題に両名の全訳および解説とある。序文では、本書は人間の自然な欲求である遊びについてだけでなく、遊戯史としてもきわめて貴重な内容を含んでいて、現代のヨーロッパの言語で書かれた最初の研究書であると宣言している。

華麗な図版の幾つかは本書の口絵を参照していただきたい。口絵七頁上段はキリストの誕生の際に東方から三人の博士が祝福に訪れた聖書の話のパロディで、賢明王の許にチェス盤、タブラ盤（バクギャモン）、さいころを持った三博

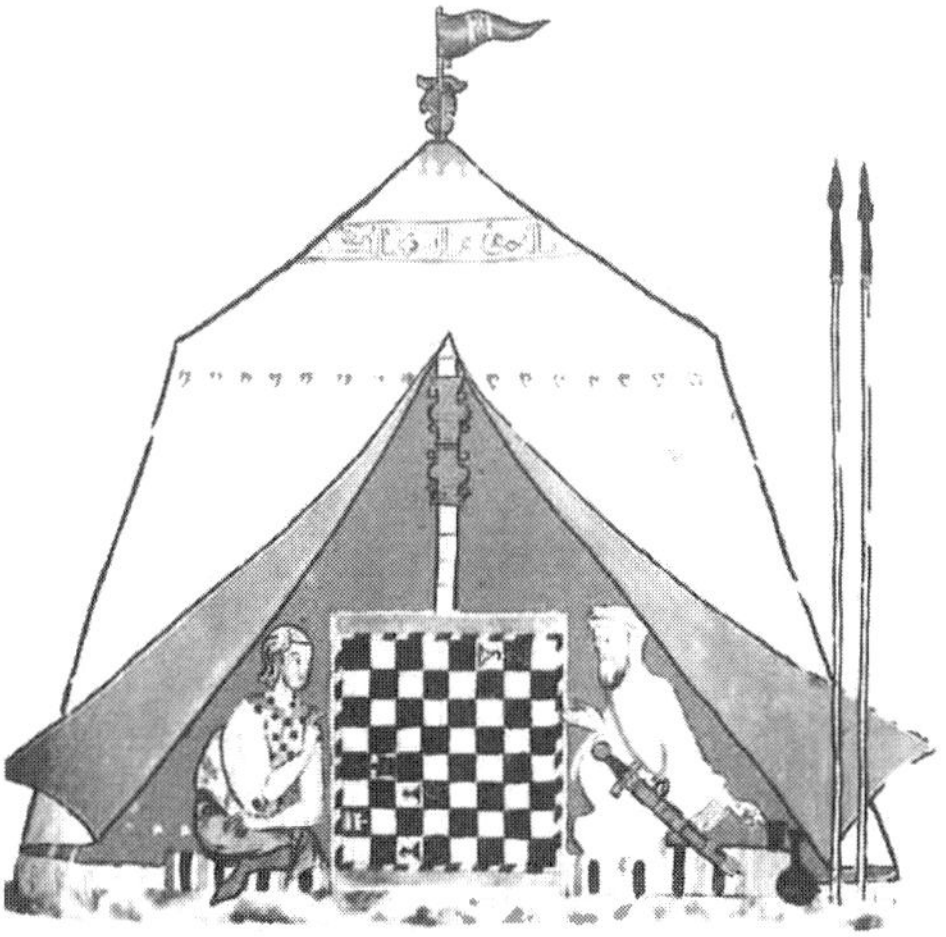

イスラム教徒とキリスト教徒の対局（『遊戯書』より）

士が訪れている。この三博士はみな頭にターバンを巻いているので、インドから『遊戯書』の誕生を祝福に来たことを暗示している。

一三世紀のイベリア半島では、レコンキスタと呼ばれるイスラム教徒とキリスト教徒の激しい戦争が続いた。しかし『遊戯書』では賢明王の思想を表わしているのか、イスラム教徒とキリスト教徒がアラブ風の天幕の中で楽しそうにチェスを指している。沢山のチェスの対局図には、王族、騎士、商人、職人、文化人、若い女性などが描かれ、盤と駒を製作している二人の職人の珍しい絵もある。

『遊戯書』の特徴は、チェスの対局図一〇三例について両翻訳者による詳しい解説が付いていることである。個々の局面の説明と共に「次の一手」や「詰めチェス」の手順を示している。原本にある対局の途中図だけでなく当時のチェスの水準も知ることのできる親切な解説である。従来の断片的な紹介にはなかったことで、この解説により原本の執筆者がかなりな技能の持ち主であったことも判明した。

一三世紀のヨーロッパは、イスラム型のチェスを元に独自の駒やルールを創り出す過渡期であった。チェス盤は市松模様に変えられ、駒の形もヨーロッパ風に変りつつあった。何よりも「女王」の駒や「僧正」の駒が生まれたばかりであった。しかしまだこの二つの駒の進み方はイスラム様式であった。『遊戯書』がチェス史の研究上貴重な資料とされるのは、こうした理由にもよる。

5　バクギャモン

一二枡目が三列に並んだ遊戯盤については本章第二節で述べたが、この遊戯盤は一二枡目が二列に並んだバクギャモンの原型である。なお、バクギャモンと呼ぶようになったのは一六世紀からで、それ以前は別の名前で呼ばれたが、便宜上この節では適宜バクギャモンと称することを御諒承願いたい。

ホルトで出土した二世紀のものとされる三六枡目盤の中央の枡目に一本の筋が引いてあるのを見て、一九三〇年代にローランド・G・オースチンは、これは一列抹消しているのではないかと考えた。そして、三六枡目の遊戯盤からバクギャモンへの移行は、中央の枡目の列を除去して一二枡目が二列に並んだ遊戯盤になったと推定した。

激動するローマ社会を反映して、悠長な遊びよりも早く決着のつくように遊戯盤が改良されたと思えるが、三六枡目の遊戯盤の駒の運行は、前半部は中央の列から上部の列へUターンした形になっている（第二節参照）。すなわち三六枡目盤の駒の動きの前半は、バクギャモンの駒の動きと完全に同じであった。ローマ時代の地下墓地の副葬品として埋葬されていた三六枡目の遊戯盤を調べていたウルリッヒ・シェドラー博士は、三六枡目の外側の枡目の列（最下段の列）が抹消された遊戯盤を発見した。こうしてバクギャモン盤への移行は「中央の列でなく外側の列が除かれたものであることが、実物によって証明された」（U・シェドラー「アレア、タブラについての二種類の記述――ローマ時代のバクギャモンの歴史の新しい証拠」『ボードゲーム研究の新しいアプローチ』）と述べた。因みにアレアは初期のバクギャモンの名称で、六世紀頃からはタブラが、中世ヨーロッパではトリックトラックが一般的な名称になった。

一二枡目が二列に並んだ遊戯盤は三六枡目盤と数世紀にわたって共存したが、出現の時期は不確定である。H・J・R・マレーは紀元一世紀と推定している。ローマ帝国皇帝クラウディウス（在位四一～五四）がアレアを好み、旅行の際にもアレアの遊戯盤を携えていたことを根拠にしている。シェドラー博士はヨーロッパでは三世紀頃と推定している。中近東でアラブ人がバクギャモンのことをナルドと呼ぶのは「三世紀から五〇〇年頃の期間」（U・シェドラー「完全な均衡と高度な動揺の間」『人類の遊び』）という。

バクギャモンはローマの植民地拡大を通じて四方へ広まり、東方へは中近東からシルクロードを経てさらに東の中国にまで達した。もう一つのコースは中近東から分岐してインドに伝えられた。インド南部のバクギャモンが西から東へ伝わってインド東岸に達した経路を綿密に調査したのが、イギリスのミカエラ・ソアーである。彼女は「古代インドの彫刻にみる盤上遊戯とバクギャモン」『古代盤上遊戯の全体像』を発表した。実地調査に基づくバクギャモンの記述は次のようである。

インド西南部のアジャンターの仏教寺院は、洞窟画で有名である。このなかに一二枡目が二列に並んだ遊戯盤に興じる人物が描かれている。年代は紀元四六〇年から四八〇年のもので、絵の主題はヴィドラペンディタ・ジャータカ（ジャータカは釈迦が出家する前の物語）からとったものである。

中部西インドにあるソンドリ寺院のバクギャモンの彫刻は、グプタ朝五三〇年から五四〇年頃のものである。以下の総ての彫刻と同様にシヴァ神とパルヴァティ神の対局である。駒もさいころも不明瞭である。

西インドの岩を削って造られたヒンズー教寺院のジョゲシュワリ洞窟のバクギャモンの浮彫りは、五二五年から五四五年のものである。オリッサの初期のヒンズー教寺院のスヴァルナジャーレシュヴァラ寺院の浮彫りは六一〇年頃のものである。一二枡目二列の盤上には四個ほどの駒が盤の中央に描かれ、パルヴァティが長い棒状のさいころを握っている。ムンバイの北東約二〇〇キロのシャラナドリ台地には、有名なエローラ石窟寺院群がある。ここにも幾つかのバクギャモンが描かれている。

中央インドのサバータにある廃墟になった寺院の戸口に描かれているバクギャモンは六五〇年頃のものである。西方か西北方からバクギャモンが伝えられたとする理由は、この寺院の保護者が西インドのエローラのシンハラ王であったからである。このバクギャモンは中央部がくびれたように狭くな

スヴァルナジャーレシュヴァラ寺院のレリーフ（610年頃）

っている。盤上には駒が六個描かれている。

エローラのカイラーサ寺院の浮彫りは七五八年から七七二年のもので、中央がくびれたバクギャモン盤では三〇個の駒がゲーム開始時の配置になっている。盤は縦型に描かれ五個ずつの駒が三群あり、夫々の盤の枡目の両端に五個ずつと上から六番目の枡目（下から七番目の枡目）に五個置かれている。当時のインドのバクギャモンの遊技法を示す非常に珍しい浮彫りである。この頃にはゲームの進行中に相手の駒を「蹴落す」ルールがあったと思われる。

東インドのスリカクラム地方にあるマドゥケスヴァル寺院の浮彫りは八世紀後半のもので、一二枡目二列の下から六枡目を中心に一〇個の駒が描かれている。座っているパルヴァティが一方の膝を立て、右手に長い棒状のさいころ二個を握っている。

エローラのランケスヴァラ洞窟寺院の浮彫りは八一四年から八七〇年にかけてのもので、シヴァの左にパルヴァティが座っている。夫々の駒は五個ずつ三群に分れていて前述のような配置である。浮彫りの盤の大きさは長さ四六センチ、幅二六センチである。オリッサ州クタック地方のスクレスヴァラ寺院の浮彫りは九世紀のバクギャモンで、中央がくびれた形である。パルヴァティの左手は盤の縁に置かれ、長い杖状の棒を持っている。シヴァは右手を挙げて二個のさいころを持っている。

オリッサの同じクタック地方のクンデスヴァラ寺院の浮彫りも九世紀で、これも中央のくびれた盤である。シヴァとパルヴァティがカイラーサ山に座ってバクギャモンに興じている。一〇の頭を持つ魔王ラヴァナがこの山を揺すっている珍しい構図でパルヴァティの手が盤を横切って伸び、あたかも盤を押えているように見える。

マハナディ川の中洲に建てられたシンハナ寺院の浮彫りは九世紀後半の作である。この寺院は廃墟となっているが堅い石に彫られているので残っている。バクギャモン盤の上に駒もさいころも描かれていないように見える。シヴァが右手を挙げているがパルヴァティが勝ったようで、彼の右手が盤の上まで伸びている。

インドネシアのボロブドゥール大仏塔の数多くの浮彫りは、ブッダの出家前の姿が多く、中央がくびれたバクギャモンで勝負に賭けている光景を示している、とソアー氏は説明している。筆者もこれと同じ浮彫りを撮影したが、ボロブドゥールの大仏塔はシャイレンドラ王朝時代の七五〇年から八五〇年にかけて建設されたものである。したがって氏の説明は明らかに間違いである。

長距離の交通不便の難路を調査したソアー氏の努力で、おおむねバクギャモンは五世紀から七世紀にかけてインド南部の西から東に向かって普及したことが示された。また中央部のくびれたインド独

バクギャモン（『遊戯書』より）

特の盤の形は、七世紀中頃には造られ、ヒンズー教寺院も仏教寺院もバクギャモン遊戯の図があることも実証された。

正倉院の御物から、シルクロードを経て中国に入ったバクギャモン（枡目は花模様）と、ボロブドゥールやインド東海岸にみられる枡目が長方形の「海のシルクロード」を経た東南アジア系のバクギャモンの二つの系統の終着点が日本であったことが、ソアー氏の調査でより明らかになった。

一二世紀初に西インドを支配していたソメスヴァラ王が編纂を命じて作らせた『マナソラーサ』に、王が習得すべき技芸が記されている。チェスと共にバクギャモンも取り上げられており、開始時の駒の配置の一つが、五個ずつ三群に分れていて、カイラーサ寺院の彫刻と同じである。駒は乳房のような円錐形と書かれている。

中村忠行の「雙六攷」（『大和文化研究』第三巻第五号）によると、雙六の遊戯法は本雙六、柳、大和、追廻し、下り端と五通りあるという。このうちの大和はエローラの寺院にある駒の配置の五個ずつ三群に分れているのと全く同じである。大和（または端雙六）という遊び方は、各務支考著の詩歌伝承を記した『和漢文操』（享保一二年・一七二七刊）にも述べられているという。

海のシルクロードを経て日本に届いた雙六は、遊戯法も確実に伝えていた。

6　パトリ

盤上遊戯の研究はヨーロッパを中心に盛んで、学術調査団が中近東など広汎な地域の遺跡をもとに情報を蓄積してきた。中南米の遊戯や遊戯具の調査はヨーロッパほど緻密になされていないようだが、研究者達はこれまでも真摯に取り組んできた。その労作の一つが五木田まきはの「メソアメリカにおける『パトリ』」（遊・30）である。

メソアメリカとはメキシコおよび中央アメリカの北西部を含む地域で、マヤ文明やアステカ文明などの文化史的領域である。パトリは盤上遊戯で競走ゲームに分類される遊びであるが、ナワトル語でパトリは「豆」を意味するため、豆に印をつけてさいころとして用いるゲームは総て「パトリ」と呼ばれている。

パトリについてヨーロッパに最初に報告したのは、一五五二年にスペインの歴史家フランシスコ・ロペス・デ・ゴマラで、マヤ地域では現地の人々がパトリという豆をさいころにした盤上遊戯を楽しんでいる、というものであった。次いで一五六六年にフランシスコ会の宣教師ディエゴ・デ・ランクが現地の青年達は公共建築物でさいころ遊びや種々の遊びに興じていると報告した。ドミニコ派の宣教師もパトリはチェッカーのようなさいころ遊びで、ゴム樹液で敷物に描いた十字形や方形の盤の上に駒を進めると述べた。

一六世紀にスペイン人が発見した先住民の絵文書にも方形の遊戯盤の中に十字の枡目や十字形が描かれていて、宣教師らの報告を裏付けていた。一六一六年にスペインで出版されたフランシスコ会士の書物にも、パトリはバクギャモンに似たゲームで、現地ではさいころをパトリと呼んでいるとある。一七世紀にメソアメリカの人々がスペイン語で記した神話や伝承にも遥か昔からさいころ遊びや球技がおこなわれていたとあるので、パトリは古くからある遊びらしいと認識されるようになった。

このように一六世紀から一七世紀にかけて不正確な情報も含めてパトリはヨーロッパに知られるようになった。その後一九世紀に至るまでパトリについて断続的に幾つもの報告がヨーロッパにもたらされた。パトリの十字形遊戯盤の原型はインドの伝統的な十字形遊戯盤のパチシであるという説や、それを否定する見解が発表されるなど、パトリをめぐる論争が続いた。

二〇世紀の初期からパトリの学術調査がはじまり、ドイツ、スペインなど数ヶ国の研究者が精力的に活動した。

現在のところメソアメリカの二一の遺跡から盤上遊戯を彫った六三面のパトリが見つかっている。ホンジュラスのコパン遺跡は「マヤ文化圏」に属するが、神殿の内部にある建造物の床から複数個のパトリが発見された。このパトリは紀元四二五年から四三五年にかけてのもので、現在のところ最古のパトリである。この遺跡の球技場の床面にもパトリが描かれている。

マヤ低地のグァテマラのナクム遺跡はパトリの報告数が多く、総て王族や貴族の行政区域であるアクロポリスから発見されている。形状は正方形や長方形の外枠の内部に十字形の枡目のある「田」の字形のパトリであった。メキシコのパレンケ遺跡からは、王墓が発見された建物の床面にパトリが彫られていた。特徴は田の字形の内部の四つの空間に「人物の横顔」のような図像が刻まれていたことである。遺跡の別の床面には「横を向いた人物の全体像」が「田」の字の四ヶ所に彫られていた。何を意味するのか不明であるが、何らかの人間の活動との関係が示唆されている。ユカタン州の都市遺跡チチェン・イツァからは市場跡の回廊のベンチの上やアーチ形の建物の床面からパトリが発見され、年代は八五〇年から一一五〇年頃までのものと推定された。

製作年代は五世紀は稀で、大半は六五〇年から九〇〇年頃までで、出土地域は六三点のうち約七七%が低地南部である。残りは低地北部で終末期のマヤ文明の中心部と一致している。南部高地での出土例はきわめて少ない。このような状況から「マヤ地域におけるパトリは、古典期前期の南東部のコパンから古典期後期にはペテン地方を中心として低地南部に広がり、最盛期となり、古典期終末期には低地北部にも定着し、後古典期に至るまで行われていたとみることができよう」（「前同文」）。

Patolli, codex Florentino, lam. XLVIII, nr. 63, reproduction from the work of Sahagun, Madrid, 1905

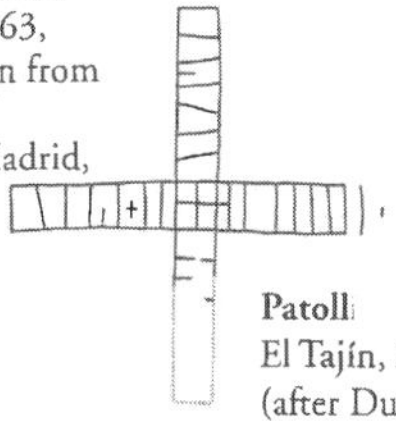

Patoll
El Tajín, Mex
(after Duverg
1978, fig. 4c)

Xunantunich, Belize, **patolli** Type I (after Mackie, 1961)

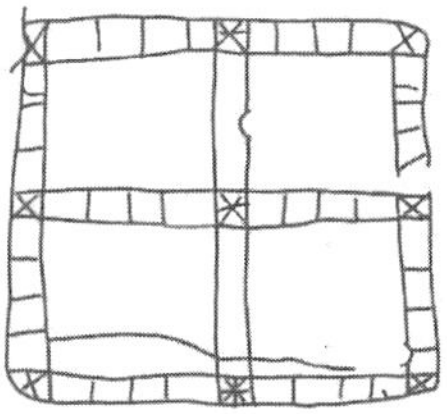

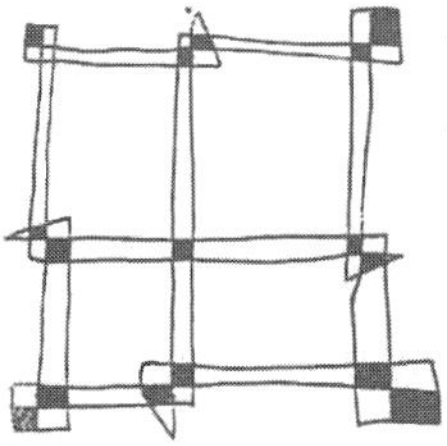

Teotihuacán, Mexico, **pato**
Type II (after
Bernal, 1963,
lam. 9:3)

Chichen Itzá, Mexico, **patolli** (after Ruppert, 1943, fig. 4c)

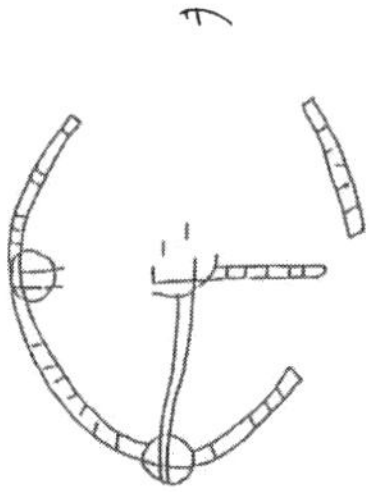

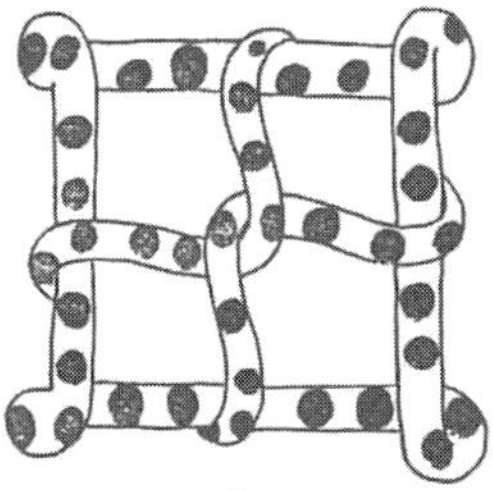

Patolli in Codex Borbonicus, p. 19, facsimile edition, commentary by Hamy, Paris, 1899.

様々なパトリ

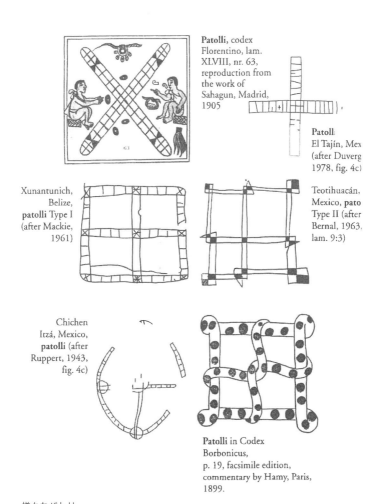

パトリの形状は方形、方形丸角、円形、十字形とほぼ四つに大別される。方形は内枠に十字の枡目がある型が最も多い。六三点のうち五六%を占める。この大多数は低地南部から出土している。低地北部でもこの型が多いが、少数ながら丸角型や円形のものもみられる。十字形や方形丸角はテオティワカンやアステカの絵文書によくみられる。古典期後期に低地北部とメキシコ中央高原との文化交流があった証拠である。

十字形のパトリの枡目は全部で五二個ある。二人で遊ぶので通過する枡目は一〇四個になる。これはマヤの暦で金星や太陽の一周期を一〇四年としているのと合致するので、パトリは天体との関係を示している。また絵文書の十字形のパトリの枡目が黒く塗りつぶされているが、この形は「ゴム」という名詞に類似している。ゴムのボールを用いる球技との関連を暗示しているが、マヤ地域ではゴムボールは太陽や月の動きを表わしているとされ、パトリは天体の運行と球技の両方に関わりがあると思われる。

パトリの出土地点をみるとアクロポリスや宮殿など王室に関連する建造物の床や神殿など儀礼をおこなう場所、貴族やエリート達の居住区が全体の約七割を占める。この他に市場や公共建築物、石碑附近の床などにみられる。

近年までパトリの研究が進展しなかったのは、一種類の盤上遊戯には一つの名称しかないはずという先入観が妨げていたためである。これまで述べてきたように、パトリは四つの型の遊戯盤に分類されるが、いずれもパトリと呼ばれた。フェアバーク博士の報告にあるように、一方向のみの盤上遊戯も豆のさいころを使うので「パトリ」であった。先入観が混乱を招いたのは否定できない。もう一つの理由は、一六世紀のスペイン人がパトリを「遊び」としか見なかったことである。天体や収穫祭と結びつけて考えなかったので、狭い解釈が継承された。しかしここでも儀式は厳粛におこなわれるものという先入観があったため、喧騒とは無縁なものとされた。

マヤ文明では、競技者の間で行き来するゴムボールは、地上と地下の世界を行き来する太陽の運行を表象するとされてきた。一六世紀にスペイン人が記録してからパトリの研究は始まり、五世紀から親しまれてきたことも判明したが、暦とも関連し儀式の意味もかね備えていたからこそ長期にわたって続けられたのであろう。五木田は「パトリは先住民文化として継承され、近現代においては主に儀礼的な『聖なるもの』に回帰していることを民族誌の事例が示している」と結んでいる。

7　その他のゲーム

遊びの法則の一つは、遊び手がより面白いゲームにするため既存のゲームをより複雑にあるいは大きくすることである。カードゲームでは紋標の種類を増やしたり、一組の枚数を多くしたりする。さいころゲームではさいころの数を増やし、盤上遊戯では駒の数、枡目の数を増やす等々が世界中でおこなわれてきた。従来のゲームに手を加えると名前も変えられた。

しかし結局は、頭の中で興味深いゲームを創造しようと試みても実践のなかで否定され、いわゆる「遊び勝手の良い」大きさに定着する。それまでは試行錯誤の連続といえる。具体的には口絵や図版で示したように、盤を放射線状に並べて多人数が一度に遊べるようにしたり、様々な工夫がなされてきた。

そのなかでも長期に遊ばれてきたチェスは多くの変形が現われた。14×14の盤のチェスはベンガル地方の王プラタパルドラに仕えた宮廷詩人で学者のゴダーヴァラミスラ(一四九七~一五四〇)が考案したもので、兵種の名称も細かく分れていて歩兵も剣兵、槍兵、弓兵、工兵になっており、当時の軍隊を忠実に再現したという。インドのチェスを調査したフライブルク大学のボックラーミング教授が驚いたのは両陣営に四個ずつの軍楽隊の駒があり、盤上でなく盤側に置かれていてゲームに参加しないが実際に近い駒を揃えていたことであった。さらにこのチェスはゲームを開始する前に戦闘態勢に駒を配置するルールで、電撃作戦、三日月陣形など幾つか代表的な布陣が可能であった。この方式は現在でも東南アジアの一部のチェスに受け継がれている。

チェスの変形はインドだけでなくヨーロッパや中近東でもみられた。D・B・プリチャードの労作『チェスの変形の百科事典』には多様なチェスが記されている。ピザンチンで考案された円形の盤のチェスは「少なくとも一〇世紀まで遡ることができる」と述べている。この円形チェスは一時期衰退したが一八世紀後半に復活して、チムールの宮廷で遊ばれたという。

一二世紀にドイツで考案されたのが「クーリエ」であった。12×8の枡目の盤で駒の数は各々二四個ずつであった。駒の数を増やしてより興味深くしようという試みであった。このチェスは長く遊び継がれて一六世紀や一七世紀の文献にも記され、一九世紀までドイツ中北部ハルバーシュタットの近郊のストレーベック村で遊ばれていた。

クーリエのように長く遊ばれたのか不明であるが、各国で大型のチェスが考案され、暫く遊ばれては消滅した。

一九世紀のヨーロッパでは各地で自然発生的に大型のチェスが現われた。それほど厚い愛好者層が

10×10の盤

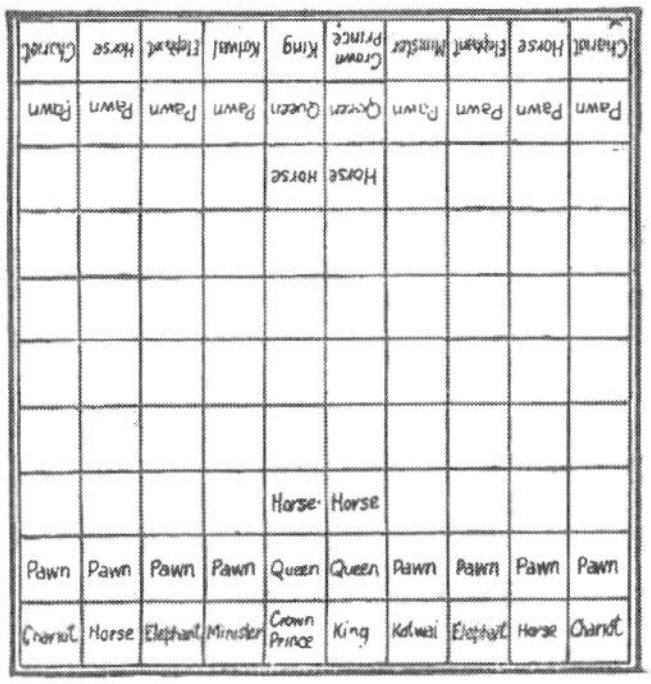

12×12の盤

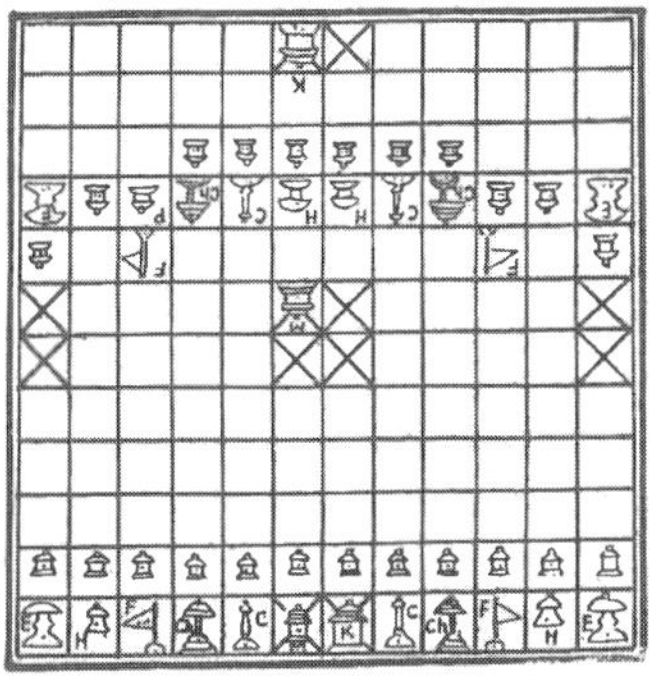

14×14の盤

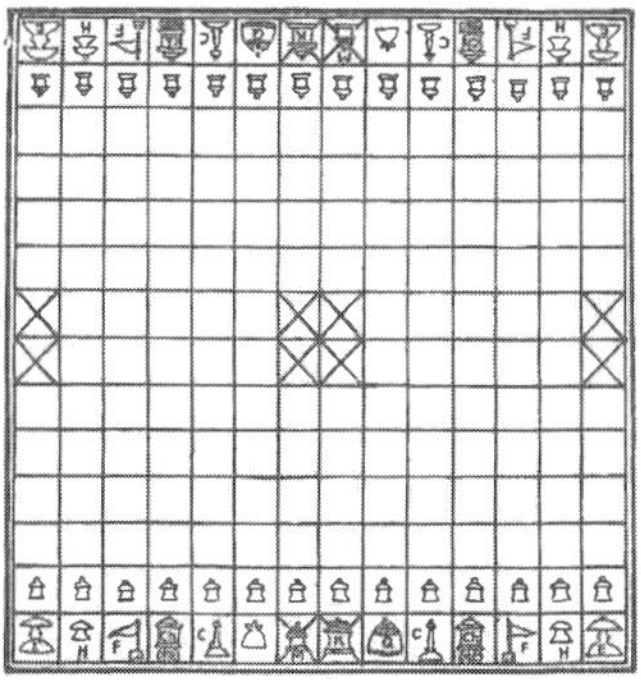

以上はいずれもS.R.イヤーの『インドのチェス』より。

増川「チェス史構築の一段階」より

幸運の輪

あったといえる。

チェス以外の遊びについても欧米では着実に研究が進められている。たとえばアメリカの西ミシガン大学中世研究所が出版した『近世初期の遊び――パーティゲーム、言葉遊び、記憶の遊び』（二〇一七）は、近世ヨーロッパの宮廷の遊びや庶民の賭などで幾つかの新しい遊びを紹介している。

アントネッラ・フェネシュ・クロークの論文「近世初期のヨーロッパにおける滑稽な混乱と差別――女性のカードゲームと絵画にみる人権侵害」もその一つで、一五世紀以降の女性蔑視を描いた絵画や詩を告発したものである。イエッセン・ケリーの「判定の遊び・近世初期の運命判断本にみる幸運の輪」は、一四世紀に始まる円形の賭の変遷を考察している。輪の中心から放射状に伸びる輻《や》と車輪との交点に賭ける「幸運の輪」は当初は輻が六本であったのが次第にその数が多くなり、最終的には複数のさいころを用いる「当てもの」ゲームになったという。ルーレットの歴史と部分的に重なる研究である。

この他に、エミリー・F・ワインロックの一六世紀後半から一七世紀初にかけてのダンスゲームを紹介した「混合と釣合い」、マンフレッド・ゾリンジャーのルネッサンス期の詩に表われた「大敗」というさいころゲームを紹介した「情熱と余暇のルール」、アンドレアス・ヘルマン・フィッシャーの「ルネッサンス期の愚劣な管理下にあった遊びの問題」などがある。

前に紹介した『アルフォンソ一〇世「賢明王」の遊戯書』の全訳で、当時のさいころゲームも明らかになった。三つのさいころを使って六から三までの目の合計を出したほうが勝ちとなる「トウリガ」は、目の合計が一五から一八を出した時には続けてふることのできるルールであった。「アツァール」という遊びは一五より少なく六より多い目を出したら勝ちで、その外に「リッツァ」など五種類のさいころゲームが記されていて、一三世紀の豊富なさいころ遊びを知ることができた。

終章

独自の研究と課題

1　博徒と賭博

遊戯史学会は賭博やそれに関連した事象も研究対象とした。かるたやさいころをはじめ他の遊びについても賭を考察してきた。

本節はまず賭博と関係の深い目明しからはじめる。目明しは元博徒が多く、建前として賭博取締りの役人の手先であるが、実際は賭場の見張りをしたり賭博用具を売買していた。目明しを採用した江戸幕府の制度は、結果として賭博の普及を助長することになった。詳しくは拙著『江戸の目明し』（平凡社新書）を参照されたい。北村六合光《くにてる》の「資料紹介　寛政期の目明し半平」（遊・12）は、江戸や京、大坂のような大都市の目明しでなく、伊予小松藩という僅か一万石の最低の大名領に生きた半農半目明しという珍しい人物について述べている。

流れ者として小松領内に住みついた半平は、喧嘩の仲裁などで近所で注目されるようになった。半平の行状は、米の出来具合を調べるために村々を巡回する「廻り方」の配下の足軽の知るところとなり、足軽の手下として臨時に働くようになった。

半平の過去と関わりがあるのか、半平の特技は盗まれた品々を「手筋を以て取り返し候」とあるように、盗品の行方を突き留めることであった。たとえば寛政四年（一七九二）に半田村喜平方へ泥棒が入り、袷、羽織、綿入れが盗まれた。半平は質入れ先を見つけだし品物を取り返した。半田村の峰蔵が盗まれた袷、綿入れも取り戻し、犯人伊勢松の検挙につながる手柄をたてた。どうやら半平は以前は盗賊仲間であったようだ。この時はまだ足軽の下働きであったので、取り戻した品物は庄屋に持参するように命じられた。

ようやく寛政六年（一七九四）三月二七日になって、足軽附添いのうえ会所（藩庁）まで出向いて盗品を上納する許可が出された。半平は目明しとして認められるようになった。その後は他領に駈落ちした男女や出奔した武士の妻の探索に「廻り方」の指示で参加している。藩の船で瀬戸内海を渡り、領内の他の目明しと共に他領に出張している。正規の武士の他領への出張は公務の許可証がいるが半農の目明し達は自由に他領へ出入りしていた。隣藩の松山藩の目明し達とも連絡をとりあっていた。

寛政七年（一七九五）に半平は会所へ呼び出された。記録には「上嶋村半平、多年盗賊方下役出精につき壱人御扶持下され候」（「北村論文」遊・12）とある。最低の給与であるが藩が目明しとして正式に認めた証拠である。地方の小藩の目明しは、このような地味な活動を続けていた。

次に北村の「資料紹介　領内・博奕の顚末」（遊・5）も小松藩内の賭博の記録である。

天明二年（一七八二）八月一七日に、藩は上嶋村の源七を博奕宿をしていたとして検挙した。取調べ中に、賭博に加わった茂七と源七がいかさまがあったなかったで喧嘩になり、半平に仲裁を頼んだ。源七にやや分が悪くなるやまた喧嘩が始まり、それがもとで源七の博奕宿が露見したという。

この一ヶ月ほど後にも賭博事件の判決があったが、珍しいことに賭博の動機が記録されている。「木綿を売りに行った時、たまたま誘われて」「紺屋の掛け取りに行った時」「豆腐を売りに行った時」「近所の者が呼びに来たので」「酒に少し酔っていたので」（増川宏一、北村六合光『小さな藩の奇跡――伊予小松藩会所日記を読む』）など至って単純な動機である。いずれも顔見知りで、ちょっとした娯楽という感じである。近世・近現代を通じて賭博の動機に関する非常に珍しい記述である。同時に庶民の賭博観も示されている。賭博について罪悪感は全くなく、誘われたら何の抵抗感もなく賭博に参加している。

このときも賭金が二、三匁とわずかだったため、判決も「剃髪《ていはつ》」「眉剃《まゆそり》」や「叱り」という軽罰であった。

小松藩は文政五年（一八二二）と文政一〇年（一八二七）に倹約令と共に「碁将棋双六楊弓などの道具は品により賭など不正の基と相成り候」とすべて無益の儀として禁止したが、一向に賭博は止まなかった。

嘉永元年（一八四八）七月の廻り方の報告は、三月中頃に農民らが博奕を催し、「春吉より承り弐拾匁の賭」に加わった竹次、熊蔵、喜十郎、市蔵、安太郎、林次、春吉、役蔵が逮捕された。このメンバーは三月末も博奕の座を設けていたことも白状した。五月中頃にも御林山の番小屋で博奕を催したことを廻り方の髙橋丈次より報告された。御林山は松茸の採れる山として上士やその家族のみが立ち入りを許され、普段は人の気配がないので番小屋は恰好の賭場であった。賭博で捕まったのは元武司記太の家来岡村の市蔵、一柳吉之進の家来天王寺村の喜蔵。喜蔵が白状したので喜多川嘉門の家来石田村の伝次、石黒甚右衛門の家来妙口村の善次、佐伯助左衛門の家来広江村の伊之助、賽を市蔵に貸して、受け取りに行っただけで博奕の座に加わっていないと主張した近藤伊之助の家来南川村の金次と嶋田丹次の倅国次も含まれていた。

捕えられた者が次々に自供したのは罪悪感がなかったからとみなされた。しかし捕まって取調べを受けたのは家老や高官の家来達であったので、家中は大騒ぎになった。家老や高官らは大目付の黒川孝之進に進退伺を提出したが、その儀に及ばずと却下された。

他方、これらの賭博犯について七月末に判決が言い渡された。喜蔵は落髪、安太郎、伝次、伊之助は片鬢剃《かたびん》、熊蔵ら二人は領内他村へ移住のうえ藪番《やぶばん》申付け、他は御作事へ出役で金次は「叱り」であった。落髪や片鬢剃は当座は格好が悪いが、やがて髪が伸びてきて元のようになる。藪番は盗まれるのを防ぐための不寝の番か、作事出役は道普請の勤労奉仕であろう。藩内で大騒ぎになったにもかかわらず、前例通りなのかきわめて軽い罰であった。

小松藩領内で常にと言えるほど賭博で検挙される者が多く、微罪で一定期間留置のうえ釈放されている。専業の博徒はおらず、親分子分の関係の者もいなかった。賭博で生計をたてることは不可能であった。それは小松藩が広い領地を持たず、領民もさほど多くはなかったせいである。各村内は総て顔見知りであり、新生児が産まれると藩から祝いが届けられるほど行政の目も行きとどいていた。常設の賭場もなく、領民も貧しく余裕がなかったことも職業的な博徒の発生する余地はなく、「廻り方」は職務に熱心であった。

様々な理由があったのだろうが、基本は小松藩は年貢を納める農民を尊重する姿勢が一貫していたことで、大方の藩も同様だったのであろう。

貧しい小藩と地域と時代もまったく異なる地方では博徒や賭博の事情も違っていた。

高尾善希の「幕末期関東村落における博徒集団と地域社会――武蔵国多摩郡・入間郡の事例を中心に」（遊・21）の報告は、この地域の富沢家文書を読み込んだものである。

慶応二年（一八六六）にこの村には一九名の博徒がいたと記録されている。その身分は百姓七名、無宿四名、無記入八名で、百姓長兵衛は七、八名の子分を持っていたという。おそらく大半が半百姓半博徒であったのだろう。無宿者も元居住していた村の周辺に住んでいて、浮浪の徒ではなかった。

文久二年（一八六二）に八田山で博徒の抗争事件があり、所沢の博徒約一〇〇人、狭山の博徒六〇人余と記されている（『関東御取締向御用留』）ので、言い伝えや講談などでは博徒の数が双方あわせて数百人と誇張されているが、実際にはこの程度であった。

小川村の「内藤家文書」によると、慶応二年にいわゆる「武州世直し一揆」がおこった時に、おそらく小川村の役人からの要請があったのだろうが、一揆勢と戦うために動員された博徒小川幸蔵の配下は四、五〇名であったという。高尾氏の現小平市小川町での聞き取り調査によると、博徒幸蔵は村の有力者から多額の借金をしていて、芝居興業を請負っていたのか芝居の観客用に農家から多数の筵を借り出したこともあり、御上に取り入って目明しもしていた。目明しは映画やテレビドラマのような「正義の味方」ではなく、権威を笠にきた暴力団であった。

同じ地域に博徒として村上新次郎、新太郎兄弟一家がいた。この一家は農業でなく船で江戸へ薪炭を送る商売をしてかなり羽振りがよかった。この一家も関東取締出役の指示で一揆鎮圧に加勢している。しかし一揆側も山本木の多喜蔵という著名な博徒を頭取にしていた。これらの博徒は独立性が強く、富商豪戸を脅して穀物を出させたり、抗う者の鼻を削ぐなどの残酷な性質をもっていた。時には豪商と貧民との対立の仲介をすることもあったという。なお村上兄弟は翌年尊皇攘夷派の志士数名を追いつめたが、逆にピストルで射殺されたという。

この地域の博徒は幕府の手先になる者達や一揆勢に加担するなど対極の行動をとっている。このような激動期に博徒は「階層の隔りが顕著になった幕末期の村落社会をまとめることが彼らの役割であったと言える」(「前同文」)という評価も成り立つかもしれない、というのが一つの結論である。

2　次の世代

日本の公式の遊びの統計『レジャー白書』は、当初は通産省の外郭団体であった余暇開発センターが出版していたが、現在は公益財団法人日本生産性本部が発行している。

しかし『レジャー白書』は全国民を対象としたのではなく、一〇代前半以下の少年少女の遊戯の事情を除外している。そのため数年前の中学生将棋棋士の誕生により、一時的に将棋のこども教室への参加者が激増したことや二〇一九年の子供達のラグビー教室への参加などは統計に反映されなかった。

それにもかかわらず日本の遊戯状況を概ね示しているので遊戯史学会も毎年の『レジャー白書』に注目しており、稀なことではあるが、「書評と紹介　財団法人余暇開発センター『レジャー白書93』」（遊・5）を掲載した。この白書に注目したのは最近の五年間で「仕事よりも余暇の中に生きがいを求める」や「仕事は要領よく片付けて、できるだけ余暇を楽しむ」という勤労者が、一九八九年の三一・五％から一九九二年の三四・五％と漸増しているためである。遊びが「後ろめたい行為」から変化した時期であった。


遊戯史学会として将来を担う若い世代の遊戯に関する動向を知りたいと望んでいたが、理事の一人酒井知幸氏が高校の教員であったことから、「高校生へのゲームに関するアンケート」を五回、約二〇年にわたって実施していただいた。

対象は総て埼玉県内の高校二年生で、実施時期は毎回二月から三月にかけてで回答率は一〇〇％である。ただ男女の比率に僅かに変動があるのと実施者の転勤により総て同じ高校ではない。それでもほぼ高校生の動向を知ることのできる珍しい記録である。

第一回のアンケートは、埼玉県東部の東京都のベッドタウンとして急速に発展した地域にある高校で行った。生徒は草加市、越谷市、八潮市、三郷市などから通学している。一九九五年に実施し、男子のほうが女子よりも人数が少し多い。カードゲーム、盤上遊戯など遊び方も含めて約四〇種類を記載しており、それぞれについて次の六つから複数回答で選ぶようになっている。

A．よく遊んだことがある。あるいはよく遊んでいる。
B．たまに遊んだことがある。あるいは今もたまに遊ぶことがある。
C．ルールは大体知っているが、ほとんどやったことがない。
D．ルールは知らない。ただし家族や友人にやる人がいる。
E．ルールを知らない。まわりでやっているのを殆んど見かけない。
F．聞いたことがない。

これとは別に「以下のゲームのうち、自宅にあるものに○を、ないものに×を記入して下さい（家族が持っていれば○を記入して下さい）」として一二種類のゲーム名を挙げている。これは家庭の遊びの環境を知るうえで重要であり、また親のゲームへの関心を知るうえでも必要であった。

第一回は男子一四一名、女子六三名の合計二〇四名で、A項の多い順に並べると次のようになっている。

テレビゲーム機62、大貧民52、ウノ48、ババ抜き45、七並べ39、オセロ39、神経衰弱37、ポーカー33、ゲームボーイ33、ブラックジャック30などである。麻雀が27、本将棋が26と、伝統的な遊びもかなり健闘している。

家にあるゲーム類の結果は多い順に、トランプ95、テレビゲーム80、オセロ76、将棋74、花札65、ゲームボーイ56、ウノ53、麻雀46、百人一首45、いろはかるた41、碁盤25となっている。

親達の世代はまだ将棋、花札、麻雀、百人一首、いろはかるた等の伝統的なゲーム類を所有しているが、高校生は花札、百人一首、いろはかるたは殆んど遊んでいない。

第二回のアンケートは八年後の二〇〇三年であるが、かなりな変化がみられる（男子四九名、女子五三名、合計一〇二名）。

同じく六つの回答から選ぶようになっており、Aを多い順に並べると、テレビゲーム66、ウノ59、ババ抜き54、オセロ51、大貧民48、神経衰弱47、ポーカー31、人生ゲーム31、パソコンゲーム26で、麻雀24、本将棋12、囲碁は0である。

トランプやウノが上位なのは、修学旅行でトランプ類は許可されている場合が多いので、新幹線の車中などで遊んだ経験があるか、上級生から伝えられているからであろう。今回からパソコンゲームも加えられたが、意外にまだ遊ぶ機会が少ないのか、進学を考える時期に調査した影響もあったのかもしれない。人生ゲームが初めてA項に記されているのも注目される。

家にあるゲーム類はトランプ100（一〇〇％という意味でなく最多を示している）、テレビゲーム94、ウノ80、オセロ77、将棋53、麻雀39、花札34、いろはかるた32、百人一首30の順である。テレビゲームが躍進したのは親や兄弟の嗜好が反映していると考えられる。

第三回は二〇〇八年で、前回より五年後である（男子八一名、女子三六名、合計一一七名）。アンケート実施者が同じ埼玉県東部にある高校に転勤し、二年次から理系文系のクラス分けが始まる進学校でおこなった。生徒は埼玉県東部だけでなく、千葉県、茨城県からも通っている。

校則が厳しく携帯電話、漫画本、トランプ、携帯ゲーム機などの遊具は禁止されており、校内でゲームをしているところは見かけない。男子のほうが女子よりかなり多い。実施者は前二回と若干条件が異なることを懸念したが、同じ設問で二年生に同じ時期に実施した。Aを多い順に示すと、携帯ゲーム機72、テレビゲーム機68、オセロ67、ウノ63、大貧民62、神経衰弱53、七並べ49、すごろく46、人生ゲーム44、ダウト29、黒ひげ危機一髪29で、本将棋は24でこれに続き、いろはかるたは16であった。

全体として進学校のせいか遊びがやや低調な感は否めないが、他校と大差がないように思える。教師の目を盗んで秘かに遊んでいたのであろう。すごろくと人生ゲームの数字が高いのは、さいころを用いるゲームの根強い人気を示しているのであろう。

家庭にあるゲーム類は、トランプ99、テレビゲーム機95、携帯ゲーム機91、将棋55、いろはかるた44、花札26、百人一首22、麻雀21、チェス15で、第一回・第二回と大きく変らないように思えるが、花札、麻雀の退潮とチェスの台頭が目を引く。安価で小さいチェス・セットが販売されているからであろう。

第四回のアンケート実施は二〇一三年で、これも前回より五年後である（男子五一名、女子二六名、合計七七名）。どのように変化したのか、例によってAのみを記すと、携帯ゲーム60、テレビゲーム58、オセロ47、ババ抜き45、ウノ43、大貧民39、人生ゲーム32、神経衰弱31、七並べ29、すごろく29である。かなり下ってポーカー19、本将棋16、麻雀16、チェス9、百人一首5となっている。この学校の生徒は携帯ゲームやテレビゲームが低調である。

第五回の調査は二〇一七年で、前回より四年後である（男子八二名、女子六六名、合計一四八名）。高校は前回と同じ埼玉県東部にある、別の商工、家庭科の専門校である。Aのみを記すと、携帯ゲーム74、テレビゲーム55、ババ抜き47、ウノ46、オセロ45、人生ゲーム36、神経衰弱36、大貧民31、七並べ31、すごろく25、ダウト20、黒ひげ危機一髪18、本将棋17、ブラックジャック13、ポーカー12である。それ以下は一桁である。スマートフォンが普及している割には、高校生はそのゲームに熱中していないようである。

家庭にあるゲーム類は、トランプ97、携帯ゲーム96、テレビゲーム88、オセロ70、ウノ63、将棋42、いろはかるた33、麻雀24、百人一首22で、その他は甚だ少数で一桁台も多かった。

第五回の調査で、伝統遊戯については高校生の遊びで囲碁は完全に消滅したとみられたが『ヒカルの碁』の影響でやや持ち直したものの、やはり長続きはせず、再び減少し一桁であった。将棋は漸減傾向が続いているが、囲碁よりは遥かに高い愛好度である。注目すべきはチェスで、第四回、第五回と少しずつ増加している。将棋にはまだ及ばないが囲碁よりは愛好度が高くなっている。家庭でも碁盤のある家庭は0《ゼロ》で、親の好みも変化している。

酒井氏は全五回のアンケートの簡単な総括をおこなっている。それによると、凋落したのは百人一首、いろはかるた、すごろく、黒ひげ危機一髪などで、漸減はダウト、将棋である。携帯ゲーム機、ババ抜き、大貧民、神経衰弱は微減で、人気を得ているのは携帯ゲーム機以外になく、他はいずれも漸減傾向にあるという。おおむね埼玉県東部の高校二年生のアンケートであるが、読者はどのように判断されるか。

この五回の調査で言えることは、伝統遊戯は次第に凋落傾向にあること、高校生なのでトランプ類で遊ぶ機会が多いことである。社会人になれば、おそらく「遊ぶ時間」そのものも激減するであろう。一定期間の高校生の遊びに関する調査は全国でこの例のみである。将来にわたって有益な資料となるであろう。

3　独特の研究（一）

『遊戯史研究』は独特の研究にも発表の機会を与えている。その一例が杉本重雄氏の「カルタ賭博から読み解く京都『先斗町』の語源」（遊・29）である。杉本氏はポルトガル語に堪能で、ポルトガル語・日本語辞典の編纂者の一人であり、また京都地名研究会の会員でもある。

なぜ「先斗町」を「ぽんとちょう」と読むのか、ポントはポルトガル語らしいが、なぜ京都の地名に使われているのかは長い間謎であった。鴨川にかかる橋のことをポルトガル語でポンチと言い、それが訛ってポントになったという説や、鼓のポンという音に由来するなどの説もあった。

京都の四条河原は古くから芝居の興行がおこなわれていたが、鴨川と三条四条の間に延宝二年（一六七四）から民家が建てられるようになり、次第に茶屋や旅籠も増えていった。後には遊郭が許可され、宝永六年（一七〇九）の絵図に「ほんと丁」と記されているのが最も古い記録である。

文芸作品などで「先斗町」が現われるのはもう少し早く、「西鶴評点湖水等三吟百韻巻断簡」（延宝年間一六七三〜八一）に「ほんとにはって」という文言があり、『近来俳諧風体抄』（延宝七年・一六七九刊）に「ほんと丁」とある。次いで井原西鶴の『好色一代男』（天和二年・一六八二刊）に「ほんと町」と記されている。

この後の文芸作品でカルタ賭博の際に「ぽんと」「ぽんとに張る」と屢々表現されているので、カルタと関係があるとされた。ポルトガルから伝えられたカルタは斬新なデザインと珍しい遊戯法で日本人を魅了し、好奇心の旺盛な人々によって忽ち広く普及した。文化の中心地である京都でもカルタは流行したので、ポルトガル語のカルタ用語が京都で使われていても何ら不思議ではない。

文学者の新村出は、著書『ぽんと町称呼考』で西鶴の『本朝二十不孝』（貞享三年・一六八六刊）を引用して、カルタ賭博の場面で「先斗に張る」とあるのを分析している。新村説は「先」を意味するポルトガル語の「ポンタ」が訛って「ポンタ」になったという。しかし杉本氏は、それでは「斗」をどのように解釈するのか、全く説明されていないと新村説を批判した。

文芸作品に屢々現われる「ポントに張る」という表現は、杉本氏は「先ばかりに一度に賭ける」という意味に解釈するのが最も合理的であると主張している。「ばかり」は漢字で「許」「斗」と表記するが、「ト」の音は「斗」のみである。それで組合わせて「先斗」と表現できる。又、「ポント」は「点」の意味であるが「時点」の意味もあるので、「ポントに張る」のは「先」から間をおかずに「後」に張る、つまり先後同時に「一度に張る」という意味を籠めることができる、あるいは一か八かの「前後の分別のない」賭け方とも言えるという。

杉本は、京都先斗町の地名は「先ばかり（先斗）に一度に賭ける」というカルタ賭博の用語「ポント」を土地の来歴に重ねて洒落にする、まさに純日本的発想から生まれたものと考える、と結論している。

『広辞苑』の最新版は先斗町に関して、従来の新村説を廃止して杉本説を採用した。

酒井知幸氏の「プロの真剣勝負」（遊・30）も独特の研究である。題名のようにプロやトップアマが真剣に勝とうとせず、「勝っても負けてもいい」「できれば負けたい」「なんとしても負けたい」という戦意のない微妙な問題を扱っている。

多数の例のなかから幾つかを挙げると、囲碁、将棋のタイトル戦では、挑戦者決定リーグ戦の後半に大きく負け越して、残りの試合に全部勝っても下のクラスに陥落する人が出てくる。もはや勝っても負けてもどちらでもよい「消化試合」なので、「相手に勝たせる（勝ちをゆずる）」人もいる。たとえば囲碁の第三一期本因坊戦の挑戦者決定リーグ戦は勝敗が著しく偏り、シード組四人のリーグ戦残留と挑戦者争いが早々に決まった。そのため多数の消化試合が生じた。

『囲碁年鑑』によると、この時の全対局の持ち時間は六時間である。挑戦者争いはどの対局もぎりぎりまで時間を使って手を読むので、記録上の消費時間は五時間五九分となっていることが多い。ところが、持ち時間は六時間もあるのに消費時間が一〇分、三二分、三九分、四三分で対局を終えたことがあった。石を少し盤上に置いただけで「負けました」と敗北を認めたのであろう。完全に戦意のない「負け方」であった。

かつてプロの将棋では、師匠と弟子が対局しなければならない決まりがあった。師匠の現九段が勝つと、弟子は規定により引退し将棋界から去らねばならなかった。田丸昇九段が回想するのに「私情を棄てて対局に臨んだが、いまひとつ集中力に欠け、一貫性が無かった」。弟子が勝って深々と頭を下げたという。引退した棋士のなかには「現役時代に相手が負けると現在のクラスから転落するので、次の対局は負けてくれ」と人を介して伝えられたことがあったと語る人もある。

相撲の場合は優勝や大関への昇進がかかっている場合や十両に陥落する場合など慣れあいが生ずる。平成一〇年五月場所の優勝戦は若乃花と武蔵丸の取組みで一方的な勝負であった。大関同士の対戦で、一方は七勝七敗、もう一方はかなり勝ち越していた。千秋楽で姿勢を崩した若乃花が「奇跡的」に勝って辛うじて勝ち越した。いまだに「人情角力」という言葉が生きている世界である。

他の競技でも不可解な試合がみられる。二〇一二年のロンドン・オリンピックのバドミントンで、上位二ペアが決勝トーナメントに進む方式だったが、Aリーグの中国ペアと韓国ペアの対戦は双方が簡単なミスショットを繰返し、世界バドミントン連盟はこの二組のペアとCリーグの二組のペアを「勝つための努力を怠った」「スポーツ精神にもとる、明白な有毒行為」として失格処分にした。

日本女子サッカーは予選リーグを一勝一敗で準々決勝を決めた。三試合目は主力選手を休ませ、監督は「勝たないようにした。勝つとリーグ一位になり次の試合は八時間移動しなければならないが、二位なら移動がない」と言った。これは公式な発言であった。

酒井氏は韓国での暴力団のからむサッカーの八百長をはじめ多数の例を挙げている。そして八百長をなくすため次のような提案を示している。

一、消化試合を減らす工夫。成功例としてプロ野球パ・リーグのパラマス式プレーオフ制度（上位三強で決勝を戦う方式）を挙げている。

二、消化試合に対する注目と監視。過去にも消化試合とみなされることに反発した選手が奮起した例もある。

三、勝つことが八百長より得になる制度をつくる。大相撲の褒賞金制度を改善することである程度可能であろう。他の競技も制度を工夫して、八百長につけ込まれない方策をとるべきである。

四、競技性を高め競技者の倫理観の向上が欠かすことのできない問題である。八百長に断乎として拒否する倫理観がどの競技者にも求められる。

五、競技者どうしの人間関係の改善である。真剣に闘う相手なのに、同じ出身地、同じ出身校、同期生、同じ一門などの理由で懇親会に同席し、甚しい場合には金銭の貸借などをおこなう場合もある。ドライな人間関係を保つことで八百長の温床を絶つべきである。

以上の諸点が実行されれば八百長もかなり減少し、競技者だけでなく観衆も純粋に競技を楽しめるとしている。

また、酒井氏は内外を問わず多くの競技で起訴され処罰された例を多数挙げている。ただ疑惑があっても必ず処罰されるとは限らない。時事通信によるとスペインのバレンシア裁判所は二〇一九年一二月九日、同国のサッカー一部リーグの八百長疑惑に関わった疑いで二〇一五年に日本代表監督を解任されたメキシコ出身のハビエル・アギーレ氏について、証拠不十分で無罪とする決定を下した。

4　独特の研究（二）

上原静の「琉球列島における中近世の盤上遊具について」（遊・17）も独特の研究である。沖縄考古学の盤上遊戯に関する研究は、日本本土復帰前の一九六四年から勝連城跡で実施された調査を嚆矢とする。この発掘調査によって骨製、牙製、石製の賽や黒石白石の碁石が複数個発見された。一九七二年に本土に復帰すると大型開発に伴う発掘調査が進み、一九八五年のグスク調査の一環で賽、双六の駒、囲碁の石がさらに見つかった。上原氏は一九八六年の発掘調査に参加し、出土した囲碁、双六、お弾《はじ》きなどの盤上遊具類と、屋外の子供の遊戯具を分類した。また一九八九年には磁器製の中国将棋の駒も発見した。その後も遺跡の発掘調査を続け、発掘品を整理して以下のように発表している。

賽。今帰仁遺跡など七ヶ所の遺跡から一四個が出土している。素材は牛、馬、ジュゴンなどの獣骨が大半で石製品も少数ある。大きさは各辺がどれもほぼ一センチである。整った正立方体のものと、面の大きさが一定せず目の位置が不揃いの稚拙な造りのものと二つに分れる。

双六の駒は五つの遺跡から出土している。これも精巧品と粗悪品とに分れる。円盤形で素材は骨製、石製、土製で直径は一・九センチ、厚さ〇・八センチが大半である。

碁石は四種類に分けられる。①鏡餅型で直径約一・六センチ、厚さ〇・六センチ、石製、ガラス製、土製、陶製。②大型で直径二・〇センチ、厚さ〇・七センチ。③凸レンズ型で石製と貝製品。黒石は直径二・二センチで最も大きい。厚さは〇・六センチ、白石は直径二・〇センチ、厚さ〇・五センチ。④川原礫や巻貝の蓋《ふた》など未加工の自然物である。不揃いで大きいのは直径二・六センチから小さいものは直径一・二センチと様々である。

中国将棋の駒。首里城正殿跡から三点出土している。磁器製品で「砲」と「兵」である。各々の直径は四・〇センチ、厚さ一・四センチで一五世紀中頃から存在していたと推定される。中国からの使節をもてなすための備品か高級官僚の愛用品と思われる。沖縄では中国将棋を「チュンジ」といい、中国系住民の間では現在も楽しまれているが駒は総て木製である。

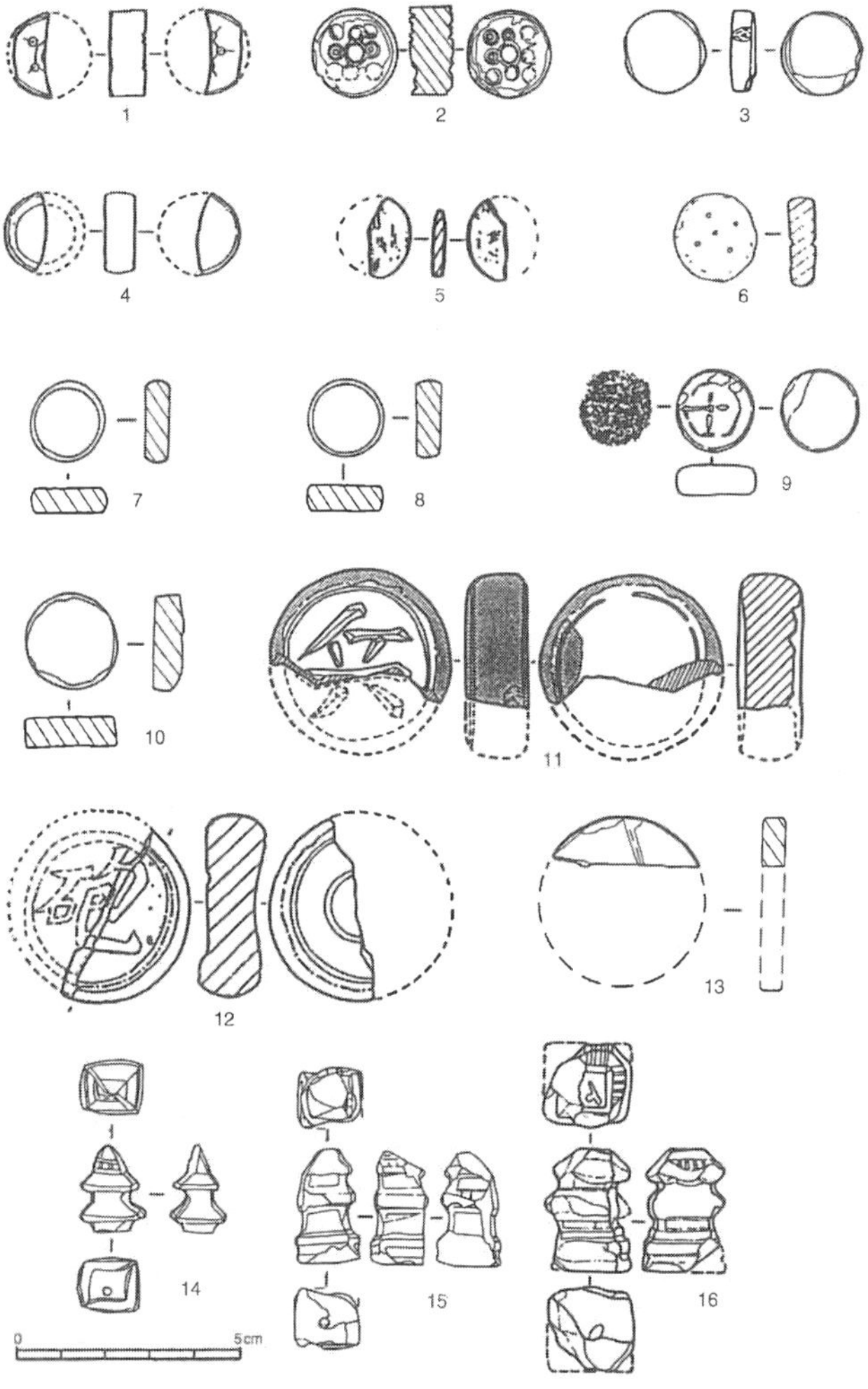

双六駒石　1.4.5.勝連城跡　2.6.7.8.10.13.今帰仁城跡　3.伊原遺跡　9.那崎原遺跡
中国将棋駒　11.12.首里城跡
仏塔型ミニチュア製品　14.那崎原遺跡　15.クニンドー遺跡　16.伊原遺跡

沖縄の出土遊戯具

仏塔型の駒。グスク時代の琉球王国時代のもので、二重三重の瓦葺の建造物を模した形である。底は平面であるが小孔があけられていて盤に突きさして固定する構造であったと考えられる。東南アジアの国々のチェスで仏塔を模した駒があるのでチェスの駒と思われる。

その他、琉球独特の絵双六（聖人上）があり、盤双六と囲碁は一四世紀から、中国将棋は一五世紀から遊ばれたと推定される。絵双六は近世から、将棋は薩摩侵攻の時期からみて一七世紀には存在していたのであろう。また鏡餅型の碁石と中国将棋は大陸から、凸レンズ型の碁石は日本本土から、チェスは東南アジアからと沖縄の地理的状態を示すように四方から遊びが伝えられた。

これらの遊戯具から「グスク時代からの周辺地域との活発な交流・交易を背景に登場したもので、興じることの出来た権力者や有力者層の存在を浮彫りにするものである」（「上原論文」遊・17）と簡潔に結論している。

松井良明の「ボクシングはなぜ合法化されたのか——英国スポーツの近代化と刑法」（遊・21）はイギリスの文献を博捜した労作である。

イギリスでは「ボクシング」と名付けられる以前から、殴り合いは勇気のある男らしさを示す行為として賞賛されてきた。この男らしい伝統が後々まで強く影響した。

イギリスにおけるボクシングの歴史は王政復古（一六六〇）まで遡ることができる。ただその頃はルールもなく「剣やピストルを持たない素手でおこなう決闘」に類似したものであった。一七一九年にピーターバラ伯爵に保護されたジェームス・フィッグは出身地の村からロンドンに連れて来られて、サザレクで毎年催される定期市でのボクシングに出場させられた。フィッグはここで優勝し、イングランド・チャンピオンを宣言した。この頃から上流階級の者達は拳闘家を庇護し、懸賞金試合を催すのが慣習になった。

一七四〇年にカンパランド公爵の庇護をうけたジャック・ブロートンがチャンピオンを名乗り、一七四三年に「ブロートンズ・コード」と呼ばれるボクシングのルールを成文化した。それはステージの中央に一ヤード四方の線を引き、開始時にはそこで競技者が向かいあって競技を始め、どちらかがダウンすると三〇秒の区切りを設けて再開するというものであった。

一九世紀初頭は拳闘がブームになった。ロンドン郊外では一八〇五年から同二四年までの間に八四回もの試合がおこなわれた。特に一八一一年から始まる摂政時代は最盛期であった。プロの拳闘家による素手で戦う懸賞金試合は、スポンサーによる賭だけでなく観衆も競技者のどちらかに賭けることができるので人気があった。

しかし、これらの興行と賭は一八三四年の裁判で「不道徳な性癖を助長し、賭博師が民衆の賭を増加させる」という理由で違法とし、紳士達が拳闘家を鼓舞していると非難した。新聞や雑誌も懸賞金付の試合を犯罪同様と攻撃したので、人気は次第に衰えた。一九世紀は刑法上プライズ・ファイト（懸賞金試合）は違法であるが、スパーリングと呼ばれているグラブを着用し防具を付けた練習試合は合法とされた。

一八三一年の拳闘家パーモンズが裁判にかけられた時に、判事は殴打して相手に傷を負わせたのは暴行罪に当るとして有罪を主張したが、市民の代表である陪審員達は試合中に殴り合っても暴行罪にならないため無罪という画期的な評決を下した。

一八四五年の拳闘家ハントの訴追事件ではさらに新しい判決がなされた。ハントとスワンソンは互いに試合することに同意し、他の者は見物した。この試合は公道から遠く離れた会場でおこなわれたこと、警官が現場に現われると試合を中止し、競技者も見物人も当事者は一人残らず静かに退去したことを理由に無罪が判決された。あらかじめ競技者が殴り合うことに同意している場合は、暴行罪は成立しないという風潮が一気に高まった判決であった。

一八六〇年に新聞は懸賞金試合は違法かどうかを論じた。これは直接に禁止する法がなく、騒乱罪や暴行罪でしか処分できない現行法の不備をついたものであったが、賛否は分れた。

一八六四年には三つの学校がボクシングを正式な運動競技と認めた。

一八六六年一〇月九日にロンドンの一室でウィルモットとヤングによるスパーリングの試合がおこなわれた。互いに一時間余も殴り合い、最終ラウンドでヤングの一打でウィルモットが後方に倒れ、ロープを支えていた棒で頭を打った。病院へ搬送されたが五時間後に死亡した。

ヤングは裁判にかけられたが、証人はこの時の興業はいずれも新しい友人達が催したもので悪意はなかった。互いに消耗していて強い打撃はできず、抱き込んだ時にヤングの投げ技でウィルモットが

ボクシングのジム

倒れたと証言した。もう一人の外科医の証人は、殴打による死亡とは考えられないと証言した。この裁判で検察側は金銭目的でおこなわれた試合で、二人の受けとる金銭上の報酬も決まっていたので、当時の法令で治安破壊の罪になると主張した。弁護側は友人間で力強さ・活発さ・両腕を使いこなす技量を比べあう個人的なレクリエーションなので、犯罪ではないと弁護した。論争の結果、判事は違法性はないと判断し、陪審員達は無罪を評決した。死者の出たスパーリングを無罪とした判決は非常に注目された。

一八六七年にボクシング・クラブ主催の競技会でクインズベリー伯爵が優勝杯を提供して「クインズベリー・カップ選手権大会」となり、初めて体重別の三階級制が採用された。今日のボクシングの原型はこの大会で公表された「クインズベリー・ルール」である。①レスリング行為の禁止、②時間によるラウンド制の導入、③ダウン後の一〇カウント制の導入、④グラブ着用の義務が定められた。裁判による無罪の判定だけでなく、ボクシングの主催者や競技者が自らを律することによって、ボクシングの合法性が獲得されたと言える。

一八八〇年に設立されたアマチュア・ボクシング協会は屢々プライズ・ファイトを催したが、警官に干渉されることはなかった。ボクシングは一九世紀になって政治問題である動物虐待禁止、公道上の競技禁止などもからみながら民衆の要望に押されて次第に合法化の路を辿った。一八九七年にオックスフォード大学とケンブリッジ大学のボクシング対抗戦が催される頃には実質上合法となり、遂に一九〇一年にイギリスでプロボクシングが合法化された。

石井浩一の「バリ島の遊戯と流血の観念」(遊・23)もユニークな研究である。

インドネシアのバリ島での民俗調査で、闘鶏と二つの格闘技が流血と関係しているという報告である。バリ島の住民の大部分はヒンズー教であるが、別に土着信仰のアダットと呼ばれる地域共同体の宗教がある。石井論文の「遊戯」は土着信仰と深い関係がある。

インドネシアでは今も闘鶏は盛んであるが、政府は一九八一年に「国家の発展を阻害する」としてギャンブルを禁止した。当然、闘鶏も禁止されたが、特例としてバリ島は例外とされ、儀礼の場に限り闘鶏が許された。ヒンズー教の聖数である三回のみがおこなわれた。この時は鶏の足にナイフが結びつけられ、蹴りあうとどちらかの鶏が血を流すが三回で終了する。これは儀式とされた。バリ島では禁令があるがどの村でも闘鶏がおこなわれて公然と賭けられている。

バリ島にはカレカレ（またはムカレカレ）と呼ばれる格闘技がある。腰帯をつけ、木と棕櫚《しゅろ》の繊維で作った盾を持ち、葉の両側に刺《とげ》のある葉で打ち合う。刺があるのでいずれかの選手に引っかき傷がつき、血が流れ出すと競技は終了する。

これとよく似たグブツ・エンデという格闘技もある。バリ島東端の村々でおこなわれている。グブツは「打つ」、エンデは「盾」の意味で、その名の通り左手に盾を持ち右手には一メートルほどの長さの棒を持つ、互いに棒で打ち合うが上半身は裸で頭に頭巾を巻くだけなので、打たれるとどちらかが血を流し、そこで競技は終了する。この競技は本来は雨乞いの行事で、とうもろこしを植えた後で雨が降らない時におこなわれた。競技者が血を流すと雨が降ると信じられてきた。最近ではグブツ・エンデはショー化して、観光客向けに季節に関係なく催されるようになった。

石井は、流血は「創造神インドラの勇猛さを示す象徴と観念されていると言ってよいと思うが、『血の供犠』という観念もあるので断ずるには躊躇する」（「石井論文」遊・23）という。

流血は土着信仰と結びつき、一定の根拠があったのだろうが、現在では元来の意味が失なわれつつあるようだ。

5　遊戯の断絶

パトリの図　Das Spiele-Buch より

本来遊びは民族、人種、言語、宗教、国境などの壁を越えて伝わるものである。古代エジプトの盤上遊戯セネトは第一王朝時代から遊び継がれ、王朝の交替や首都移転にもかかわらず長期にわたって興じられた。バクギャモンは名前を変えつつヨーロッパからユーラシア大陸を横断し、終点の日本まで長い旅を続けた。インドで誕生したチェスは四方に伝わり、世界中で遊ばれるようになった。人々を魅了し、無数の中継地を経て人々の往来によって伝えられた。

しかし、総ての遊びが伝播したのではない。なかには数少ない例であるが、人為的に普及が阻害されたものもある。

前章で紹介した中南米の遊びパトリもその一つである。「一六世紀前半にスペインはマヤ地域と植民地とする統治体制を確立した」（「五木田論文」遊・30）。スペイン人は掠奪や収奪を正当化したが、パトリに興じる現地住民の掛け声や身振りが占領者である自分達に宗教的な呪いをかけていると考えた。そして「スペイン人によって『呪いの儀式』であるパトリのゲームは禁止された。遊戯盤は没収して焼かれた」（増川宏一『盤上遊戯の世界史』）。地面に描かれた遊戯盤は踏みにじられて消された。パトリの遊び手は占領軍への反逆者とみなされて捕えられ、縛り首にされたり焼き殺された。

同じ地域の同じ遊びが時代によって評価が大きく変ることもある。明治維新の前と後がその典型である。

明治政府はそれまで民衆が親しんできた遊びを「封建制度下の娯楽や遊芸」として禁止した。多くの村々では祭礼時に鎮守の森に集り、少々猥褻ではあるが陽気な村芝居や神楽を楽しんできた。これを明治政府は封建制度下の醜習とみなし、各神社に「婬情表現を神楽と称して男女の醜状を見せること」（『日本近代思想大系・芸能』）を禁じた。

教部省は明治五年（一八七二）八月二三日の通達で、能狂言は天皇を汚すような演目をするなと命じ、演劇は「淫風醜態ノ甚シキニ流レ、風俗ヲ敗リ候様ニテハ不相済候間弊風《へいふう》ヲ洗除シ」（『前同書』）と述べている。演劇は神楽も含めて猥褻な見世物だと決めつけていた。そのうえ教部大輔宍戸《ししど》璣《たまき》は、男女の交りを内容とする演劇は、「万一外国人ノ是ヲ見テ何ト嘲リ申スベキカ」（『前同書』）と欧米人の目を意識している。

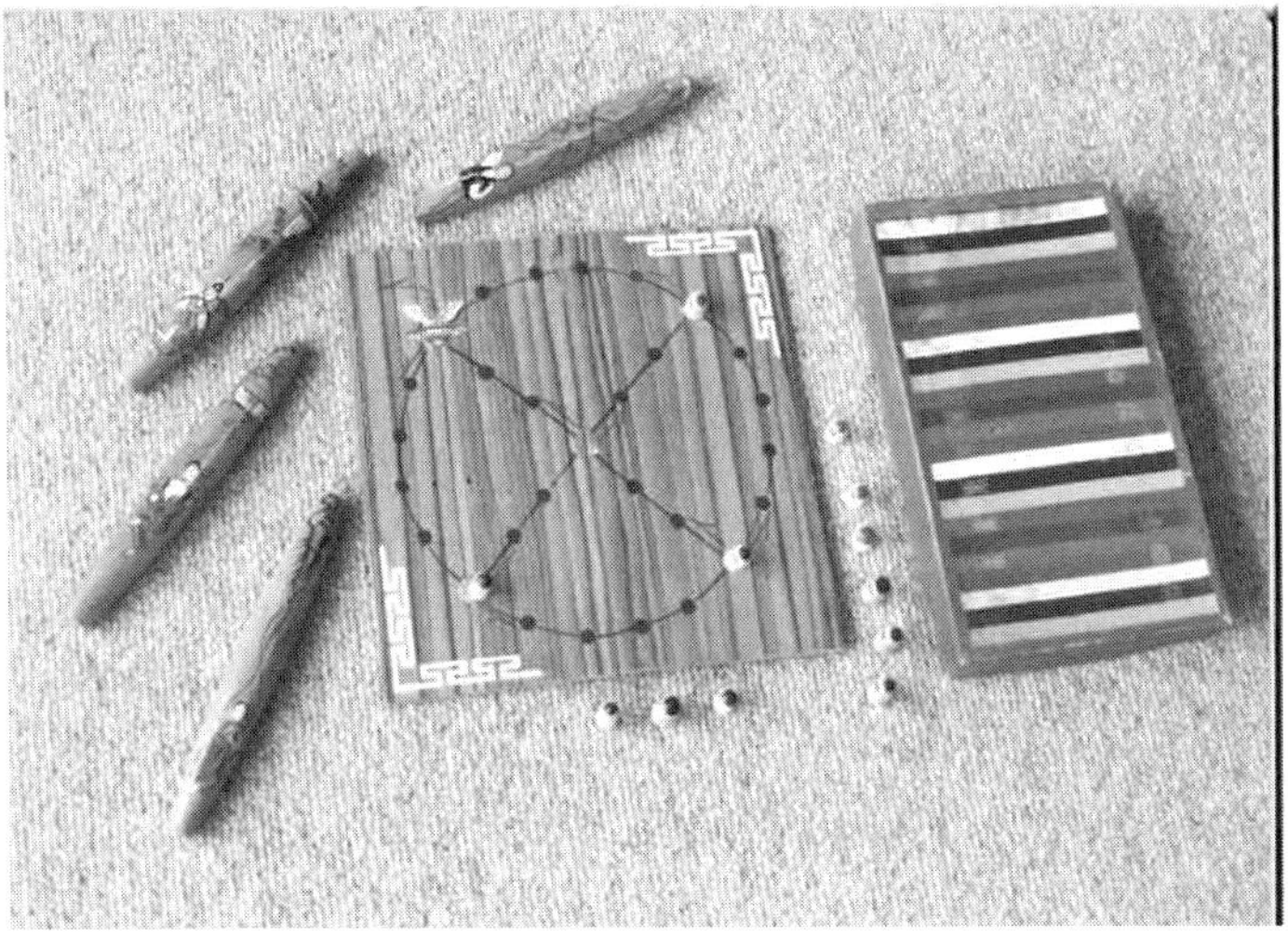

ユンノリ（筆者蔵）

このような明治政府の独善的な姿勢を最も露骨に示したのは外務省であった。明治四年（一八七一）四月にフランスのスリエ曲馬団が両国と浅草で興行したいと申し出たが、外務省は「国家に益なき遊芸稼ぎ」は不要として却下した。明治政府の娯楽や芸能を判断する基準は国家に益があるかどうかで、これは外国人の興業だけでなく、国内の遊芸を評価する基準になっていた。

明治一〇年（一八七七）四月九日に、ションマルコン夫妻が山梨で手品の興業を申し出た時も、外務省書記官は山梨県令に「国家に益なき遊芸稼ぎ」として不許可を通知している。

このような独善的思想と国家至上主義の延長線上にあったのが朝鮮への植民地政策であった。

第四章で民衆の慰安や親睦のために朝鮮全土でユンノリ大会が催されたと述べた。しかし一九二五年以後、警察の命令で中止されることが増えた。理由は賭博取締りや治安維持のためであった。一九三八年一月二日付の「東亜日報」は次のように報じている（「劉論文」遊・13）。

毎年陰暦の元旦になると室内遊戯として家庭や料亭に集って多くの人々が楽しむユンノリは、遊ぶ人々にとっては楽しいものの夜遅くまで騒ぐために近隣の安眠を妨げるうえに、現今のような非常時局において慎しむべきだとし、仁川警察署では旧正月廃止の一環としてユンノリを取締る方針であるとし、ゆえに一般市民は自重し度が過ぎた場合には当然処分するとした。

「非常時局」とは前年に日本軍が中国の侵略戦争を全面的に開始したことを指している。

朝鮮総督府は、伝統的な朝鮮の陰暦を廃止して強引に日本の新暦にあわせようとした。そのため旧正月におこなわれる朝鮮の民俗行事を禁止した。ユンノリをはじめ朝鮮の伝統的な遊戯も禁止された。ユンノリの禁止は軍国主義と伝統破壊の両面からなされたと言える。おそらくユンノリの集りは抗日運動の謀議の場か、その温床になるかもしれないと官憲は判断したのであろう。

一九八五年三月七日付の「ソウル新聞」は、凧揚げ、チブルノリ、板跳び、ユンノリ、チェギチャギなど「民族の魂」である遊戯は、日本の植民地政策により抹殺されかけたと述べた。そして解放後は迷信打破という新文化の風潮で伝統遊戯が姿を消しつつあると報じた。

ユンノリはたとえ一時的であっても、植民地政策によって遊びが弾圧された証人である。第二次大戦中に日本国内でも娯楽や遊戯が禁止されたことは敢えて繰返さないが、軍国主義や植民地政策によって遊びが断絶させられたのは厳然とした事実である。

自然災害でも遊戯関係の文化財が失なわれる場合もある。阪神大震災、東日本大震災、二〇一九年の台風一九号による災害と大規模な河川の氾濫と浸水などである。しかし放射能汚染や堤防の決壊など企業の管理体制、行政の不充分な災害対策により、娯楽や遊芸に関する古文書の破損、郷土玩具の流出、郷土芸能の伝承や用具が失なわれたとするならば、これもまた人為的な遊戯の断絶と言えるのであろう。

6　今後の課題

チェス史研究支援財団から筆者の許にミュンヘンで二〇一九年一一月二〇日に総会を催すのでと招待状が届いた。事情があって欠席を通知すると二〇二〇年一月に、総会の報告と二月下旬にインドのカナウジで新博物館の落成式をかねて「チャトランガの誕生地カナウジ」で大規模なシンポジウムを開催するのでと、新たに招待状が届いた。

カナウジ発掘のプロジェクトは二〇〇七年に発足し、曲折を経てようやく新しい発掘品の発表と共にシンポジウムの開催にこぎつけた。長期にわたる地道な努力の結果である。遊戯史研究は目立たな

新カナウジ博物館（M. Eder 氏提供）

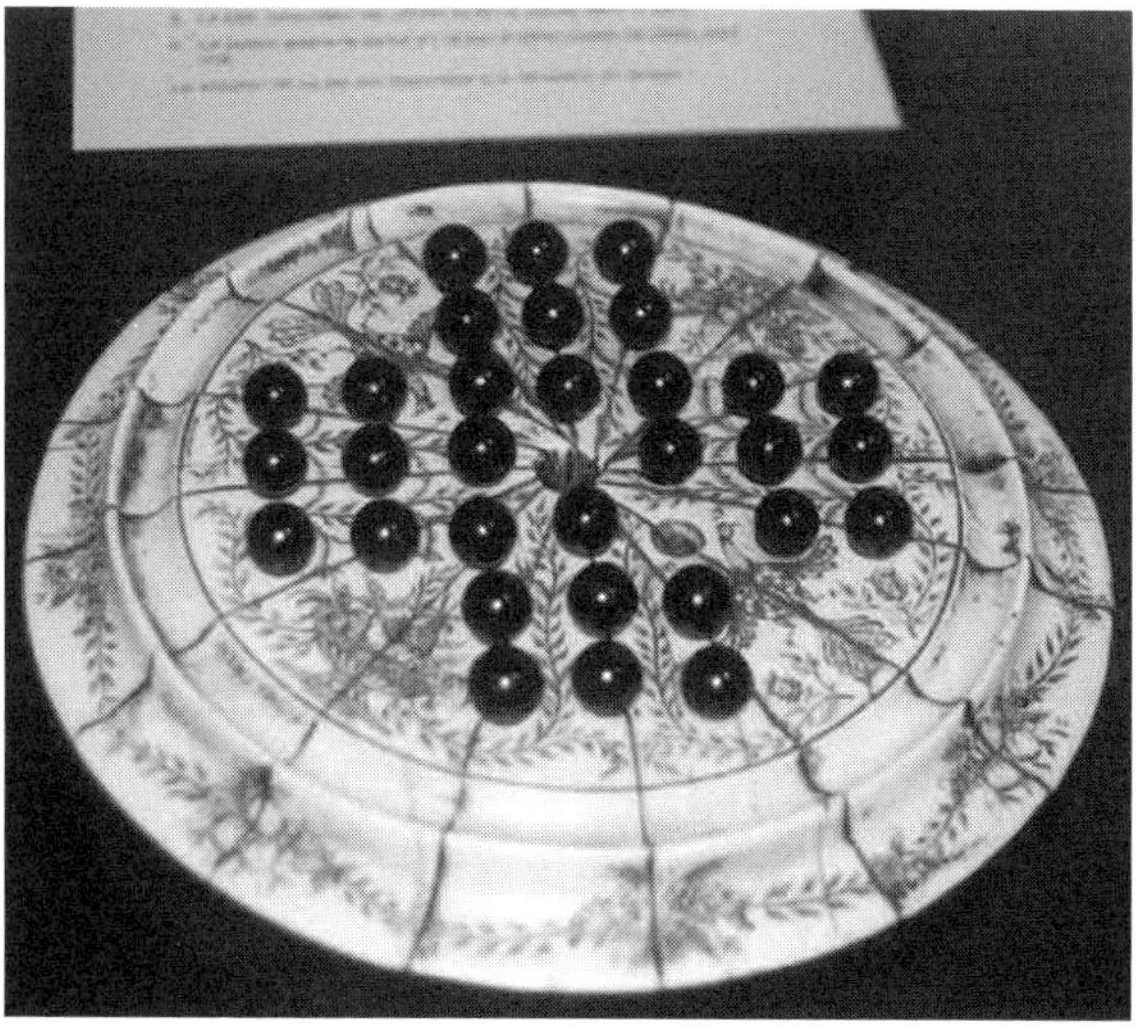

ソリタリーの盤と駒

いが着実な積み重ねによって遅々としながらも前進するものである。

さて、これまでの研究の一定の成果のうえにたって、さらに次の目標として四つの課題を提起したい。

第一は、個別の遊戯史のさらなる探究である。この三〇年間で最も成果を挙げたのは個別の遊戯史である。伝統的な遊戯については、伝承の真偽をたしかめながら俗説を排除して科学的な実証を進めてきた。物証と文献資料の双方から検証する試みはかなり発展した。しかし同時にまた新しい問題も生じた。今後はさらに個別の遊びの研究を深めると共に、等閑視されてきた遊びも視野に入れて開拓しなければならない。

また、特定の遊びだけでなく、その遊びが属する分野、たとえば「競走ゲーム」がどのよう

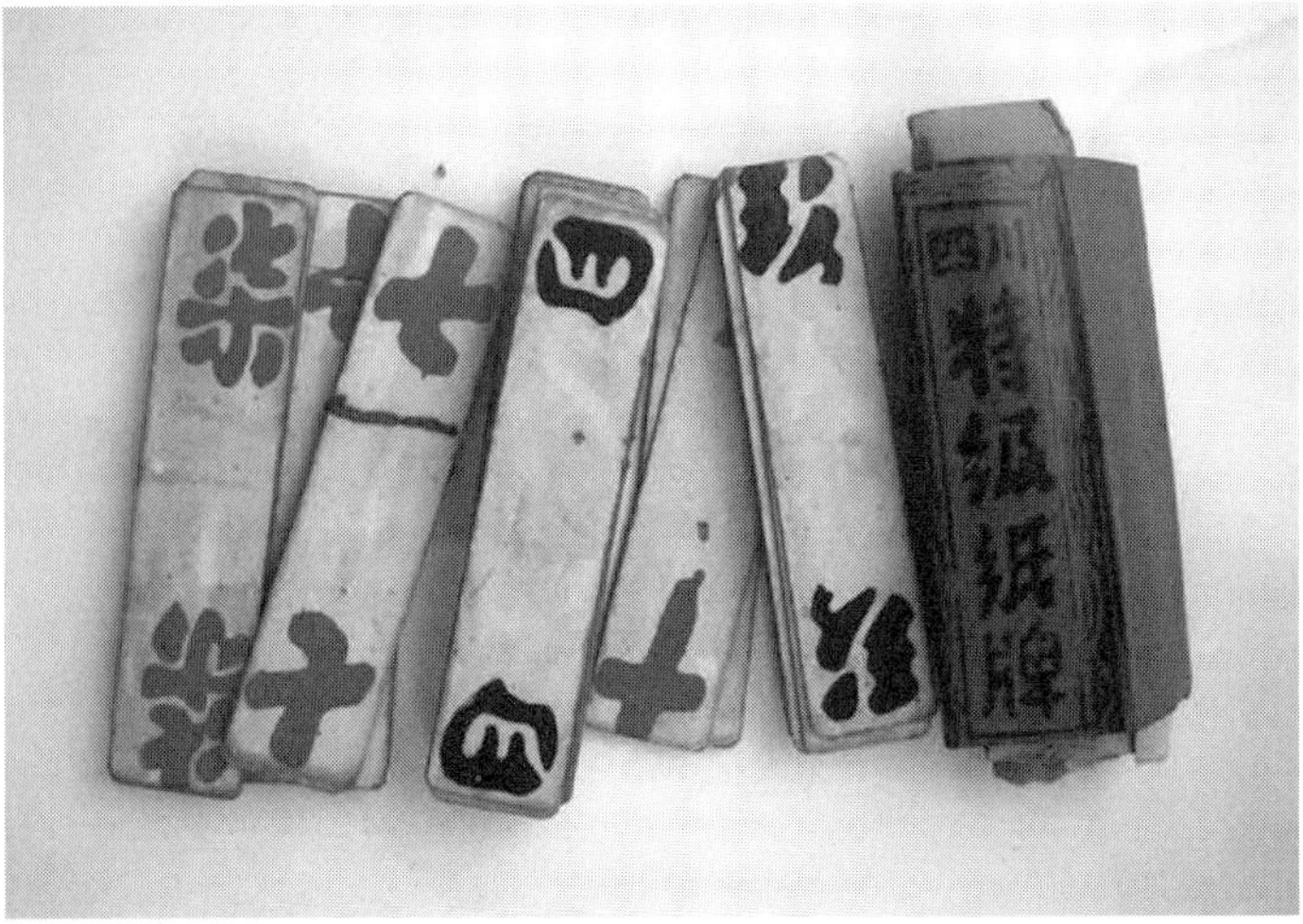

中国カード

に変化しながら生き残ってきたか、その経過も個別の遊戯史の系列として観察することも提案したい。

　第二に、各々の時代の様相の下に多面的な遊びの検証である。

　遊戯史研究は遊びを通じて、その時代に生きた人々を解明するものであるならば、遊びを時系列で観るだけでなく、歴史の一つの断面としてその時代の特徴を考察する必要がある。たとえば江戸時代の人々の感性である洒落、諧謔、風刺、粋《いき》などが幾つかの遊びに投影されている。別々の遊びを総合的にとらえると、その時代の遊びの特質を知ることができる。各々の時代の遊びを知ることが、文化史としての遊びをより際立たせるであろう。

　第三に、海外の各民族の遊びとの比較研究である。

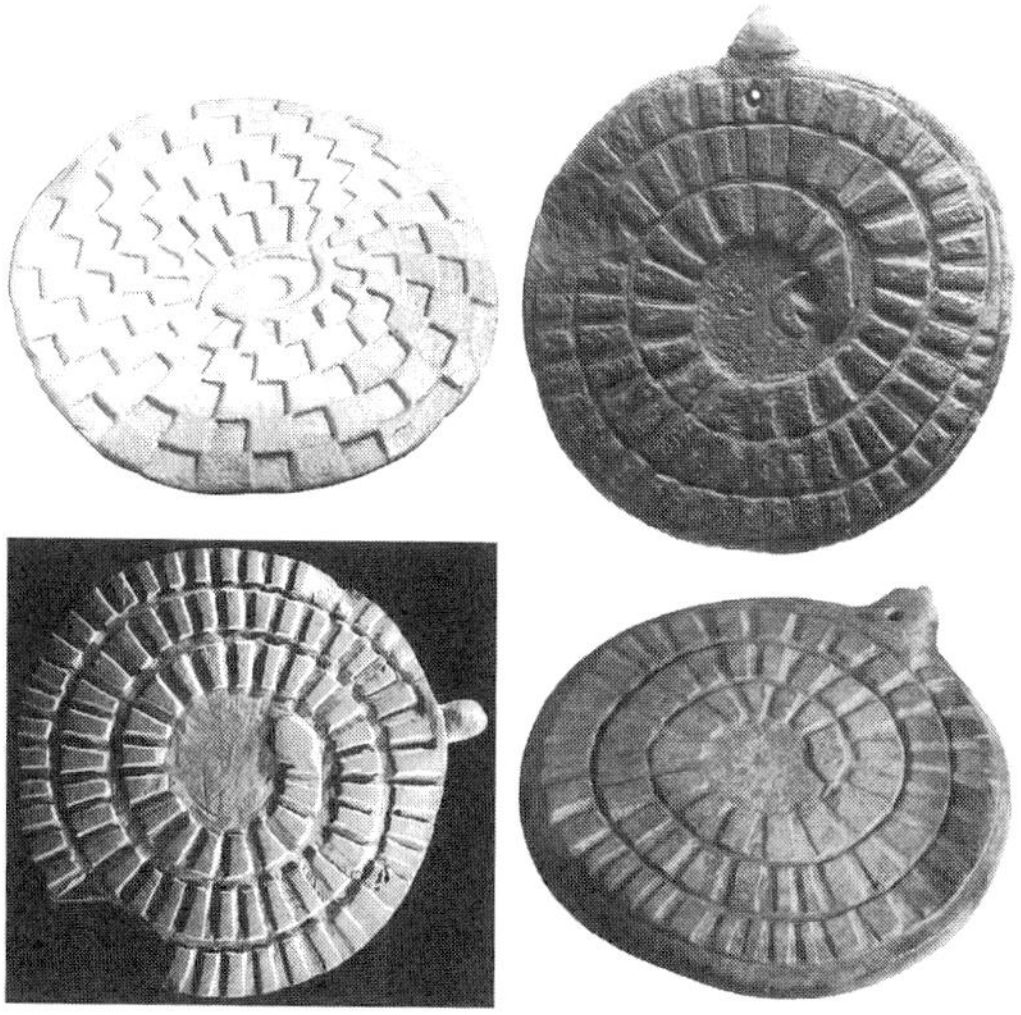

古代エジプト「メヘン」の変遷

日本の遊びは独自に考案されたものもあるが、多くは周辺の地域から伝えられたものである。それゆえアジア諸国の遊びがどのように分岐したのか共通点と相違点を明らかにすることによって、夫々の民族性を浮彫りにすることができる。たとえば、日本の麻雀は分岐した一つの型で、花牌などは各国で異なる。カードゲームや将棋、さいころゲームの俗称「えび・かに」も各民族によって異なる。

また、地球的規模で考察するならば、文明の曙とされる幾つかの地で生まれた遊びが、どのようにして各地へ伝えられたのかを知ることが重要である。人々の文化や遊びが交易や交流によって変化せずに伝えられたのか、あるいは伝えられた地で各々の民族性により変化したのか、遊びの伝播という視点からさらに考察を深める必要がある。

第四に、個別の遊戯史の枠を超えた総合的な遊戯史の構築である。人類はなぜ遊ぶのか、遊びはどのようにして始まったのか、遊びはどのようにして創られ次の世代に受け継がれたのか、人類史の観点からの考察が必要である。

また、各民族の個々の遊びは全く無関係に独立して考案されたのか、それとも相互に何らかの関連や共通点があって創りだされたのか、既存の遊びをより面白くするために人間はどのように知恵を注ぎ込んできたのか、思考が発揮された後にどのように遊びが変化したのか、これらの諸問題はさらに深化させねばならないであろう。

以上の課題を達成するために、自分の関心のあるゲーム類から研究を始めるのは当然であろうが、他の遊戯史研究者との交流や意見の交換が必要であろう。また、他の分野の研究者との協力、協同が欠かせないであろう。ヨーロッパで各分野の専門家が「チェスは文化」という観点からチェス史の研究に関与し協力している例がある。日本でも本文で紹介した幾つかの論文に他分野の研究者との協力がみれるが、今後ますます重要になってくるであろう。

さらに、本文で屡々記したが、「今後の発掘調査の成果に期待できる」という文言は偽りのない願望である。幸いなことに現在は電子機器の発達により、海外を含めて全部でないにしてもある程度の発掘調査の情報を知ることができる。珍しい出土品は新聞で速報される。たとえ新発掘品によって従来の定説が覆るとも我々は歓迎したい。

おわりに

歴史学の一分野である遊戯史学を確立し、最新の研究成果を紹介することができた。郷間雅俊編集長と雑談の際に、なぜ遊戯史を志向するようになったのか、個人的事情も述べてほしいと要望された。それに応ずる場所を探したが本文で記す箇所がなく、結局「おわりに」で書くことになった。

『遊戯』（ものと人間の文化史134）の最後に述べたように、筆者は昭和一七年（一九四二）の春に神戸市東灘区にある旧制甲南高等学校尋常科（旧制中学部）に入学した。入学と同時に部活動の美術部に入部したが、直ちに四年生の若林正雄先輩から「本校の心得を教えるので、校門左手の芝生へ来い」と呼び出された。前年一二月八日に日本軍はハワイとマレー沖で奇襲攻撃をおこない、大戦果に国中が戦勝気分に湧き立っていた頃であった。それで、どうせ立派な軍人になれ、国家に役立つ人間になれ、という説教だろうと思い指定の場所に行った。

しかし若林先輩が言ったのは、「本校は遊びの精神を学ぶ場所である」という訓辞であった。予想もしない発言に驚いた。学校外で公言したら憲兵に逮捕されるかもしれない言動だったからである。八〇年近い前のことを鮮明に覚えているのは、余程大きな衝撃だったからであろう。遊戯に関心を持った出発点であった。狂信的な軍国少年にならなかったのも、この訓辞が頭の片隅にあったからかもしれない。

後で聞いたが、若林先輩の祖父か祖母がフランス人で、よほど自由な家庭に育ったので率直な意見を持っていたのであろうと納得した。また、ずっと後に知ったのだが、旧制甲南高校じたいが自由の伝統を受け継いでいた。戦前に当時は非合法であった日本共産党の指導の下に、主として山岳部員からなる反戦組織がつくられ、最盛期には学生の約三割が機関紙「白亜城」(正面校舎の呼び名)を購読していたという。そして中核になっていた九人の学生が治安維持法で検挙される「白亜城事件」(一九三四)がおこった。当時の平尾校長が直接に警察署を訪れて全員を貰い受けた。そして全国的に唯一の例といえる学生達を退学処分にせず、卒業させて大学へ進学させた。

このような自由な校風がどこかに残っていて、遊びを研究する土壌を提供したとも言える。これも『遊戯』で述べたが、敗戦直後の配属将校の変身ぶりに呆れ、戦時中に嘘の発表を信じこまされたことから、歴史を学ぶ重要性を認識した。

二〇代に筆者は将棋に熱中した。毎日曜日に各地に指しに行ったが満足できず、神戸で将棋倶楽部を組織し毎晩でも指せる沢山の仲間をつくった。普通の人は「どうすれば強くなるか」と考え努力するが、筆者は「このような面白いゲームは誰が考案したのか」に専ら関心が向き、どのようにして創り出されたのか探ろうと決心した。

この時に既に漠然とした「遊戯」を研究する気持ちが芽生えていたのであろう。基本に、空襲による戦災で危うく死ぬところであった体験と、戦後に知った「大和魂《やまとたましい》があればどんな困難も克服できる」と無謀な諸作戦を指揮して、多数の兵士を餓死させ自殺に等しい突撃を命じた軍首脳の方針が、根元のところで同じと知ったからである。狂信的な軍国主義者への怒りが、無意識のうちに戦争と対極にある平和、それも自由で平穏な遊びに向かわせたのであろう。

神がかりな精神主義に対し、科学的な社会観を持って遊戯を観察したいと思い、また自分の意志で財産を処分できる私有財産制度の確立によって、賭博が一挙に拡まったこともあり、基礎となるF・エンゲルスの『家族・私有財産及び国家の起源』を熟読した。翻訳者が白亜城事件の関係者と後で知った。

その頃、将棋の歴史に関する参考書は皆無であった。それで丸善を通じてH・J・R・マレーの『チェスの歴史』を購入して読み耽った。将棋の歴史を知るにはさほど役に立たなかったが、初めて盤上遊戯は古代エジプトやメソポタミアの時代から遊ばれていたことを知り、非常に興味を抱いた。写真や図版で知ることだけでは満足できず、何とかして現物を観たいと望むようになった。

この機会は意外に早く訪れた。一九七三年春から京都国立博物館で「古代オリエント展」が催された。展示品は全てベルリン・ペルガモン博物館の所蔵品であった。この時にある事情で展覧会に同行していた考古学者達や修復官達と親しくなった。なかでもエベリン・クレンゲル博士とは親しくなり、神戸や姫路城を案内して自宅へも招待した。彼女は筆者の希望を聴くと、自分達の博物館にも古代の遊戯盤は沢山あるので観に来るようにと招いてくれた。

同年晩秋にペルガモン博物館を訪れ、研究室で沢山の遊戯盤を手に取って観察することができた。日乾し煉瓦の遊戯盤は想像以上に重く、感動した。博物館の図書室で古代盤上遊戯に関する資料を見せていただき、クレンゲル博士の論文「アッシリアの遊戯盤とさいころ」をいただいた。何よりも嬉しかったのは、遊戯史の研究は困難を伴うが大切なテーマだと激励されたことであった。その後クレンゲル夫妻と筆者の家族とは四〇年以上にわたって家族どうしで付合いが続いた。日本で入手できない遊戯関係の資料を継続して贈っていただき、筆者の研究に非常に役立った。

一九七〇年代の前半になると、古代の遊戯盤についてある程度の知識も具わってきた。偶然手にした早稲田大学の平田寛先生の著書に古代エジプトの遊戯盤に触れた箇所があったので、面識もなかったのに質問の手紙を出した。先生から届いた返事は、天文や暦には多少の知識はあるが、遊戯盤については全く無知であるというものだった。

一九七五年に『将棋世界』誌に将棋史の連載を始めようとした頃、法政大学出版局の稲義人編集長（当時）の来訪を受けた。平田先生より関西に珍しい事柄に興味を持っている人がいると聞き訪れた、「貴方には書けるだけ書いていただく」という。書かせるための社交辞令であったのだろうが、それで一九七七年に『将棋Ⅰ』（ものと人間の文化史23）、翌年にクレンゲル博士の序文のある『盤上遊戯』（同29）、次いで稲編集長の要請で『賭博Ⅰ、Ⅱ、Ⅲ』（同40）を書くことができた。

他方、クレンゲル博士から、古代の盤上遊戯に詳しい大英博物館のアーヴィング・フィンケル博士を紹介していただいた。ほぼ同時期に、盤上遊戯史家のR・C・ベル氏より「大英博物館を観ずして歴史を語ることなかれ」という文面と共に、自邸への招待を受けた。早速ロンドンを訪れ、開館時から閉館時まで一週間通い続けた大英博物館は、毎日が発見と感動の連続であった。ロンドンから北へ列車で約一時間のベル氏邸に泊めていただいたが、三階までの各部屋に展示された夥しい数の遊戯具に感嘆した。

また、フィンケル博士を通じて各国の遊戯史研究者と一気に交友関係が広まった。盤上遊戯やチェスのシンポジウムや研究会に参加し、日本人研究者として講演したからである。会合の後の懇親会もまた魅力に満ちた交流の場であった。真摯に学ぼうとする者には惜しみなく手を貸そうとする海外の研究者達の姿勢に感激することは屢々であった。

遊戯史への道は直接には将棋から始まったが、中学生の時の若林先輩やクレンゲル博士をはじめ内外の多くの方々の示唆、助言、激励があったので、一貫して遊戯史を追究できたのであろう。良い先達、友人に恵まれたと感謝している。時代的背景として第二次大戦前後という激動の時期も大きく作用したと言える。反戦としての遊戯という明確な対比が可能だったからである。

遊戯史を具体的に実現できたのは稲編集長のお蔭である。何よりも大きな存在だったと言える。『賭博』以後の総てのテーマは筆者が選び、資料を準備したものであるが、稲氏および担当の編集部の秋田公士氏の叱咤激励があったからこそ一歩ずつ前進することができた。まさしく「育てていただいた」と今でも感謝している。

なぜ、どのようにして遊戯史の道を歩むようになったのかという問いに、充分な回答になっていないかもしれない。今後、筆者がもっと時間をかけて熟考すべき宿題であろう。機会があれば日本の遊戯史研究史として掘り下げてみたいテーマでもある。それにしても残念なのは、筆者を導いていただいた方々、共に語り合った友人達の多くが鬼籍に入られたことである。あらためて御冥福をお祈りしたい。

本書をまとめるに当って、多くの遊戯史学会の会員の方々の労作を引用させていただいた。御芳名は既に記載したのでこの場では省略させていただくが、あらためて紙上を借りて厚く御礼を申し上げたい。

最後になって恐縮であるが、筆者の希望を心よく受け入れて下さった郷間雅俊編集長に心から御礼と感謝を申し述べたい。

二〇二一年三月

増川宏一

参考文献

第一章

『野尻湖のナウマンゾウ――市民参加でさぐる氷河時代』 野尻湖発掘調査団　新日本出版社　二〇一八

『発掘された日本列島 二〇一四』 文化庁編　朝日新聞出版　二〇一四

『旧石器時代人の知恵』 安蒜政雄　新日本出版社　二〇一三

『日本の美術第五一五号　縄文人の祈りの道具――その形と文様』 岡村道雄　至文堂　二〇〇九

Homo Ludens. Der spielende Mensch: Eine Gemeinschaftsausstellung Arbeitskreis selbständiger, Herausgegeben von Volkmar Hansen und Sabine Jung, Kultur-Institute e. v., Bonn, 2003

『遊戯の起源』 増川宏一　平凡社　二〇一七

Spiele und Spielzeug in antiken Palästina, von Ulrich Hübner, Universitätsverlag Freiburg, Schweiz, 1992

『縄文美術館』 小川忠博写真、小野正文・堤隆監修　平凡社　二〇一三

『図説中国古代遊芸』 崔楽泉　文津出版社　二〇〇二

Games of the North American Indians, by Stewart Culin, Dover Publications Inc., New York, 1975

Games of Mongolian Shepherds, by Iwona Kabzińska-Stawarz, Institut of the History of Material Culture, Warsaw, 1991

『発掘された日本列島 二〇一八』 文化庁編　朝日新聞出版　二〇一八

『新訂旧唐書倭国日本伝 他二編』（岩波文庫） 石原道博編訳　岩波書店　一九八六

『東アジア民族史　正史東夷伝Ⅰ』（東洋文庫） 井上秀雄他訳注　平凡社　一九七四

『日本書紀』（日本古典文学大系）　岩波書店　一九六七

『続日本紀』（国史大系）　吉川弘文館　一九三四

『律令』（日本思想大系）　岩波書店　一九七六

『歴代宸記』（増補史料大成）　臨川書店　一九六五

『九暦』（大日本古記録）　岩波書店　一九五八

『合せもの』（ものと人間の文化史94） 増川宏一　法政大学出版局　二〇〇〇

『平安遺文』 竹内理三編　東京堂出版　一九七四

『中右記』（増補史料大成）　臨川書店　一九六五
『新猿楽記　雲州消息』（古典文庫66）　藤原明衡撰
現代思潮新社　一九八二
『新訂　梁塵秘抄』　佐佐木信綱校訂　岩波書店　一九四一
『訓読明月記』　今川文雄訳　河出書房新社　一九七九
『鎌倉遺文』　竹内理三編　東京堂出版　一九九七
『歌合集』（日本古典全書）　朝日新聞社　一九四七
『東寺文書（百合文書）』（大日本古文書）
東京帝国大学文学部史料編纂所　一九三九
『看聞御記』（続群書類従）　続群書類従完成会　一九三〇
『言国卿記』（続群書類従）　続群書類従完成会　一九七八
『実隆公記』（続群書類従）　続群書類従完成会　一九六三
『花園天皇宸記』（増補史料大成）　臨川書店　一九六五
『飛鳥井雅有日記全釈』　水川喜夫　風間書房　一九八五
『中世法制史料集』　佐藤進一他編　岩波書店　二〇〇五
『正宝事録』　近世史料研究会編
日本学術振興会　一九六五
『江戸町触集成』　近世史料研究会編　塙書房　二〇〇三
『賭博と掏摸の研究』　尾佐竹猛　新泉社　一九六九
『御触書寛保集成』　高柳真三・石井良助編
岩波書店　一九三四
『古今著聞集』（日本古典文学大系）　岩波書店　一九六六
『近世法制史料叢書　第二』　石井良助編
弘文堂書房　一九三九
『大阪市史　第四』　大阪市編
清文堂出版　復刻版一九六五
『雑俳史の研究』　宮田正信　赤尾照文堂　一九七二
『元禄村方日記――南山城『上田氏旧記』を読む』　奥田修三編著
文理閣　一九八八
『京都町触集成』　京都町触研究会編　岩波書店　一九八九
『御仕置例類集　古類集』　石井良助編
名著出版　一九七一
『富札づくし』　小川三夫編　兵庫貨幣会　一九七八
『御仕置例類集　続類集』　石井良助編
名著出版　一九七三
『すごろくⅡ』　増川宏一　法政大学出版局　一九九五
『嬉遊笑覧』　喜多村信節　近藤出版部　一九一六
『江戸の目明し』（平凡社新書）　増川宏一
平凡社　二〇一八
『世事見聞録』　武陽隠士　青蛙房　二〇〇一
『太政官日誌』　石井良助編　東京堂出版　一九八二
『府県史料〈民俗・禁令〉』（日本庶民生活史料集成21）

三一書房　一九七九
『百科全書　戸内遊戯方』　漢加斯底爾訳
文部省印刷　一八七九
『遊戯史研究』14　遊戯史学会　二〇〇二
『明治年代の警察部長――明治警察史研究』　高橋雄豺
良書普及会　一九七六
『明治警察史論集』　中原英典　良書普及会　一九八〇
『公安百年史――暴力追放の足跡』　藤田五郎編著
公安問題研究協会　一九七八
「解説カルタの歴史」『図説カルタの世界』　江橋崇
大牟田市立三池カルタ記念館　一九九一
『明治大正財政史　第七巻』　大蔵省編
財政経済学会　一九三八
『朝日年鑑　昭和五年版』　朝日新聞社　一九三一
『資料日本現代史』　赤沢史朗他編　大月書店　一九八四
「競輪二十年史」　日本自転車振興会　一九七一
『ホモ・ルーデンス――人類文化と遊戯』　ヨハン・ホイジンガ／高橋英夫訳　中央公論社　一九七一
『日本遊戯史』　酒井欣　拓石堂出版（復刻版）　一九七七
『遊びと人間』　ロジェ・カイヨワ／多田道太郎・塚崎幹夫訳　講談社（増補改訂版）　一九七一
『遊びと人間』　ロジェ・カイヨワ／清水幾太郎・霧生和夫訳　岩波書店　一九七〇
『公営競技に関する調査研究』
財団法人余暇開発センター　一九八三

第二章

『宣胤卿記』（増補史料大成）　臨川書店　一九七五
「蔭凉軒日録」（増補史料大成）　臨川書店　一九七八
『後法興院記』（増補史料大成）　臨川書店　一九九四
『元長卿記』（史料纂集）　続群書類従完成会　一九七三
『後法成寺關白記』（大日本古記録）　東京大学史料編纂所編　岩波書店　二〇〇一
『言継卿記』（史籍集覧）　国書刊行会　一九一四
『兼見卿記』（史料纂集古記録編）　八木書店　二〇一九
『遊戯史研究』27　遊戯史学会　二〇一五
『児教訓』（群書類従）　続群書類従完成会　一九二八
「将棊馬日記」（『枻』一九七八年五月号）
枻出版　一九七八
『言経卿記』（大日本古記録）　岩波書店　一九九一
『時慶記』　時慶記研究会編　臨川書店　二〇一三
『鹿苑日録』　辻善之助編　太洋社　一九三七

「古名人勝負手合帳」（大橋家文書）　三代宗桂　一六五一頃
『當代記　駿府記』（史籍雑纂）　続群書類従完成会　一九九五
『遊戯史研究』23　遊戯史学会　二〇一一
『言緒卿記』（大日本古記録）　岩波書店　一九九八

第三章

Board Games Studies 1999/2, CNWS publications, Leiden, 1999
『遊戯史研究』24　遊戯史学会　二〇一二
『地下からの贈り物――新出土資料が語るいにしえの中国』（東方選書）　中国出土資料学会　東方書店　二〇一四
『文物』　文物編集委員会　文物出版社　一九八九
Korean Games with Notes on the Corresponding Games of China and Japan, Stewart Culin, The Brooklyn Museum in Association with Dover Publications, New York, 1991
A History of Board-Games Other than Chess, H.J.R. Murray, Oxford at the Clarendon Press, 1952
Board and Table Games from Many Civilizations, R.C. Bell, M.B.F.R.C.S. Oxford University Press, London, 1959
『遊戯史研究』3　遊戯史学会　一九九一
『遊戯史研究』17　遊戯史学会　二〇〇五
『新編増補坐隠談叢』　安藤如意／渡邊英夫改補　新樹社　一九五五
『奈良文化財研究所紀要　二〇一六』　奈良文化財研究所　二〇一六
『考古学研究』第六三巻第一号　考古学会　二〇一六
『考古学は科学か　田中良之先生追悼論文集』上　田中良之先生追悼論文集編集委員会　中国書店　二〇一六
『遊戯史研究』13　遊戯史学会　二〇〇一
『後冷泉院根合』（群書類従）　続群書類従完成会　訂正版一九八七
『郁芳門院根合』　続群書類従完成会　一九八七
『北里戯場隣の疝気』（燕石十種第三）　国書刊行会　一九〇三
『公衡公記』（史料纂集）　続群書類従完成会　一九七九
『新猿楽記　雲州消息』　藤原明衡撰　現代思潮新社　一九八二
『梁塵秘抄』（日本古典文学大系）　岩波書店　一九六五
『梁塵秘抄の風俗と文芸』　渡辺昭五　三弥井書店　一九七九

『日本社会の歴史』（岩波新書） 網野善彦 一九九七
『筑後鷹尾文書』 熊本中世史研究会編 青潮社 一九七四
『普通唱導集――翻刻・解説』 村山修一編 法蔵館 二〇〇六
Board Game Studies 2002/5, CNWS publications, Leiden, 2002
『遊戯史研究』12 遊戯史学会 二〇〇〇

第四章

『第七一回 正倉院展図録』 奈良国立博物館 二〇一八
『江談抄 中外抄 富家語』（新日本古典文学大系） 岩波書店 一九九七
『遊戯史研究』11 遊戯史学会 一九九九
『麻雀博物館会報』二〇〇七新春号 麻雀博物館 二〇〇七
『麻雀の歴史と文化――麻雀博物館図録』 麻雀博物館編、野口恭一郎監修 竹書房 二〇〇五
『花札』（ものと人間の文化史167） 江橋崇 法政大学出版局 二〇一四
「神戸村で『天正かるた』賭博が摘発される――『天正かるた』と近世の賭博」『「神戸村文書」の世界』 石橋知之 神戸市教育委員会文化財課 二〇二〇
『遊戯史研究』22 遊戯史学会 二〇一〇
『游戏史』 蔡丰明 上海文芸出版社 一九九七
『平戸オランダ商館の日記』 永積洋子訳 岩波書店 一九七〇
A History of Playing Cards and A Bibliography of Cards and Gaming, by Catherine Perry Hargrave Dover Publications, INC, New York, 1996
The Oxford Guide to Card Games, David Parlett Oxford University Press, Oxford, 1990
「雍州府志」（群書類従） 黒川道祐 一六八六
『かるた』（ものと人間の文化史173） 江橋崇 法政大学出版局 二〇一五
『遊戯史研究』27 遊戯史学会 二〇一五
『クク大全――ルール・ヴァリアント・歴史』 黒宮公彦 ニューゲームズオーダー 二〇一五

第五章

『遊戯史研究』13 遊戯史学会 二〇〇一
Ancient Board Games in Perspective, Edited by I.L. Finkel. The British Museum Press, London, 2007

Schicksal-Chance Glück Spiel der Menschheit, Herausgegeben von Ulrich Schädler, Schweizerisches Spielmuseum, La Tour-de-Peilz, Schweiz, 2007

Das Buch der Spiele Übersetzt und Kommentiert von Ulrich Schädler und Ricardo Calvo, Lit Verlag, Berlin, 2009

Betrachtungen zur grossen Göttin und den ihr verbundenen Gottheiten, W. Helek, München, Wien, 1971

Spiele der Menschheit, Herausgegeben von Ulrich Schädler, Wissenschaftliche Buch gesellschaft La Tour-de-Peilz, Schweiz, 2007

An inquiry into the earliest Gaming Pieces, by R. Vasantha, Sri Krishnadevaraya University, Anantapuramu, 2008

Further Excavations at Mohenjo-daro, by E.J.H. Mackay, Munshiram Manoharlal Publishers Pvt. Ltd., Delhi, 1938

5000 Jahre Würfelspiel, Herausgegeben von Prof. Dr. Günther G. Bauer, Institut für Spielforschung und Spielpädagogik, Salzburg, 1999

Playthings in Early Modernity-Party Games, Word Games, Mind Games, Edited by Allison Levy, Medieval Institute Publications Western Michigan University, 2017

Geschichte des Schachs, Dr. Jacob Silbermann, Wolfgang Unzicker, Bertelsmann Ratgeberverlag Wien, 1975

Kanauj, die Maukharis und das Caturanga, Der Ursprung des Schachspiels und sein Weg von Indien nach Persien, Renate Syed, Förderkreis Schach-Geschichtsforschung e.V. Kelkheim/Ts, 2001

Wie das Schachspiel entstand, von Juri Awerbach, Schach Journal 1991/1, Schachverlag, Berlin, 1991

New Approaches to Board Games Research, Edited by Alexander J. de Voogt, The Inter-national Institute for Asian Studies, Leiden, 1995

The Encyclopedia of Chess Variants, D.B. Pritchard, Games & Puzzles Publications, Surrey, 1994

Schach-Eine Kulturgeschichte, Joachim Petzold, Sammlung Kulturgeschichte, Leipzig, 1986

Mahàràja's Games and Puzzles, by R. Vasantha, Published by Foerderkreis Schach-Geschichtsforschung e.V. Kelkheim/Ts, 2006

終　章

『レジャー白書　93』　財団法人余暇開発センター　一九九三

『遊戯史研究』29　遊戯史学会　二〇一七
『江戸の目明し』（平凡社新書）　増川宏一　平凡社　二〇一八
『遊戯史研究』21　遊戯史学会　二〇〇九
『遊戯史研究』30　遊戯史学会　二〇一八
『盤上遊戯の世界史』　増川宏一　平凡社　二〇一〇
『芸能』（日本近代思想大系18）　岩波書店　一九八八
Arbeitspapiere/Working-Paper Mission Kannauj 2020, Förderkreis Schach-Geschichtsforschung e.V. Kelkheim/Ts. 2020

索　引

あ　行

か　行

さ　行

た　行

な　行

は　行

ま　行

や　行

ら　行

わ　行

著者紹介

増川宏一（ますかわ　こういち）

1930年長崎市に生まれる。旧制甲南高等学校卒業。以来，将棋史および盤上遊戯史を研究。
大英博物館リーディングルーム・メンバー，国際チェス史研究グループ会員，チェス史研究支援財団名誉会員，チェス・コレクターズ・インターナショナル会員，遊戯史学会会長，日本将棋連盟将棋歴史文化アドバイザー。第17回将棋ペンクラブ大賞特別賞，第21回大山康晴賞受賞。
著書に，『賭博の日本史』『碁打ち・将棋指しの江戸』『碁打ち・将棋指しの誕生』『将棋の起源』『盤上遊戯の世界史』『日本遊戯史』『日本遊戯思想史』『将棋の歴史』『遊戯の起源』『江戸の目明かし』（以上，平凡社），『将棋Ⅰ・Ⅱ』『盤上遊戯』『賭博Ⅰ・Ⅱ・Ⅲ』『碁』『さいころ』『すごろくⅠ・Ⅱ』『合わせもの』『チェス』『遊戯』（以上，法政大学出版局），『将棋の駒はなぜ40枚か』（集英社），『ゲームの博物誌』（JICC出版局），『将軍家「将棋指南役」』（洋泉社），『小さな藩の奇跡』（KADOKAWA）など。
共同執筆に *Homo Ludens IV,* Institut für Spielforschung an der Hochschule Salzburg, Verlag Emil Katzbichler, 1994.
Board Games Studies 2000/3, CNWS Universiteit, Leiden, The Netherland.
Step by Step: Proceedings of the 4th Colloquium Board Games in Academia, editions Universitaires Fribourg, Suisse, 2002.
Asian Games: The Art of Contest, Asia Society, New York, 2004.
Spiele der Menschheit, Schweizerisches Spielmuseum, 2007.
Festschrift für Egbert Meissenburg: Internationale Schachforschungen, Refordis Verlag, Wien, 2009.
Simulation and Gaming in the Network Society, Springer Verlag, Erfurt, 2016.

ものと人間の文化史　134-Ⅱ
遊戯Ⅱ　日本小史と最新の研究

2021年4月16日　　初版第1刷発行

発行所 一般財団法人 法政大学出版局

〒102-0071 東京都千代田区富士見2-17-1
電話03(5214)5540／振替00160-6-95814
印刷／三和印刷　製本／誠製本

ISBN978-4-588-21342-7
Printed in Japan

ものと人間の文化史

★第９回梓会出版文化賞受賞

人間が〈もの〉とのかかわりを通じて営々と築いてきた暮らしの足跡を具体的に辿りつつ文化・文明の基礎を問いなおす。手づくりの〈もの〉の記憶が失われ、〈もの〉離れが進行する危機の時代におくる豊穣な百科叢書。

1 船　須藤利一編

海国日本では古来、漁業・水運・交易はもとより、大陸文化も船によって運ばれた。本書は造船技術、航海の模様の推移を中心に、漂流、船霊信仰、伝説の数々を語る。四六判３６８頁 '68

2 狩猟　直良信夫

人類の歴史は狩猟から始まった。本書は、わが国の遺跡に出土する獣骨、猟具の実証的考察をおこないながら、狩猟をつうじて発展した人間の知恵と生活の軌跡を辿る。四六判２７２頁 '68

3 からくり　立川昭二

〈からくり〉は自動機械であり、驚嘆すべき庶民の技術的創意がこめられている。本書は、日本と西洋のからくりを発掘・復元・遍歴し、埋もれた技術の水脈をさぐる。四六判４１０頁 '69

4 化粧　久下司

美を求める人間の心が生みだした化粧―その手法と道具に語らせた人間の欲望と本性、そして社会関係。歴史を遡り、全国を踏査して書かれた比類ない美と醜の文化史。四六判３６８頁 '70

5 番匠　大河直躬

番匠はわが国中世の建築工匠。地方・在地を舞台に開花した彼らの造型・装飾・工法等の諸技術、さらに信仰と生活等、職人以前の独自で多彩な工匠的世界を描き出す。四六判２８８頁 '71

6 結び　額田巌

〈結び〉の発達は人間の叡知の結晶である。本書はその諸形態および技法を作業・装飾・象徴の三つの系譜に辿り、〈結び〉のすべてを民俗学的・人類学的に考察する。四六判２６４頁 '72

7 塩　平島裕正

人類史に貴重な役割を果たしてきた塩をめぐって、発見から伝承・製造技術の発展過程にいたる総体を歴史的に描き出すとともに、その多彩な効用と味覚の秘密を解く。四六判２７２頁 '73

8 はきもの　潮田鉄雄

田下駄・かんじき・わらじなど、日本人の生活の礎となってきた伝統的はきものの成り立ちと変遷を、二〇年余の実地調査と細密な観察・描写によって辿る庶民生活史　四六判２８０頁 '73

9 城　井上宗和

古代城塞・城柵から近世代名の居城として集大成されるまでの日本の城の変遷を辿り、文化の各領野で果たしてきたその役割を再検討。あわせて世界城郭史に位置づける。四六判３１０頁 '73

10 竹　室井綽

食生活、建築、民芸、造園、信仰等々にわたって、竹と人間との交流史は驚くほど深く永い。その多岐にわたる発展の過程を個々に辿り、竹の特異な性格を浮彫にする。四六判３２４頁 '73

11 海藻　宮下章

古来日本人にとって生活必需品とされてきた海藻をめぐって、その採取・加工法の変遷、商品としての流通史および神事・祭事での役割に至るまでを歴史的に考証する。四六判３３０頁 '74

12 絵馬 岩井宏實

古くは祭礼における神への献馬にはじまり、民間信仰と絵画のみごとな結晶として民衆の手で描かれ祀り伝えられてきた各地の絵馬を豊富な写真と史料によってたどる。四六判３０２頁 '74

13 機械 吉田光邦

畜力・水力・風力などの自然のエネルギーを利用し、幾多の改良を経て形成された初期の機械の歩みを検証し、日本文化の形成における科学・技術の役割を再検討する。四六判２４２頁 '74

14 狩猟伝承 千葉徳爾

狩猟には古来、感謝と慰霊の祭祀がともない、人獣交渉の豊かで意味深い歴史があった。狩猟用具、巻物、儀式具、またけものたちの生態を通して語る狩猟文化の世界。四六判３４６頁 '75

15 石垣 田淵実夫

採石から運搬、加工、石積みに至るまで、石垣の造成をめぐって積み重ねられてきた石工たちの苦闘の足跡を掘り起こし、その独自な技術の形成過程と伝承を集成する。四六判２２４頁 '75

16 松 高嶋雄三郎

日本人の精神史に深く根をおろした松の伝承に光を当て、食用、薬用等の実用の松、祭祀・観賞用の松、さらに文学・芸能・美術に表現された松のシンボリズムを説く。四六判３４２頁 '75

17 釣針 直良信夫

人と魚との出会いから現在に至るまで、釣針がたどった一万有余年の変遷を、世界各地の遺跡出土物を通して実証しつつ、漁撈によって生きた人々の生活と文化を探る。四六判２７８頁 '76

18 鋸 吉川金次

鋸鍛冶の家に生まれ、鋸の研究を生涯の課題とする著者が、出土遺品や文献・絵画により各時代の鋸を復元・実験し、庶民の手仕事にみられる驚くべき合理性を実証する。四六判３６０頁 '76

19 農具 飯沼二郎／堀尾尚志

鍬と犂の交代・進化の歩みとして発達したわが国農耕文化の発展経過を世界史的視野において再検討しつつ、無名の農民たちによる驚くべき創意のかずかずを記録する。四六判２２０頁 '76

20 包み 額田巌

結びとともに文化の起源にかかわる〈包み〉の系譜を人類史的視野において捉え、衣・食・住をはじめ社会・経済史、信仰、祭事などにおけるその実際と役割とを描く。四六判３５４頁 '77

21 蓮 阪本祐二

仏教における蓮の象徴的位置の成立と深化、美術・文芸等に見る人間とのかかわりを歴史的に考察。また大賀蓮はじめ多様な品種とその来歴を紹介しつつその美を語る。四六判３０６頁 '77

22 ものさし 小泉袈裟勝

ものをつくる人間にとって最も基本的な道具であり、数千年にわたって社会生活を律してきたその変遷を実証的に追求し、歴史の中で果たしてきた役割を浮彫りにする。四六判３１４頁 '77

23-I 将棋I 増川宏一

その起源を古代インドに、我国への伝播の道すじを海のシルクロードに探り、また伝来後一千年におよぶ日本将棋の変化と発展を盤、駒、ルール等にわたって跡づける。四六判２８０頁 '77

23-Ⅱ 将棋Ⅱ 増川宏一

わが国伝来後の普及と変遷を貴族や武家・豪商の日記等に博捜し、遊戯者の歴史をあとづけると共に、中国伝来説の誤りを正し、将棋宗家の位置と役割を明らかにする。四六判３４６頁 '85

24 湿原祭祀 第2版 金井典美

古代日本の自然環境に着目し、各地の湿原聖地を稲作社会との関連において捉え直して古代国家成立の背景を浮彫にしつつ、水と植物にまつわる日本人の宇宙観を探る。四六判４１０頁 '77

25 臼 三輪茂雄

臼が人類の生活文化の中で果たしてきた役割を、各地に遺る貴重な民俗資料・伝承と実地調査にもとづいて解明。失われゆく道具のなかに、未来の生活文化の姿を探る。四六判４１２頁 '78

26 河原巻物 盛田嘉徳

中世末期以来の被差別部落民が生きる権利を守るために偽作し護り伝えてきた河原巻物を全国にわたって踏査し、そこに秘められた最底辺の人びとの叫びに耳を傾ける。四六判２２６頁 '78

27 香料 日本のにおい 山田憲太郎

焼香供養の香から趣味としての薫物へ、さらに沈香木を焚く香道へと変遷した日本の「匂い」の歴史を豊富な史料に基づいて辿り、我国風俗史の知られざる側面を描く。四六判３７０頁 '78

28 神像 神々の心と形 景山春樹

神仏習合によって変貌しつつも、常にその原型＝自然を保持してきた日本の神々の造型を図像学的方法によって捉え直し、その多彩な形象に日本人の精神構造をさぐる。四六判３４２頁 '78

29 盤上遊戯 増川宏一

祭具・占具としての発生を『死者の書』をはじめとする古代の文献にさぐり、形状・遊戯法を分類しつつその〈進化〉の過程を考察。〈遊戯者たちの歴史〉をも跡づける。四六判３２６頁 '78

30 筆 田淵実夫

筆の里・熊野に筆づくりの現場を訪ねて、筆匠たちの境涯と製筆の由来を克明に記録しつつ、筆の発生と変遷、種類、製筆法、さらには筆塚、筆供養にまで説きおよぶ。四六判２０４頁 '78

31 ろくろ 橋本鉄男

日本の山野を漂移しつづけ、高度の技術文化と幾多の伝説とをもたらした特異な旅職集団＝木地屋の生態を、その呼称、地名、伝承、文書等をもとに生き生きと描く。四六判４６０頁 '79

32 蛇 吉野裕子

日本古代信仰の根幹をなす蛇巫をめぐって、祭事におけるさまざまな蛇の「もどき」や各種の蛇の造型・伝承に鋭い考証を加え、忘れられたその呪性を大胆に暴き出す。四六判２５０頁 '79

33 鋏（はさみ） 岡本誠之

梃子の原理の発見から鋏の誕生に至る過程を推理し、日本鋏の特異な歴史的位置を明らかにするとともに、刀鍛冶等から転進した鋏職人たちの創意と苦闘の跡をたどる。四六判３９６頁 '79

34 猿 廣瀬鎮

嫌悪と愛玩、軽蔑と畏敬の交錯する日本人とサルとの関わりあいの歴史を、狩猟伝承や祭祀・風習、美術・工芸や芸能のなかに探り、日本人の動物観を浮彫りにする。四六判２９２頁 '79

35 鮫 矢野憲一

神話の時代から今日まで、津々浦々につたわるサメの伝承とサメをめぐる海の民俗を集成し、神饌、食用、薬用等に活用されてきたサメと人間のかかわりの変遷を描く。 四六判２９２頁 '79

36 枡 小泉袈裟勝

米の経済の枢要をなす器として千年余にわたり日本人の生活の中に生きてきた枡の変遷をたどり、記録・伝承をもとにこの独特な計量器が果たした役割を再検討する。 四六判３２２頁 '80

37 経木 田中信清

食品の包装材料として近年まで身近に存在した経木の起源を、こけら経や塔婆、木簡、屋根板等に遡って明らかにし、その製造・流通に携った人々の労苦の足跡を辿る。 四六判２８８頁 '80

38 色 染と色彩 前田雨城

わが国古代の染色技術の復元と文献解読をもとに日本色彩史を体系づけ、赤・白・青・黒等におけるわが国独自の色彩感覚を探りつつ日本文化における色の構造を解明。 四六判３２０頁 '80

39 狐 陰陽五行と稲荷信仰 吉野裕子

その伝承と文献を渉猟しつつ、中国古代哲学＝陰陽五行の原理の応用という独自の視点から、謎とされてきた稲荷信仰と狐との密接な結びつきを明快に解き明かす。 四六判２３２頁 '80

40-I 賭博I 増川宏一

時代、地域、階層を超えて連綿と行なわれてきた賭博。――その起源を古代の神判、スポーツ、遊戯等の中に探り、抑圧と許容の歴史を物語る。全III分冊の〈総説篇〉。 四六判２９８頁 '80

40-II 賭博II 増川宏一

古代インド文学の世界からラスベガスまで、賭博の形態・用具・方法の時代的特質を明らかにし、夥しい禁令に賭博の不滅のエネルギーを見る。全III分冊の〈外国篇〉。 四六判４５６頁 '82

40-III 賭博III 増川宏一

聞香、闘茶、笠附等、わが国独特の賭博を中心にその具体例を網羅し、方法の変遷に賭博の時代性を探りつつ禁令の改廃に時代の賭博観を追う。全III分冊の〈日本篇〉。 四六判３８８頁 '83

41-I 地方仏I むしゃこうじ・みのる

古代から中世にかけて全国各地で作られた無銘の仏像を訪ね、素朴で多様なノミの跡に民衆の祈りと地域の願望を探る。宗教の伝播、文化の創造を考える異色の紀行。 四六判２５６頁 '80

41-II 地方仏II むしゃこうじ・みのる

紀州や飛騨を中心に草の根の仏たちを訪ねて、その相好と像容の魅力を探り、技法を比較考証して仏像彫刻史に位置づけつつ、中世地域社会の形成と信仰の実態に迫る。 四六判２６０頁 '97

42 南部絵暦 岡田芳朗

田山・盛岡地方で「盲暦」として古くから親しまれてきた独得の絵解き暦を詳しく紹介しつつその全体像を復元する。その無類の生活暦は、南部農民の哀歓をつたえる。 四六判２８８頁 '80

43 野菜 在来品種の系譜 青葉高

蕪、大根、茄子等の日本在来野菜をめぐって、その渡来・伝播経路、品種分布と栽培のいきさつを各地の伝承や古記録をもとに辿り、畑作文化の源流とその風土を描く。 四六判３６８頁 '81

44 **つぶて** 中沢厚

弥生投弾、古代・中世の石戦と印地の様相、投石具の発達を展望しつつ、願かけの小石、正月つぶて、石こづみ等の習俗を辿り、石塊に託した民衆の願いや怒りを探る。四六判338頁 '81

45 **壁** 山田幸一

弥生時代から明治期に至るわが国の壁の変遷を壁塗＝左官工事の側面から辿り直し、その技術的復元・考証を通じて建築史・文化史における壁の役割を浮き彫りにする。四六判296頁 '81

46 **箪笥**（たんす） 小泉和子

近世における箪笥の出現＝箱から抽斗への転換に着目し、以降近現代に至るその変遷を社会・経済・技術の側面からあとづける。著者自身による箪笥製作の記録を付す。四六判378頁 '82

47 **木の実** 松山利夫

山村の重要な食糧資源であった木の実をめぐる各地の記録・伝承を集成し、その採集・加工における幾多の試みを実地に検証しつつ、稲作農耕以前の食生活文化を復元。四六判384頁 '82

48 **秤**（はかり） 小泉袈裟勝

秤の起源を東西に探るとともに、わが国律令制下における中国制度の導入、近世商品経済の発展に伴う秤座の出現、明治期近代化政策による洋式秤受容等の経緯を描く。四六判326頁 '82

49 **鶏**（にわとり） 山口健児

神話・伝説をはじめ遠い歴史の中の鶏を古今東西の伝承・文献に探り、特に我国の信仰・絵画・文学等に遺された鶏の足跡を追って、鶏をめぐる民俗の記憶を蘇らせる。四六判346頁 '83

50 **燈用植物** 深津正

人類が燈火を得るために用いてきた多種多様な植物との出会いと個個の植物の来歴、特性及びはたらきを詳しく検証しつつ「あかり」の原点を問いなおす異色の植物誌。四六判442頁 '83

51 **斧・鑿・鉋**（おの・のみ・かんな） 吉川金次

古墳出土品や文献・絵画をもとに、古代から現代までの斧・鑿・鉋を復元・実験し、労働体験によって生まれた民衆の知恵と道具の変遷を蘇らせる異色の日本木工具史。四六判304頁 '84

52 **垣根** 額田巌

大和・山辺の道に神々と垣との関わりを探り、各地に垣の伝承を訪ねて、寺院の垣、民家の垣、露地の垣など、風土と生活に培われた生垣の独特のはたらきと美を描く。四六判234頁 '84

53-I **森林 I** 四手井綱英

森林生態学の立場から、森林のなりたちとその生活史を辿りつつ、産業の発展と消費社会の拡大により刻々と変貌する森林の現状を語り、未来への再生のみちをさぐる。四六判306頁 '85

53-II **森林 II** 四手井綱英

森林と人間との多様なかかわりを包括的に語り、人と自然が共生するための森や里山をいかにして創出するか、森林再生への具体的な方策を提示する21世紀への提言。四六判308頁 '98

53-III **森林 III** 四手井綱英

地球規模で進行しつつある森林破壊の現状を実地に踏査し、森と人が共存する日本人の伝統的自然観を未来へ伝えるために、いま何が必要なのかを具体的に提言する。四六判304頁 '00

54 **海老**（えび） 酒向昇

人類との出会いからエビの科学、漁法、さらには調理法を語り、めでたい姿態と色彩にまつわる多彩なエビの民俗を、地名や人名、詩歌・文学、絵画や芸能の中に探る。四六判４２８頁 '85

55-Ⅰ **藁**（わら）Ⅰ 宮崎清

稲作農耕とともに二千年余の歴史をもち、日本人の全生活領域に生きてきた藁の文化を日本文化の原型として捉え、風土に根ざしたそのゆたかな遺産を詳細に検討する。四六判４００頁 '85

55-Ⅱ **藁**（わら）Ⅱ 宮崎清

床・畳から壁・屋根にいたる住居における藁の製作・使用のメカニズムを明らかにし、日本人の生活空間における藁の役割を見なおすとともに、藁の文化の復権を説く。四六判４００頁 '85

56 **鮎** 松井魁

清楚な姿態と独特な味覚によって、日本人の目と舌を魅了しつづけてきたアユ——その形態と分布、生態、漁法等を詳述し、古今のアユ料理や文芸にみるアユにおよぶ。四六判２９６頁 '86

57 **ひも** 額田巌

物と物、人と物とを結びつける不思議な力を秘めた「ひも」の謎を追って、民俗学的視点から多角的なアプローチを試みる。『結び』、『包み』につづく三部作の完結篇。四六判２５０頁 '86

58 **石垣普請** 北垣聰一郎

近世石垣の技術者集団「穴太」の足跡を辿り、各地城郭の石垣遺構の実地調査と資料・文献をもとに石垣普請の歴史的系譜を復元しつつ石工たちの技術伝承を集成する。四六判４３８頁 '87

59 **碁** 増川宏一

その起源を古代の盤上遊戯に探ると共に、定着以来二千年の歴史を時代の状況や遊び手の社会環境との関わりにおいて跡づける。逸話や伝説を排して綴る初の囲碁全史。四六判３６６頁 '87

60 **日和山**（ひよりやま） 南波松太郎

千石船の時代、航海の安全のために観天望気した日和山——多くは忘れられ、あるいは失われた船舶・航海史の貴重な遺跡を追って、全国津々浦々におよんだ調査紀行。四六判３８２頁 '88

61 **篩**（ふるい） 三輪茂雄

臼とともに人類の生産活動に不可欠な道具であった篩、箕（み）、笊（ざる）の多彩な変遷を豊富な図解入りでたどり、現代技術の先端に再生するまでの歩みをえがく。四六判３３４頁 '89

62 **鮑**（あわび） 矢野憲一

縄文時代以来、貝肉の美味と貝殻の美しさによって日本人を魅了し続けてきたアワビ——その生態と養殖、神饌としての歴史、漁法、螺鈿の技法からアワビ料理に及ぶ。四六判３４４頁 '89

63 **絵師** むしゃこうじ・みのる

日本古代の渡来画工から江戸前期の菱川師宣まで、時代の代表的絵師の列伝で辿る絵画制作の文化史。前近代社会における絵画の意味や芸術創造の社会的条件を考える。四六判２３０頁 '90

64 **蛙**（かえる） 碓井益雄

動物学の立場からその特異な生態を描き出すとともに、和漢洋の文献資料を駆使して故事・習俗・神事・民話・文芸・美術工芸にわたる蛙の多彩な活躍ぶりを活写する。四六判３８２頁 '89

65–Ⅰ 藍（あい）Ⅰ 風土が生んだ色 竹内淳子

全国各地の〈藍の里〉を訪ねて、藍栽培から染色・加工のすべてにわたり、藍とともに生きた人々の伝承を克明に描き、風土と人間が生んだ〈日本の色〉の秘密を探る。四六判４１６頁 '91

65–Ⅱ 藍（あい）Ⅱ 暮らしが育てた色 竹内淳子

日本の風土に生まれ、伝統に育てられた藍が、今なお暮らしの中で生き生きと活躍しているさまを、手わざに生きる人々との出会いを通じて描く。藍の里紀行の続篇。四六判４０６頁 '99

66 橋 小山田了三

丸木橋・舟橋・吊橋から板橋・アーチ型石橋まで、人々に親しまれてきた各地の橋を訪ねて、その来歴と築橋の技術伝承を辿り、土木文化の伝播・交流の足跡をえがく。四六判３１２頁 '91

67 箱 宮内悊

日本の伝統的な箱（櫃）と西欧のチェストを比較文化史の視点から考察し、居住・収納・運搬・装飾の各分野における箱の重要な役割とその多彩な文化を浮彫りにする。四六判３９０頁 '91

68–Ⅰ 絹Ⅰ 伊藤智夫

養蚕の起源を神話や説話に探り、伝来の時期とルートを跡づけ、記紀・万葉の時代から近世に至るまで、それぞれの時代・社会・階層が生み出した絹の文化を描き出す。四六判３０４頁 '92

68–Ⅱ 絹Ⅱ 伊藤智夫

生糸と絹織物の生産と輸出が、わが国の近代化にはたした役割を描くと共に、養蚕の道具、信仰や庶民生活にわたる養蚕と絹の民俗、さらには蚕の種類と生態におよぶ。四六判２９４頁 '92

69 鯛（たい） 鈴木克美

古来「魚の王」とされてきた鯛をめぐって、その生態・味覚から漁法、祭り、工芸、文芸にわたる多彩な伝承文化を語りつつ、鯛と日本人とのかかわりの原点をさぐる。四六判４１８頁 '92

70 さいころ 増川宏一

古代神話の世界から近現代の博徒の動向まで、さいころの役割を各時代・社会に位置づけ、木の実や貝殻のさいころから投げ棒型や立方体のさいころへの変遷をたどる。四六判３７４頁 '92

71 木炭 樋口清之

炭の起源から炭焼、流通、経済、文化にわたる木炭の歩みを歴史・考古・民俗の知見を総合して描き出し、独自で多彩な文化を育んできた木炭の尽きせぬ魅力を語る。四六判２９６頁 '93

72 鍋・釜（なべ・かま） 朝岡康二

日本をはじめ韓国、中国、インドネシアなど東アジアの各地を歩きながら鍋・釜の製作と使用の現場に立ち会い、調理をめぐる庶民生活の変遷とその交流の足跡を探る。四六判３２６頁 '93

73 海女（あま） 田辺悟

その漁の実際と社会組織、風習、信仰、民具などを克明に描くとともに海女の起源・分布・交流を探り、わが国漁撈文化の古層としての海女の生活と文化をあとづける。四六判２９４頁 '93

74 蛸（たこ） 刀禰勇太郎

蛸をめぐる信仰や多彩な民間伝承を紹介するとともに、その生態・分布・捕獲法・繁殖と保護・調理法などを集成し、日本人と蛸との知られざるかかわりの歴史を探る。四六判３７０頁 '94

82-II **桶・樽**（おけ・たる）II　石村真一

多数の調査資料と絵画・民俗資料をもとにその製作技術を復元し、東西の木工技術を比較考証しつつ、技術文化史の視点から桶・樽製作の実態とその変遷を跡づける。　四六判３７２頁　'97

82-III **桶・樽**（おけ・たる）III　石村真一

樹木と人間とのかかわり、製作者と消費者とのかかわりを通じて桶樽と生活文化の変遷を考察し、木材資源の有効利用という視点から桶樽の文化史的役割を浮彫にする。　四六判３５２頁　'97

83-I **貝I**　白井祥平

世界各地の現地調査と文献資料を駆使して、古来至高の財宝とされてきた宝貝のルーツとその変遷を探り、貝と人間とのかかわりの歴史を「貝貨」の文化史として描く。　四六判３８６頁　'97

83-II **貝II**　白井祥平

サザエ、アワビ、イモガイなど古来人類とかかわりの深い貝をめぐって、その生態・分布・地方名、装身具や貝貨としての利用法などを豊富なエピソードを交えて語る。　四六判３２８頁　'97

83-III **貝III**　白井祥平

シンジュガイ、ハマグリ、アカガイ、シャコガイなどをめぐって世界各地の民族誌を渉猟し、それらが人類文化に残した足跡を辿る。参考文献一覧／総索引を付す。　四六判３９２頁　'97

84 **松茸**（まつたけ）　有岡利幸

秋の味覚として古来珍重されてきた松茸の由来を求めて、稲作文化と里山（松林）の生態系から説きおこし、日本人の伝統的生活文化の中に松茸流行の秘密をさぐる。　四六判２９６頁　'97

85 **野鍛冶**（のかじ）　朝岡康二

鉄製農具の製作・修理・再生を担ってきた農鍛冶の歴史的役割を探り、近代化の大波の中で変貌する職人技術の実態をアジア各地のフィールドワークを通して描き出す。　四六判２８０頁　'98

86 **稲**　品種改良の系譜　菅　洋

作物としての稲の誕生、稲の渡来と伝播の経緯から説きおこし、明治以降主として庄内地方の民間育種家の手によって飛躍的発展をとげたわが国品種改良の歩みを描く。　四六判３３２頁　'98

87 **橘**（たちばな）　吉武利文

永遠のかぐわしい果実として日本の神話・伝説に特別の位置を占めて語り継がれてきた橘をめぐって、その育まれた風土とかずかずの伝承の中に日本文化の特質を探る。　四六判２８６頁　'98

88 **杖**（つえ）　矢野憲一

神の依代としての杖や仏教の錫杖に杖と信仰とのかかわりを探り、人類が突きつつ歩んだその歴史と民俗を興味ぶかく語る。多彩な材質と用途を網羅した杖の博物誌。　四六判３１４頁　'98

89 **もち**（糯・餅）　渡部忠世／深澤小百合

モチイネの栽培・育種から食品加工、民俗、儀礼にわたってそのルーツと伝承の足跡をたどり、アジア稲作文化という広範な視野からこの特異な食文化の謎を解明する。　四六判３３０頁　'98

90 **さつまいも**　坂井健吉

その栽培の起源と伝播経路を跡づけるとともに、わが国伝来後四百年の経緯を詳細にたどり、世界に冠たる育種と栽培・利用法を築いた人々の知られざる足跡をえがく。　四六判３２８頁　'99

91 **珊瑚**（さんご）　鈴木克美

海岸の自然保護に重要な役割を果たす岩石サンゴから宝飾品として知られる宝石サンゴまで、人間生活と深くかかわってきたサンゴの多彩な姿を人類文化史として描く。　四六判３７０頁　'99

92-Ⅰ **梅Ⅰ**　有岡利幸

万葉集、源氏物語、五山文学などの古典や天神信仰に表れた梅の足跡を克明に辿りつつ日本人の精神史に刻印された梅を浮彫にし、梅と日本人の二〇〇〇年史を描く。　四六判２７４頁　'99

92-Ⅱ **梅Ⅱ**　有岡利幸

その植生と栽培、伝承、梅の名所や鑑賞法の変遷から戦前の国定教科書に表れた梅まで、梅と日本人との多彩なかかわりを探り、桜との対比において梅の文化史を描く。　四六判３３８頁　'99

93 **木綿口伝**（もめんくでん）　第2版　福井貞子

老女たちからの聞書を経糸とし、厖大な遺品・資料を緯糸として、母から娘へと幾代にも伝えられた手づくりの木綿文化を掘り起し、近代の木綿の盛衰を描く。増補版　四六判３３６頁　'00

94 **合せもの**　増川宏一

「合せる」には古来、一致させるの他に、競う、闘う、比べる等の意味があった。貝合せや絵合せ等の遊戯・賭博を中心に、広範な人間の営みを「合せる」行為に辿る。　四六判３００頁　'00

95 **野良着**（のらぎ）　福井貞子

明治初期から昭和四〇年までの野良着を収集・分類・整理し、それらの用途と年代、形態、材質、重量、呼称などを精査して、働く庶民の創意にみちた生活史を描く。　四六判２９２頁　'00

96 **食具**（しょくぐ）　山内昶

東西の食文化に関する資料を渉猟し、食法の違いを人間の自然に対するかかわり方の違いとして捉えつつ、食具を人間と自然をつなぐ基本的な媒介物として位置づける。　四六判２９２頁　'00

97 **鰹節**（かつおぶし）　宮下章

黒潮からの贈り物・カツオの漁法から鰹節の製法や食法、商品としての流通までを歴史的に展望するとともに、沖縄やモルジブ諸島の調査をもとにそのルーツを探る。　四六判３８２頁　'00

98 **丸木舟**（まるきぶね）　出口晶子

先史時代から現代の高度文明社会まで、もっとも長期にわたり使われてきた刳り舟に焦点を当て、その技術伝承を辿りつつ、森や水辺の文化の広がりと動態をえがく。　四六判３２４頁　'01

99 **梅干**（うめぼし）　有岡利幸

日本人の食生活に不可欠の自然食品・梅干をつくりだした先人たちの知恵に学ぶとともに、健康増進に驚くべき薬効を発揮する、その知られざるパワーの秘密を探る。　四六判３００頁　'01

100 **瓦**（かわら）　森郁夫

仏教文化と共に中国・朝鮮から伝来し、一四〇〇年にわたり日本の建築を飾ってきた瓦をめぐって、発掘資料をもとにその製造技術、形態、文様などの変遷をたどる。　四六判３２０頁　'01

101 **植物民俗**　長澤武

衣食住から子供の遊びまで、幾世代にも伝承された植物をめぐる暮らしの知恵を克明に記録し、高度経済成長期以前の農山村の豊かな生活文化を愛惜をこめて描き出す。　四六判３４８頁　'01

102 **箸**（はし） 向井由紀子／橋本慶子

そのルーツを中国、朝鮮半島に探るとともに、日本人の食生活に不可欠の食具となり、日本文化のシンボルとされるまでに洗練された箸の文化の変遷を総合的に描く。 四六判３３４頁 '01

103 **採集** ブナ林の恵み 赤羽正春

縄文時代から今日に至る採集・狩猟民の暮らしを復元し、動物の生態系と採集生活の関連を明らかにしつつ、民俗学と考古学の両面から山に生かされた人々の姿を描く。 四六判２９８頁 '01

104 **下駄** 神のはきもの 秋田裕毅

古墳や井戸等から出土する下駄に着目し、下駄が地上と地下の他界を結ぶ聖なるはきものであったという大胆な仮説を提出、日本の神々の忘れられた側面を浮彫にする。 四六判３０４頁 '02

105 **絣**（かすり） 福井貞子

膨大な絣遺品を収集・分類し、絣産地を実地に調査して絣の技法と文様の変遷を地域別・時代別に跡づけ、明治・大正・昭和の手づくりの染織文化の盛衰を描き出す。 四六判３１０頁 '02

106 **網**（あみ） 田辺悟

漁網を中心に、網に関する基本資料を網羅して網の変遷と網をめぐる民俗を体系的に描き出し、網の文化を集成する。「網に関する小事典」「網のある博物館」を付す。 四六判３１６頁 '02

107 **蜘蛛**（くも） 斎藤慎一郎

「土蜘蛛」の呼称で畏怖される一方「クモ合戦」など子供の遊びとしても親しまれてきたクモと人間との長い交渉の歴史をその深層に遡って追究した異色のクモ文化論。 四六判３２０頁 '02

108 **襖**（ふすま） むしゃこうじ・みのる

襖の起源と変遷を建築史・絵画史の中に探りつつその用と美を浮彫にし、衝立・障子・屏風等と共に日本建築の空間構成に不可欠の建具となるまでの経緯を描き出す。 四六判２７０頁 '02

109 **漁撈伝承**（ぎょろうでんしょう） 川島秀一

漁師たちからの聞き書きをもとに、寄り物、船霊、大漁旗など、漁撈にまつわる〈もの〉の伝承を集成し、海の道によって運ばれた習俗や信仰の民俗地図を描き出す。 四六判３３４頁 '03

110 **チェス** 増川宏一

世界中に数億人の愛好者を持つチェスの起源と文化を、欧米における膨大な研究の蓄積を渉猟しつつ探り、日本への伝来の経緯から美術工芸品としてのチェスにおよぶ。 四六判２９８頁 '03

111 **海苔**（のり） 宮下章

海苔の歴史は厳しい自然とのたたかいの歴史だった――採取から養殖、加工、流通、消費に至る先人たちの苦難の歩みを史料と実地調査によって浮彫にする食物文化史。 四六判１７２頁 '03

112 **屋根** 檜皮葺と杮葺 原田多加司

屋根葺師一〇代の著者が、自らの体験と職人の本懐を語り、連綿として受け継がれてきた伝統の手わざを体系的にたどりつつ伝統技術の保存と継承の必要性を訴える。 四六判３４０頁 '03

113 **水族館** 鈴木克美

初期水族館の歩みを創始者たちの足跡を通して辿りなおし、水族館をめぐる社会の発展と風俗の変遷を描き出すとともにその未来像をさぐる初の〈日本水族館史〉の試み。 四六判２９０頁 '03

114 **古着**（ふるぎ）　朝岡康二

仕立てと着方、管理と保存、再生と再利用等にわたり衣生活の変容を近代の日常生活の変化として捉え直し、衣服をめぐるリサイクル文化が形成される経緯を描き出す。四六判２９２頁　'03

115 **柿渋**（かきしぶ）　今井敬潤

染料・塗料をはじめ生活百般の必需品であった柿渋の伝承を記録し、文献資料をもとにその製造技術と利用の実態を明らかにして、忘れられた豊かな生活技術を見直す。四六判２９４頁　'03

116-I **道Ⅰ**　武部健一

道の歴史を先史時代から説き起こし、古代律令制国家の要請によって駅路が設けられ、しだいに幹線道路として整えられてゆく経緯を技術史・社会史の両面からえがく。四六判２４８頁　'03

116-II **道Ⅱ**　武部健一

中世の鎌倉街道、近世の五街道、近代の開拓道路から現代の高速道路網までを通観し、道路を拓いた人々の手によって今日の交通ネットワークが形成された歴史を語る。四六判２８０頁　'03

117 **かまど**　狩野敏次

日常の煮炊きの道具であるとともに祭りと信仰に重要な位置を占めてきたカマドをめぐる忘れられた伝承を掘り起こし、民俗空間の壮大なコスモロジーを浮彫りにする。四六判２９２頁　'04

118-I **里山Ⅰ**　有岡利幸

縄文時代から近世までの里山の変遷を人々の暮らしと植生の変化の両面から跡づけ、その源流を記紀万葉に描かれた里山の景観や大和・三輪山の古記録・伝承等に探る。四六判２７６頁　'04

118-II **里山Ⅱ**　有岡利幸

明治の地租改正による山林の混乱、相次ぐ戦争による山野の荒廃、エネルギー革命、高度成長による大規模開発など、近代化の荒波に翻弄される里山の見直しを説く。四六判２７４頁　'04

119 **有用植物**　菅　洋

人間生活に不可欠のものとして利用されてきた身近な植物たちの来歴と栽培・育種・品種改良・伝播の経緯を平易に語り、植物と共に歩んだ文明の足跡を浮彫にする。四六判３２４頁　'04

120-I **捕鯨Ⅰ**　山下渉登

世界の海で展開された鯨と人間との格闘の歴史を振り返り、「大航海時代」の副産物として開始された捕鯨業の誕生以来四〇〇年にわたる盛衰の社会的背景をさぐる。四六判３１４頁　'04

120-II **捕鯨Ⅱ**　山下渉登

近代捕鯨の登場により鯨資源の激減を招き、捕鯨の規制・管理のための国際条約締結に至る経緯をたどり、グローバルな課題としての自然環境問題を浮き彫りにする。四六判３１２頁　'04

121 **紅花**（べにばな）　竹内淳子

栽培、加工、流通、利用の実際を現地に探訪して紅花とかかわってきた人々からの聞き書きを集成し、忘れられた〈紅花文化〉を復元しつつその豊かな味わいを見直す。四六判３４６頁　'04

122-I **もののけⅠ**　山内昶

日本の妖怪変化、未開社会の〈マナ〉、西欧の悪魔やデーモンを比較考察し、名づけ得ぬ未知の対象を指す万能のゼロ記号〈もの〉をめぐる人類文化史を跡づける博物誌。四六判３２０頁　'04

122－Ⅱ ものの け Ⅱ　山内昶

日本の鬼、古代ギリシアのダイモン、中世の異端狩り・魔女狩り等々をめぐり、自然＝カオスと文化＝コスモスの対立の中で〈野生の思考〉が果たしてきた役割をさぐる。　四六判２８０頁　'04

123 染織（そめおり）　福井貞子

自らの体験と厖大な残存資料をもとに、糸づくりから織り、染めにわたる手づくりの豊かな生活文化を見直す。創意にみちた手わざのかずかずを復元する庶民生活誌。　四六判２９４頁　'05

124－Ⅰ 動物民俗Ⅰ　長澤武

神として崇められたクマやシカをはじめ、人間にとって不可欠の鳥獣や魚、さらには人間を脅かす動物など、多種多様な動物たちと交流してきた人々の暮らしの民俗誌。　四六判２６４頁　'05

124－Ⅱ 動物民俗Ⅱ　長澤武

動物の捕獲法をめぐる各地の伝承を紹介するとともに、全国で語り継がれてきた多彩な動物民話・昔話を渉猟し、暮らしの中で培われた動物フォークロアの世界を描く。　四六判２６６頁　'05

125 粉（こな）　三輪茂雄

粉体の研究をライフワークとする著者が、粉食の発見からナノテクノロジーまで、人類文明の歩みを〈粉〉の視点から捉え直した壮大なスケールの〈文明の粉体史観〉　四六判３０２頁　'05

126 亀（かめ）　矢野憲一

浦島伝説や「兎と亀」の昔話によって親しまれてきた亀のイメージの起源を探り、古代の亀卜の方法から、亀にまつわる信仰と迷信、鼈甲細工やスッポン料理におよぶ。　四六判３３０頁　'05

127 カツオ漁　川島秀一

一本釣り、カツオ漁場、船上の生活、船霊信仰、祭りと禁忌など、カツオ漁にまつわる漁師たちの伝承を集成し、黒潮に沿って伝えられた漁民たちの文化を掘り起こす。　四六判３７０頁　'05

128 裂織（さきおり）　佐藤利夫

木綿の風合いと強靭さを生かした裂織の技と美をすぐれたリサイクル文化として見なおす。東西文化の中継地・佐渡の古老たちからの聞書をもとに歴史と民俗をえがく。　四六判３０８頁　'05

129 イチョウ　今野敏雄

「生きた化石」として珍重されてきたイチョウの生い立ちと人々の生活文化とのかかわりの歴史をたどり、この最古の樹木に秘められたパワーを最新の中国文献にさぐる。　四六判３１２頁〔品切〕　'05

130 広告　八巻俊雄

のれん、看板、引札からインターネット広告までを通観し、いつの時代にも広告が人々の暮らしと密接にかかわって独自の文化を形成してきた経緯を描く広告の文化史。　四六判２７６頁　'06

131－Ⅰ 漆（うるし）Ⅰ　四柳嘉章

全国各地で発掘された考古資料を対象に科学的解析を行ない、縄文時代から現代に至る漆の技術と文化を跡づける試み。漆が日本人の生活と精神に与えた影響を探る。　四六判２７４頁　'06

131－Ⅱ 漆（うるし）Ⅱ　四柳嘉章

遺跡や寺院等に遺る漆器を分析し体系づけるとともに、絵巻物や文学作品の考証を通じて、職人や産地の形成、漆工芸の地場産業としての発展の経緯などを考察する。　四六判２１６頁　'06

132 まな板　石村眞一

日本、アジア、ヨーロッパ各地のフィールド調査と考古・文献・絵画・写真資料をもとにまな板の素材・構造・使用法を分類し、多様な食文化とのかかわりをさぐる。　四六判３７２頁　'06

133-Ⅰ 鮭・鱒（さけ・ます）Ⅰ　赤羽正春

鮭・鱒をめぐる民俗研究の前史から現在までを概観するとともに、原初的な漁法から商業的漁法にわたる多彩な漁法と用具、漁場と社会組織の関係などを明らかにする。　四六判２９２頁　'06

133-Ⅱ 鮭・鱒（さけ・ます）Ⅱ　赤羽正春

鮭漁をめぐる行事、鮭捕り衆の生活等を聞き取りによって再現し、人工孵化事業の発展とそれを担った先人たちの業績を明らかにするとともに、鮭・鱒の料理におよぶ。　四六判３５２頁　'06

134 遊戯　その歴史と研究の歩み　増川宏一

古代から現代まで、日本と世界の遊戯の歴史を概説し、内外の研究者との交流の中で得られた最新の知見をもとに、研究の出発点と目的を論じ、現状と未来を展望する。　四六判２９６頁　'06

134-Ⅱ 遊戯Ⅱ　日本小史と最新の研究　増川宏一

前作では触れなかった中国や朝鮮、インドの遊びに大きな紙幅を割き、シルクロードを経て日本に到達する過程も考察した。携帯ゲームの普及など新たな動きも検討。　四六判３１０頁　'21

135 石干見（いしひみ）　田和正孝編

沿岸部に石垣を築き、潮汐作用を利用して漁獲する原初的漁法を日・韓・台に残る遺構と伝承の調査・分析をもとに復元し、東アジアの伝統的漁撈文化を浮彫りにする。　四六判３３２頁　'07

136 看板　岩井宏實

江戸時代から明治・大正・昭和初期までの看板の歴史を生活文化史の視点から考察し、多種多様な生業の起源と変遷を多数の図版をもとに紹介する〈図説商売往来〉。　四六判２６６頁　'07

137-Ⅰ 桜Ⅰ　有岡利幸

そのルーツと生態から説きおこし、和歌や物語に描かれた古代社会の桜観から「花は桜木、人は武士」の江戸の花見の流行まで、日本人と桜のかかわりの歴史をさぐる。　四六判３８２頁　'07

137-Ⅱ 桜Ⅱ　有岡利幸

明治以後、軍国主義と愛国心のシンボルとして政治的に利用されてきた桜の近代史を辿るとともに、日本人の生活と共に歩んだ「咲く花、散る花」の栄枯盛衰を描く。　四六判４００頁　'07

138 麴（こうじ）　一島英治

日本の気候風土の中で稲作と共に育まれた麴菌のすぐれたはたらきの秘密を探り、醸造化学に携わった人々の足跡をたどりつつ醱酵食品と日本人の食生活文化を考える。　四六判２４４頁　'07

139 河岸（かし）　川名登

近世初頭、河川水運の隆盛と共に物流のターミナルとして賑わい、船旅や遊廓などをもたらした河岸（川の港）の盛衰を河岸に生きる人々の暮らしの変遷としてえがく。　四六判３００頁　'07

140 神饌（しんせん）　岩井宏實／日和祐樹

土地に古くから伝わる食物を神に捧げる神饌儀礼に祭りの本義を探り、近畿地方主要神社の伝統的儀礼をつぶさに調査して、豊富な写真と共にその実際を明らかにする。　四六判３７４頁　'07

141 **駕籠**（かご） 櫻井芳昭

その様式、利用の実態、地域ごとの特色、車の利用を抑制する交通政策との関連から駕籠かきたちの風俗までを明らかにし、日本交通史の知られざる側面に光を当てる。 四六判２９４頁 '07

142 **追込漁**（おいこみりょう） 川島秀一

沖縄の島々をはじめ、日本各地で今なお行なわれている沿岸漁撈を実地に精査し、魚の生態と自然条件を知り尽した漁師たちの知恵と技を見直しつつ漁業の原点を探る。 四六判３６８頁 '08

143 **人魚**（にんぎょ） 田辺悟

ロマンとファンタジーに彩られて世界各地に伝承される人魚の実像をもとめて東西の人魚誌を渉猟し、フィールド調査と膨大な資料をもとに集成したマーメイド百科。 四六判３５２頁 '08

144 **熊**（くま） 赤羽正春

狩人たちからの聞き書きをもとに、かつては神として崇められた熊と人間との精神史的な関係をさぐり、熊を通して人間の生存可能性にもおよぶユニークな動物文化史。 四六判３８４頁 '08

145 **秋の七草** 有岡利幸

『万葉集』で山上憶良がうたいあげて以来、千数百年にわたり秋を代表する植物として日本人にめでられてきた七種の草花の知られざる伝承を掘り起こす植物文化誌。 四六判３０６頁 '08

146 **春の七草** 有岡利幸

厳しい冬の季節に芽吹く若菜に大地の生命力を感じ、春の到来を祝い新年の息災を願う「七草粥」などとして食生活の中に巧みに取り入れてきた古人たちの知恵を探る。 四六判２７２頁 '08

147 **木綿再生** 福井貞子

自らの人生遍歴と木綿を愛する人々との出会いを織り重ねて綴り、優れた文化遺産としての木綿衣料を紹介しつつ、リサイクル文化としての木綿再生のみちを模索する。 四六判２６６頁 '09

148 **紫**（むらさき） 竹内淳子

今や絶滅危惧種となった紫草（ムラサキ）を育てる人びと、伝統の紫根染を今に伝える人びとを全国にたずね、貝紫染の始原を求めて吉野ヶ里におよぶ「むらさき紀行」。 四六判３２４頁 '09

149-I **杉I** 有岡利幸

その生態、天然分布の状況から各地における栽培・育種、利用にいたる歩みを弥生時代から今日までの人間の営みの中で捉えなおし、わが国林業史を展望しつつ描き出す。 四六判２８２頁 '10

149-II **杉II** 有岡利幸

古来神の降臨する木として崇められるとともに生活のさまざまな場面で活用され、絵画や詩歌に描かれてきた杉の文化をたどり、さらに「スギ花粉症」の原因を追究する。 四六判２７８頁 '10

150 **井戸** 秋田裕毅（大橋信弥編）

弥生中期になぜ井戸は突然出現するのか。飲料水など生活用水ではなく、祭祀用の聖なる水を得るためだったのではないか。目的や構造の変遷、宗教との関わりをたどる。 四六判２６０頁 '10

151 **楠**（くすのき） 矢野憲一／矢野高陽

語源と字源、分布と繁殖、文学や美術における楠から医薬品としての利用、キューピー人形や樟脳の船まで、楠と人間の関わりの歴史を辿りつつ自然保護の問題に及ぶ。 四六判３３４頁 '10

152 温室 平野恵

温室は明治時代に欧米から輸入された印象があるが、じつは江戸時代半ばから「むろ」という名の保温設備があった。絵巻や小説、遺跡などより浮かび上がる歴史。 四六判３１０頁 '10

153 檜（ひのき） 有岡利幸

建築・木彫・木材工芸に最良の材としてわが国の〈木の文化〉に重要な役割を果たしてきた檜。その生態から保護・育成・生産・流通・加工までの変遷をたどる。 四六判３２０頁 '11

154 落花生 前田和美

南米原産の落花生が大航海時代にアフリカ経由で世界各地に伝播していく歴史をたどるとともに、日本で栽培を始めた先覚者や食文化との関わりを紹介する。 四六判３１２頁 '11

155 イルカ（海豚） 田辺悟

神話・伝説の中のイルカ、イルカをめぐる信仰から、漁撈伝承、食文化の伝統と保護運動の対立までを幅広くとりあげ、ヒトと動物との関係はいかにあるべきかを問う。 四六判３３０頁 '11

156 輿（こし） 櫻井芳昭

古代から明治初期まで、千二百年以上にわたって用いられてきた輿の種類と変遷を探り、天皇の行幸や斎王群行、姫君たちの輿入れにおける使用の実態を明らかにする。 四六判２５２頁 '11

157 桃 有岡利幸

魔除けや若返りの呪力をもつ果実として神話や昔話に語り継がれ、近年古代遺跡から大量出土して祭祀との関連が注目される桃。日本人との多彩な関わりを考察する。 四六判３２８頁 '12

158 鮪（まぐろ） 田辺悟

古文献に描かれ記されたマグロを紹介し、漁法・漁具から運搬と流通・消費、漁民たちの暮らしと民俗・信仰までを探りつつ、マグロをめぐる食文化の未来にもおよぶ。 四六判３５０頁 '12

159 香料植物 吉武利文

クロモジ、ハッカ、ユズ、セキショウ、ショウノウなど、日本の風土で育った植物から香料をつくりだす人びとの営みを現地に訪ね、伝統技術の継承・発展を考える。 四六判２９０頁 '12

160 牛車（ぎっしゃ） 櫻井芳昭

牛車の盛衰を交通史や技術史との関連で探り、絵巻や日記・物語等に描かれた牛車の種類と構造、利用の実態を明らかにして、読者を平安の「雅」の世界へといざなう。 四六判２２４頁 '12

161 白鳥 赤羽正春

世界各地の白鳥処女説話を博捜し、古代以来の人々が抱いた〈鳥への想い〉を明らかにするとともに、その源流を、白鳥をトーテムとする中央シベリアの白鳥族に探る。 四六判３６０頁 '12

162 柳 有岡利幸

日本人との関わりを詩歌や文献をもとに探りつつ、容器や調度品に、治山治水対策に、火薬や薬品の原料に、さらには風景の演出用に活用されてきた歴史をたどる。 四六判３２８頁 '13

163 柱 森郁夫

竪穴住居の時代から建物を支えてきただけでなく、大黒柱や鼻っ柱などさまざまな言葉に使われている柱。遺跡の発掘でわかった事実や、日本文化との関わりを紹介。 四六判２５２頁 '13

164 磯 田辺悟
人間はもとより、動物たちにも多くの恵みをもたらしてきた磯──その豊かな文化をさぐり、東日本大震災以前の三陸沿岸を軸に磯漁の民俗を聞書きによって再現する。 四六判４５０頁 '14

165 タブノキ 山形健介
南方から「海上の道」をたどってきた列島文化を象徴する樹木について、中国・台湾・韓国も視野に収めて記録や伝承を掘り起こし、人々の暮らしとの関わりを探る。 四六判３１６頁 '14

166 栗 今井敬潤
縄文人が主食とし栽培していた栗。建築や木工の材、鉄道の枕木といった生活に密着した多様な利用法や、品種改良に取り組んだ技術者たちの苦闘の足跡を紹介する。 四六判２７２頁 '14

167 花札 江橋崇
法制史から文学作品まで、厖大な文献を渉猟して、その誕生から現在までを辿り、花札をその本来の輝き、自然を敬愛して共存する日本の文化という特性のうちに描く。 四六判３７２頁 '14

168 椿 有岡利幸
本草書の刊行や栽培・育種技術の発展によって近世初期に空前の大ブームを巻き起こした椿。多彩な花の紹介をはじめ、椿油や木材の利用、信仰や民俗まで網羅する。 四六判３３６頁 '14

169 織物 植村和代
人類が初めて機械で作った製品、織物。機織り技術の変遷を世界史的視野で見直し、古来より日本と東南アジアやインド、ペルシアの交流や伝播があったことを解説。 四六判３４６頁 '14

170 ごぼう 冨岡典子
和食に不可欠な野菜ごぼうは、焼畑農耕から生まれ、各地の風土のなか固有の品種や調理法が育まれた。そのルーツを稲作以前の神饌や祭り、儀礼に探る和食文化誌。 四六判２７６頁 '15

171 鱈（たら） 赤羽正春
漁場開拓の歴史と漁法の変遷、漁民たちのくらしを跡づけ、戦時の非常食としての役割を明らかにしつつ、「海はどれほどの人を養えるか」についても考える。 四六判３３６頁 '15

172 酒 吉田元
酒の誕生から、世界でも珍しい製法が確立しブランド化する近世までの長い歩みをたどる。飢饉や幕府の規制をかいくぐり、いかにその香りと味を生みだしたのか。 四六判２５６頁 '15

173 かるた 江橋崇
外来の遊技具でありながら二百年余の鎖国の間に日本の美術・文芸・芸能を幅広く取り入れ、和紙や和食にも匹敵する存在として発展した〈かるた〉の全体像を描く。 四六判３５８頁 '15

174 豆 前田和美
ダイズ、アズキ、エンドウなど主要な食用マメ類について、その栽培化と作物としての歩みを世界史的視野で捉え直し、食文化に果たしてきた役割を浮き彫りにする。 四六判３７０頁 '15

175 島 田辺悟
日本誕生神話に記された島々の所在から南洋諸島の巨石文化まで、島をめぐる数々の謎を紹介し、残存する習俗の古層を発掘して島の精神性にもおよぶ島嶼文化論。 四六判３０６頁 '15

176 欅（けやき）　有岡利幸
長年営林事業に携わってきた著者が、実際に見聞きした事例や文献・資料を駆使し、その生態から信仰や昔話、防災林や木材としての利用にいたる歴史を物語る。　四六判３０６頁　'16

177 歯　大野粛英
虫歯や入れ歯など、古来より人は歯に悩んできた。著者は小説や日記、浮世絵や技術書まで多岐にわたる資料を駆使し、歯科医ならではの視点で治療法の変遷も紹介。　四六判２５０頁　'16

178 はんこ　久米雅雄
「漢委奴国王」印から織豊時代のローマ字印章、歴代の「天皇御璽」、さらには「庶民のはんこ」まで、歴史学と考古学の知見を綜合して、印章をめぐる数々の謎に挑む。　四六判３４４頁　'16

179 相撲　土屋喜敬
一五〇〇年の歴史を誇る相撲はもとは芸能として庶民に親しまれていた。力士や各地の興行の実態、まわしや土俵の変遷、櫓の意味、文学など多角的に興味深く解説。　四六判２９８頁　'17

180 醤油　吉田元
醤油の普及により、江戸時代に天ぷらや寿司、蕎麦など一気に食文化が花開く。濃口・淡口の特徴、外国産との製法の違い、代用醤油、海外輸出の苦労話等を紹介。　四六判２７２頁　'18

181 和紙植物　有岡利幸
奈良時代から現代まで、和紙原木の育成・伐採・皮剝ぎの工程を軸に、生産者たちの苦闘の歴史を描き、生産地の過疎化・高齢化、野生獣による被害の問題にもおよぶ。　四六判３１８頁　'18

182 鋳物　中江秀雄
仏像や梵鐘、武器、貨幣から大砲、橋梁、自動車やジェット機エンジンまで。古来から人間活動を支えてきた金属鋳物の技術史を、燃料や炉の推移に注目して概観する。　四六判２３６頁　'18

183 花火　福澤徹三
戦国期に唐人が披露した花火は武士の狼煙と融合して独自の進化を遂げ、江戸時代に庶民の娯楽として全国に広まった。大人も子供も夢中になった夏の風物詩の歩み。　四六判２６８頁　'19

184 掃除道具　小泉和子／渡辺由美子
古代から現代まで、掃除の歴史を道具と精神性の視点から概観し、箒を巡る習俗、名称と分類、素材や産地・製法を精査して日本人の暮らしとの関わりを明らかにする。　四六判３２０頁　'20

185 柿　今井敬潤
柿は古来、日本人と苦楽を共にする「生活樹」であった。その深く豊かな歴史をたどり、調査・研究の発展、栽培の技術、採取と脱渋の方法から民俗・風習等におよぶ。　四六判２２０頁　'21